国家社科基金
后期资助项目

明治维新期财政研究

A Study on the Finance of
Meiji Restoration Period

湛贵成 著

图书在版编目(CIP)数据

明治维新期财政研究/湛贵成著.—北京：北京大学出版社，2017.9
(国家社科基金后期资助项目)
ISBN 978-7-301-28700-2

Ⅰ.①明… Ⅱ.①湛… Ⅲ.①明治维新(1868)—财政史—研究 Ⅳ.①F813.139

中国版本图书馆CIP数据核字(2017)第212502号

书　　　名	明治维新期财政研究 MINGZHI WEIXIN QI CAIZHENG YANJIU
著作责任者	湛贵成　著
责任编辑	延城城
标准书号	ISBN 978-7-301-28700-2
出版发行	北京大学出版社
地　　　址	北京市海淀区成府路205号　100871
网　　　址	http://www.pup.cn　新浪微博:@北京大学出版社
电子信箱	pkuwsz@126.com
电　　　话	邮购部 62752015　发行部 62750672　编辑部 62756467
印刷者	北京宏伟双华印刷有限公司
经销者	新华书店 650毫米×980毫米　16开本　10.75印张　188千字 2017年9月第1版　2017年9月第1次印刷
定　　　价	32.00元

未经许可，不得以任何方式复制或抄袭本书之部分或全部内容。
版权所有，侵权必究
举报电话:010-62752024　电子信箱:fd@pup.pku.edu.cn
图书如有印装质量问题，请与出版部联系，电话:010-62756370

国家社科基金后期资助项目
出版说明

后期资助项目是国家社科基金设立的一类重要项目,旨在鼓励广大社科研究者潜心治学,支持基础研究多出优秀成果。它是经过严格评审,从接近完成的科研成果中遴选立项的。为扩大后期资助项目的影响,更好地推动学术发展,促进成果转化,全国哲学社会科学规划办公室按照"统一设计、统一标识、统一版式、形成系列"的总体要求,组织出版国家社科基金后期资助项目成果。

全国哲学社会科学规划办公室

目 录

前 言 ·· 1

第一章 德川幕府末期幕藩财政危机与对策 ···················· 1
第一节 德川幕府末期幕藩财政危机 ································· 1
  一 幕藩财政收支严重失衡 ·· 1
  二 幕藩财政收支出现结构性变化 ··································· 3
第二节 国内商品经济的发展与外来资本主义的冲击 ············ 11
  一 日本商品经济的发展与幕藩财政基础的瓦解 ················ 11
  二 外来资本主义的冲击与封建财政的崩溃 ······················ 15
第二节 德川幕府的财政政策 ·· 19
  一 德川幕府的财政方针 ··· 20
  二 年贡货币化和向流通领域征税 ··································· 21
  三 改铸货币 ·· 22
  四 御用金征收 ··· 25
  五 发行金札 ·· 30

第二章 初创时期明治政府的财政政策 ···························· 33
第一节 明治政府的财政困境 ·· 33
  一 财政收支严重失衡 ·· 33
  二 财源极不稳定 ··· 34
  三 财政支出急迫且浩繁 ·· 35
第二节 成立财政机构与由利公正的财政观 ························ 37
  一 设立财政机构 ··· 37
  二 由利公正的财政观 ·· 38
  三 由利公正出任财政负责人 ·· 45
第三节 征收御用金 ·· 46
  一 金谷出纳所与经费筹措 ··· 46
  二 设立会计基金 ··· 48

第四节 外债募集与废止银目 ………………………………… 53
　　一 外债募集 ……………………………………………… 53
　　二 银目废止 ……………………………………………… 54
第五节 发行太政官札 …………………………………………… 56
　　一 建议的提出 …………………………………………… 56
　　二 发行的准备工作 ……………………………………… 59
　　三 太政官札的发行状况 ………………………………… 61
　　四 太政官札流通遇阻 …………………………………… 63
　　五 大隈重信的补救措施及成效 ………………………… 66
　　六 对太政官札的评价 …………………………………… 68

第三章 加强中央集权时期的财政政策 ………………………… 70
第一节 废藩置县前后的政府财政 ……………………………… 70
　　一 废藩置县前明治政府财政状况 ……………………… 70
　　二 奉还版籍与财政机构改革 …………………………… 71
　　三 废藩置县后的财政举措 ……………………………… 74
第二节 处理封建财政负担 ……………………………………… 81
　　一 处理藩札 ……………………………………………… 81
　　二 处理内外债务 ………………………………………… 86
　　三 处理秩禄 ……………………………………………… 90
第三节 明治政府的财政革新 …………………………………… 97
　　一 创立国立银行 ………………………………………… 97
　　二 改革地税 ……………………………………………… 102
　　三 杂税改革 ……………………………………………… 107
　　四 编制财政预算 ………………………………………… 111

第四章 资本主义制度确立时期的财政政策 …………………… 117
第一节 西南战争前后明治政府的财政状况 …………………… 117
　　一 明治政府的财政困境 ………………………………… 117
　　二 财政困难原因分析 …………………………………… 120
第二节 政府内部有关财政政策的争论 ………………………… 123
　　一 大隈重信的财政政策 ………………………………… 123
　　二 岩仓具视和大木乔任的财政政策观 ………………… 126
　　三 松方正义的财政观 …………………………………… 128

第三节 实行财政紧缩政策 …………………………………… 130
　一 整理纸币与确立银行制 ………………………………… 130
　二 整理国债与公债制度的形成 …………………………… 136
　三 处理官营示范企业 ……………………………………… 138
第四节 对税收进行结构性调整 ………………………………… 141
　一 制定地税条例 …………………………………………… 141
　二 增征烟酒税 ……………………………………………… 142
　三 设立所得税 ……………………………………………… 143
第五节 确立近代财政制度 ……………………………………… 144
　一 改革财政制度 …………………………………………… 144
　二 明治宪法的颁布与日本近代财政制度的确立 ………… 148

结语 明治维新与财政政策 …………………………………… 150
　一 财政政策从封建财政向近代资本主义财政的质变 …… 150
　二 财政政策与幕藩体制的瓦解 …………………………… 150
　三 财政政策与日本资本主义体制的确立 ………………… 151
　四 明治维新期财政政策的基本特征以及政治、
　　　经济形势的发展变化与财政政策之间的内在联系 …… 151

主要参考文献 ………………………………………………… 155

前　言

　　本书是国家社科基金后期资助项目"明治维新期财政研究"的最终成果。
　　日本作为一个后进国家在较短的时间内成功地过渡到资本主义社会,并取得了令人瞩目的成就,学术界自然而然地会联系到明治维新。明治维新时期正是日本从封建社会向资本主义社会过渡的关键时期。旧的封建幕藩体制逐步瓦解,新的近代资本主义体制逐渐形成。这一过程开始于1853年佩里来航,结束于1889年明治宪法颁布。在这短短的30多年时间里,日本在政治上经历了封建的德川幕府统治的灭亡、新的近代资本主义政权确立这一新旧政权的更替过程,经历了中央集权取代封建的幕藩割据、最终确立资本主义君主立宪制等历史发展阶段。日本在经济上因国内商品经济的发展、开国、开港,经历了商品货币经济取代自给自足的自然经济、资本主义大工业生产最终占据主导地位这样一个经济变革过程。这一时期是日本资本主义发展的关键时期,是近代日本发展的奠基时期。因为正是明治维新才使得日本取得了成功,所以它长期以来备受学术界关注。人们从政治、经济、军事、文化多重视角对其进行了深入研究,但是,截至目前,很少有从财政视角进行探讨的。日本获得成功的原因固然很多,但是,必须注意到财政政策"所起的作用非常大"①。那么,财政政策在日本从封建社会向资本主义社会过渡过程中自身发生了哪些改变?又在其中究竟起到了什么作用?国内学术界恰恰对这些问题的探讨还不够深入。正因为如此,本书试图以马克思主义历史唯物主义为指导,借鉴国内外政治经济学、历史学、财政学的理论成果,利用历史与数量经济统计相结合的方法,对明治维新时期日本财政的演变及财政政策的作用和影响进行研究与考察,揭示这一时期财政政策的基本特征和政治、经济形势与财政政策之间的密切关系。为我国的日本资本主义研究提供一个新的视角。
　　本书大体上分为四部分。
　　第一部分主要分析幕府末期幕藩财政危机的表现、成因以及幕藩统治者采取的应对措施。面对严重的财政危机,德川幕府被迫适应商品经济发展,

---

① 〔日〕铃木武雄:《财政史》,东洋经济新报社,1962年版,第2页。

采取了年贡货币化、向流通领域征税、改铸货币从中获取改铸收益、征收御用金甚至发行金札等措施,但这些措施反而加速了封建财政基础的崩溃,最终导致德川幕府灭亡。

第二部分重点探讨新政府在夺取全国政权过程中采取的财政政策措施。新政府财源极不稳定,财政收支失衡,财政支出急迫且浩繁。为解决这些困难,由利公正借鉴自己在福井藩时期财政改革的成功经验,采取了动员豪商捐款、征收御用金、设立会计基金、举借外债、发行太政官札等措施。

第三部分着重考察了明治政府为加强中央集权实施的财政政策。明治政府在奉还版籍、废藩置县后进行了财政机构改革,着手处理藩札、内外债务、秩禄等封建财政负担,清除封建残余,设立国立银行,改革地税,进行税制改革,编制并公开政府财政预算。

第四部分系统论述了资本主义制度确立时期明治政府采取的财政政策。西南战争以后,明治政府遇到了严重的财政困难,围绕这一问题,政府内部形成了以大隈重信、岩仓具视和松方正义为代表的三个派别,相互之间展开了激烈争论,最终明治政府认可了松方正义的观点,实施了财政紧缩政策:整理纸币,整理国债,处理官营企业;设立日本银行,确立银行制度;建立近代公债制度;改革税制,对税收进行结构性调整,确立日本资本主义税制。明治政府致力于财政运营规范化、法制化,建立、健全财政、会计制度,最终实现财政向资本主义财政的转化。

第一章　德川幕府末期幕藩财政危机与对策

历史"是在直接碰到的、既定的、从过去承继下来的条件下创造"的。[①]明治维新时期的财政也是如此。明治新政府在推翻旧幕府封建统治、逐渐确立自身在全国的统治的同时,也接手了贫困已极的财政,不得不直接面对旧幕府始终未能解决的财政危机,在缺乏财政专门人才的情况下,不得不在初期延用旧幕府时期的许多财政政策。

第一节　德川幕府末期幕藩财政危机

由于商品经济的发展瓦解了封建财政赖以存在的经济基础,特别是佩里来航以后,外来资本主义的冲击,加剧了幕藩财政危机。到德川幕府末期,幕藩财政已经接近崩溃。幕藩财政危机主要表现为:一、财政收支严重失衡,收不抵支;二、财政收入和支出结构发生根本性变化,货币化倾向越来越明显,封建财政走向瓦解。

一　幕藩财政收支严重失衡

德川幕府统治时期,幕府大约占有全国土地的1/4左右,其余3/4的土地除天皇拥有不到3万石的领地外,归260多个大名领有。因德川幕府实行的是封建统治,德川幕府时期的财政主要以实物地租为主。这样一来,保持财政的经常性收支的稳定和收支平衡就显得尤为重要。但是,从幕府中期开始,尤其是到了幕末,随着日本国内商品经济的发展,及财政规模的扩大,这种稳定和平衡被打破。

(一)德川幕府的财政状况

1. 财政规模急剧扩大。首先,财政收入迅速增长。1832～1842年间,德川幕府10年财政收入累计400余万两,年均40余万两;而仅1843年一年,德川幕府的财政收入就迅速增加到589万两,1863年进一步增加到691万

[①]《路易·波拿巴的雾月十八日》,《马克思恩格斯选集》,第1卷,人民出版社,1972年版,第603页。

两。1843年一年的财政收入比1832~1842年10年的财政收入总额还多近190万两,是1832~1842年间财政收入年均额的14.7倍多,1863年又比1843年增加了100多万两,1863年一年的财政收入相当于1832~1842年间财政收入年均额的17倍多。1843年的经常性收入是1832~1842年年均额的4.1倍,1863年又比1843年多了350541两,是1832~1842年年均额的6.1倍,临时性收入的增长幅度比经常性收入还要大。德川幕府1843年一年的临时性财政收入比1832~1842年10年的临时性收入总额还多了近1.5倍,几乎与1832~1842年10年的财政总收入持平,相当于1832~1842年年均额的23.5倍多,1863年的临时性收入又比1843年多出677931两,1863年一年的临时性收入是1832~1842年年均额的26.6倍。其次,财政支出规模急剧扩大。相较于财政收入规模的扩大,财政支出的规模比收入规模要大得多。仅1863年幕府的财政支出就膨胀到了700多万两。在财政支出方面,临时性支出远远高于经常性支出。1863年德川幕府临时性支出5737396两,经常性支出1319473两,临时性支出比经常性支出多了4417923两,是经常性支出额的4.3倍。① 德川幕府开国以来年度收支规模超出开国以前幕府年度收支规模的数十倍。财政规模的扩大,让作为封建财政支柱的收支部分变得无足轻重,德川幕府财政开始逐渐从带有浓厚幕府将军家计色彩的封建财政向近代财政转变。

2. 财政收不抵支。一般来说,经常性收支和年度总收支最能反映财政状况。总体上说,无论是年度总收支,还是经常性收支,德川幕府都已处于收不抵支的状态。

首先,在财政总收支方面,德川幕府统治末期,财政上经常处于亏空状态。1847~1856年10年间财政收支有5年处于盈余状态,有5年处于亏空状态。但是,5个盈余年度累计盈余额725800两,5个亏空年度累计亏空额却高达1962700两,两者相抵,10年间累计亏空高达1236900两。其中,1847年德川幕府财政总收支亏空324000两,1853年亏空671600两,1855年亏空552200两。②

最能反映财政状况的数据除了年度总收支外,还有经常性收支部分,该部

---

① 〔日〕村上直、大野瑞男:《幕末幕府结算所史料》,《史学杂志》,第81编,第4号,第49页;〔日〕古岛敏雄:《近世经济史的基础过程》,岩波书店,1978年版,第355~356页,表1;〔日〕神木哲男、松浦昭编:《近代过渡期的经济发展》,同文馆出版株式会社,1987年版,第250页表7—3;〔日〕梅村又次、山本有造:《开港与维新》,岩波书店,1989年版,第116~117页,表3—2。

② 〔日〕新保博、斋藤修:《近代成长的胎动》,岩波书店,1989年版,第167页,表3—18。

分相对而言是财政最稳定的部分,更能直接反映幕末财政的实际状况。1847～1856年10年间,与财政总收支盈亏变化相比,财政经常性收支只有2个年度盈余,其余8个年度全部处于亏空状态。2个盈余年度累计盈余额只有38500两,其中,1854年度仅盈余14300两,1856年度盈余也不过24200两。相比之下,8个年度累计亏空额662900两。10年间扣除盈余累计,累计亏空额高达624400两。① 其中,1847年经常性收支亏空195700两,1848年亏空97700两,1849年亏空80900两,1850年亏空91100两,1851年亏空12800两,1852年亏空126500两,1853年亏空162100两,1855年亏空98000两。②

到了1863年,该状况进一步加剧,货币部分年度总收支和年度经常收支不但同样处于亏空状态,而且经常收支部分亏空数额进一步增大。该年年度总收支亏空额折合黄金为138936两,年度经常收支亏空额折合黄金为211699两。1863年经常性收支亏空额同1847～1856年年均亏空额相比,短短几年竟然增加了1.5倍多,高达129069两,比1847～1856年间亏空额的最高年份1847年还要高出15999两。这表明幕末财政经常性收入的增加赶不上经常性支出的增长。

(二)幕末地方藩国的财政状况

在德川幕府财政陷入危机的同时,各藩财政也陷入危机。其中部分藩的困难程度甚至超过了德川幕府。明治新政府曾于1871年对藩债进行调查,根据新政府的调查结果,1868年日本有277个藩,藩债总额为6691万日元(两)③,当时277个藩领地总收获量1881万石,1石时价折合3.56日元,贡米收入大约占总收获量的40%,即便按米价处于高位的1865年的米价(3.75两/石)计算,当年收入也只有2822万两,两者相比,藩债总额相当于该时期年度总收入的2.37倍。④ 不难看出,无论是德川幕府还是藩国大名,其财政不仅出现了危机,而且已经处于崩溃状态。

二 幕藩财政收支出现结构性变化

随着幕藩财政规模的扩大,幕藩财政收支出现了结构性变化,货币化倾向越来越明显。

---

① 〔日〕新保博、斋藤修:《近代成长的胎动》,岩波书店,1989年版,第167页,表3—18。
② 同上。
③ 《藩债辑录》,见〔日〕大内兵卫、土屋乔雄:《明治前期财政经济史料集成》,第9卷,改造社,1932年版,第138～139页。
④ 〔日〕中村隆英:《明治大正时期的经济》,东京大学出版会,1988年版,第12页。

(一) 实物收支部分

以年贡米为代表的实物收支部分逐渐减少。在封建统治体制下,石高制成为幕府财政的基轴。① 石高制,顾名思义,是一种根据领地收获量的多少收取贡租的制度,因以计量单位石来计算,故名。每石大约相当于现在的 160 公斤或 180.5 公升。由此看来,幕府财政实质上是实物财政,是封建财政。幕府财政收支主要以年贡米等实物为主,以货币为辅。但是,到德川幕府统治的后期特别是末期,幕府财政收入中以年贡米为代表的实物收入部分不但没有增长,反而出现了明显下降。1732 年德川幕府的年贡米收入为 906125 石,1746 年为 892400 石,减少了 13725 石,减少了约 1.5%;1838 年为 691843 石,比照 1746 年减少了 200557 石,减少了 22.5%;1842 年进一步减少到 446362 石,比照 1838 年又减少了 245481 石,减少了近 35.5%。若将 1842 年的年贡米收入同 1732 年相比照,年贡米收入的减少额和减少比率更让人吃惊。两者相较,年贡米减少额为 459763 石,居然超过了 1842 年年贡米收入总额,减少率高达 50.7%。② 究其原因,是因为土地面积毕竟有限,农业生产技术没有大的突破,加上自然因素的影响,年成有丰歉之分。即便有的年份年收获量有所增长,人口规模的扩大又基本上将增长部分抵消掉了。当然,更主要的原因还是随着商品经济的发展,用货币缴纳的年贡数额明显增加,导致实物米部分逐渐减少。随着财政规模的不断扩大,它在幕府财政中所占的比重越来越低。

(二) 货币收支部分

货币收支部分在幕府财政收支中的比重越来越大,并逐渐取代实物占据主导地位。实际上,从德川幕府中期以后,随着商品经济的发展,货币在德川幕府财政收支中所占比例越来越大。仅举德川幕府年贡收入为例,就可从中看出端倪。1729 年德川幕府年贡中除年贡米外,收取银 10502 贯,1732 年收取银 9096 贯,略有减少,但是 1746 年则增加到 19858 贯,1838 年进一步增加到 22451 贯,而 3 年后的 1841 年,更是迅速跃升到 663344 贯。贯是日本的重量单位,每贯大约相当于现在的 3.75 千克。照此折算,1729 年,德川幕府年贡银 787650 两,这还没有加上年贡金。据统计,1729 年,德川幕府年贡货币收取额折算金总额 494940 两,若按金一银五比价折算,共收取银 2474700

---

① 有关石高制的详细内容请参阅〔日〕松下志朗:《幕藩制国家与石高制》,塙书房,1984 年版。
② 《史学杂志》,第 80 编,第 2 号、第 3 号,第 89 编,第 7 号;《吹尘录·德川氏部一》,见《胜海舟全集》刊行会、〔日〕胜安芳:《胜海舟全集》,第 9 卷,讲谈社,1976 年版;〔日〕松本彦次郎:《日本经济史料》,第 10 卷,三田学会,1913 年版,第 266 页及后页;〔日〕古岛敏雄:《近世经济史的基础过程》,岩波书店,1978 年版,第 356 页。

两。同一年,年贡米收取额为710437石,即使按1868年的高米价3.56两/每石计算,折合银2560245.05两,两者几乎持平。1746年,货币收取额折合银3759245两,年贡米收取额折算银3176944两,德川幕府财政经常性收入年贡货币部分已经大大超过了实物部分。1838年,货币收取额折合银4082575两,年贡米收取额折算银2462961.08两,年贡货币部分已经是实物部分的近1.66倍。1844年,货币收取额折合银3504465两,年贡米收取额折算银2157780.08两,年贡货币部分已经是实物部分的1.62倍多。①

从以上数据可以看出,年贡的货币部分和实物米部分尽管不同年份都有变化,有的年份甚至变化幅度相当大,但总体上,货币部分基本稳定并呈增加态势,实物部分基本上呈减少态势。19世纪4个年份年贡收入的年均货币额为635296.75两,18世纪3个年份年贡收入的年均货币额为580472.67两,19世纪年均额比18世纪增加了54824.35两。相比之下,19世纪4个年份年贡米年均石数为464945.5石,而18世纪3个年份年贡米的年均石数为833320.7石,同18世纪相比,19世纪的年均石数不但没有增加,反而减少了368375.2石,一增一减形成强烈反差。如果我们将这7年的货币收入额与实物米石数两组数字各自加以平均,会看得更加明显。货币部分7个年份一共收入4282605两,年均611800.7两,进入18世纪40年代以后,除了个别年份以外,均已超过年均数;而实物米部分7个年份一共收入4982404石,年均711772石,进入19世纪以后,除了少数年份略高于此数以外,均明显低于该平均数。

上述变化表明,至少在德川幕府的财政经常性收入中,货币已经取代实物米逐渐居于主导地位。到了19世纪60年代,这一变化更加明显。以1863年为例,该年幕府年贡米收入576266石,比1844年少了29852石,与18世纪3个年份的年均数833320.7石相比少了257054.7石,即使同前面述及的7个年份的年均数相比,也要低得多。与实物米相反,年贡收入中的货币部分,1863年增加到960844两,比1844年多了259907两,同18世纪3个年份的年均货币收入额580472.67两相比,增加了380371.33两,即便与前面提到的7个年份的年均额相比,仍高出349043.3两。若将该年货币收入额按金一银五的比例、实物米按3.56两/每石折算之后再两相比较,就会发现1863年年贡货币收入额是同一年实物米收入的近2.4倍,这个比例不仅远远高于

---

① 《史学杂志》,第80编,第2号、第3号,第89编,第7号;《吹尘录・德川氏部一》,见《胜海舟全集》刊行会、〔日〕胜安芳:《胜海舟全集》,第9卷,讲谈社,1976年版;〔日〕松本彦次郎:《日本经济史料》,第10卷,三田学会,1913年版,第266页及后页;〔日〕古岛敏雄:《近世经济史的基础过程》,岩波书店,1978年版,第356页。

18世纪,也远远高于19世纪三四十年代。以上论及的只是德川幕府财政收入中的年贡收入部分,还没有提及财政收入中的其他部分。实际上,年贡收入只是幕府财政收入的一小部分,大部分是在其他经常性和临时性货币收入方面。1844年,德川幕府财政收入中货币收入额为4419510两,年贡部分只占其中的15.9%,非年贡货币收入相当于年贡部分的近5.3倍。1863年,德川幕府财政收入中货币收入总额增加到了6917933两,年贡部分仅占其中的13.9%左右,扣除年贡部分之后,余额为5957089两。非年贡货币收入是年贡部分的6.9倍多。① 以上是德川幕府财政收入中货币收入的大致状况,财政支出方面也是大同小异。

实际上,到了幕末,德川幕府连最基本的必需品——实物米都已经难以保证,不得不借助于货币收入部分来补充,这也从某一侧面反映了货币在德川幕府财政中所占据的重要地位。当然,幕末财政收支方面的变化更主要的并不是实物米,变化最大也最剧烈、使整个幕府财政发生质变的还是货币收支,尤其是支出。

1844年,德川幕府财政支出中货币部分比1730年增加了3261940两,增加额是1730年支出总额的4.5倍;1863年比1844年增加了3063729两,增加额相当于1844年的76.7%,如果同1730年相比,增加额则高达6325699两,是1730年支出总额的8.65倍。相比较而言,1730年实物米支出592998石,1844年为655371石,1863年为659579石。1844年与1730年相比,时隔14年,仅增加62373石;1863年与1844年相比,时隔19年,只增加4208石。实物米支出方面虽然略有增长,但是涨幅不大,可以说基本上没有太大变化。若进行米价换算,1863年实物米支出在财政总支出中所占比重还不足1/4。②

总之,幕末德川幕府财政随着规模的扩大,无论收入还是支出,实物米所占比重越来越小,货币已经取代实物米在财政中居于主导地位。

(三) 经常性收支与临时性收支

幕府财政收支中经常性收支比重越来越小,临时性收支所占份额越来越大。1832～1842年间幕府财政经常性收入1827879两,临时性收入2183887

---

① 〔日〕梅村又次、山本有造:《开港与维新》,岩波书店,1989年版,第116～117页,表3-2中所引用的大口勇次郎统计的数据。
② 〔日〕安藤良雄:《近代日本经济史要览》,东京大学出版会,1989年,第2版,第30页,表1-3,《幕府年贡米·货币等收支》;〔日〕阿部真琴、酒井一:《封建制的动摇》,岩波讲座《日本历史》近世4,第10页;〔日〕中村隆英:《明治大正时期的经济》,东京大学出版会,1988年版,第12页。

两,10年间临时性收入仅比经常性收入多356008两,临时性收入相当于经常性收入的1.2倍①;1843年,幕府财政经常性收入757233两,临时性收入5133103两,临时性收入已经是经常性收入的6.8倍;1844年,幕府财政经常性收入796692两,临时性收入3622874两,该年临时性收入高出经常性收入2826182两,临时性收入是经常性收入的4.5倍;1863年,两者之间的差额进一步扩大,幕府财政经常性收入1107774两,临时性收入5811034两,临时性收入比经常性收入多4703260两,是经常性收入的5.2倍。② 临时性收入的出现并增加肇因于临时性支出的出现和增长。1863年德川幕府的财政支出中,经常性支出1319473两,临时性支出却高达5737396两,临时性支出是经常性支出的4.3倍多,占幕府财政总支出的81.3%。临时性支出是幕府的计划外支出,这部分支出的出现和急剧膨胀掏空了幕府的国库,迫使幕府不得不为这一部分支出寻找临时的财源。让富商捐款、征收御用金甚至对货币进行改铸等措施是当时的统治者所能想到的、能在短时间内筹措到这么一大笔资金的有效措施,是没有办法的办法。临时性支出剧增反映了幕府财政的困难程度,幕府近乎杀鸡取卵的措施不但没有解决根本问题,反而加剧了本已相当严重的财政危机,进而引发和加深了政治危机、社会危机,最终导致德川幕府走向灭亡。

(四) 新的收支项目

幕府财政收支增加了新的项目并且所占比重迅速上升,传统收支项目所占比重降低。

18世纪上半期,年贡米、销售米金、各官署缴纳、上缴米金、工程费、贷款返还等构成德川幕府财政收入的主要来源。1730年,年贡米收入509000两,为当年德川幕府最主要收入来源,在全年财政收入中所占比重高达63.7%。此外,按所占比重高低依次是销售米金(14.1%)、各官署缴纳(6.9%)、上缴米金(3.6%)、工程费(3.4%)、贷款返还(2.6%)等。③

19世纪40年代以后陆续增加了献金、御用金、货币改铸收益金、上缴帮工费、城堡修缮赞助金、河运杂税以及由幕府将军家的金库支出资金等收入

---

① 〔日〕内田正弘:《明治日本国家财政研究——近代明治国家的本质与初期财政剖析》,多贺出版株式会社,1992年版,第190页,表1。
② 〔日〕神木哲男、松浦昭编著:《近代过渡期的经济发展》,同文馆出版株式会社,1987年版,第250页,表7—3。
③ 〔日〕新保博、斋藤修:《近代成长的胎动》,岩波书店,1989年版,第131页,表3—1、表3—2;〔日〕梅村又次、山本有造:《开港与维新》,岩波书店,1989年版,第115~117页,表3—1、表3—2(a)、表3—2(b);〔日〕古岛敏雄:《近世经济史的基础过程》,岩波书店,1978年版,第356页。

项目。其中,虽然 1844 年献金为 3470 两,仅占当年财政收入的 0.1% 左右,1863 年则更少,只有 2977 两,在同年财政收入中所占比例几乎可以忽略不计,但却成为幕藩统治者乃至后来的明治新政府初期筹措临时费用的重要手段之一。御用金只在 1844 年征收过一次,但征收额非常大,高达 518320 两,占当年财政收入的 20.1%,而且也在明治新政府初期被频繁采用。德川幕府为解决财政困难,还通过改铸货币即减少成色、降低质量以从中获取收益、增加财政收入。1842 年货币改铸收益金为 557323 两,占当年财政收入的 35.6%,1843 年为 394400 两,在当年所占比重为 25.6%,1844 年增加到 856400 两,比例为 33.3%,1863 年,收益金数额跃升到 3664399 两,在当年财政收入中所占比例竟然高达 68.7%。1842 年以后又开始让各藩上缴帮工费以增加财政收入,1842 年,上缴帮工费 91527 两,占该年财政收入的 5.9%,1843 年一度增加到 158000 两,占该年财政收入的 10.2%,1844 年和 1963 年的这一数字和比例分别为 3930 两、0.1% 和 45994 两、0.8%。1844 年以后数额和所占比重虽均有下降,但仍是德川幕府不可或缺的重要财源之一。城堡修缮赞助金 1844 年收取 184150 两,只占当年财政收入的 7.1%,1863 年减少为 51266 两,只占当年财政收入的 0.9%。为增加财政收入,1844 年又开征河运杂税 5590 两,只占财政收入的 0.2%,1863 年有所减少,仅有 5381 两,在 1863 年财政收入中所占比重不值一提。不容忽视的一点是,开征此税虽是德川幕府财政困难使然,但也是当时商品经济发展、交通运输业发达的一个反映。即便采用了上述多种手段和筹措途径仍解决不了资金短缺问题,在实在没有办法的情况下,1863 年不得不从幕府将军家的金库中支出 300000 两以解燃眉之急,而且这笔资金居然占到该年财政总收入的 5.6%,成为 1863 年幕府第三大财源。①

  财政支出方面,18 世纪上半期,禄米、薪俸、官署经费、购米费用、修缮费、家计费、贷款等是德川幕府的主要支出项目。其中禄米薪俸一项,1730 年支出 297300 两,占当年财政总支出的 40.7%;1843 年支出数额虽然增加到了 405000 两,但在财政总支出中的比例却降到 28.0%。1844 年,支出数额进一步增加到 428300 两,所占比例反而进一步降到 20.1%。1863 年,用于禄米薪俸方面的支出几乎增加了一倍,数额高达 794970 两,在财政总支出的比例反而大幅度降低到 15.9%。官署经费 1730 年支出 149500 两,占当年

---

① 〔日〕新保博、斋藤修:《近代成长的胎动》,岩波书店,1989 年版,第 131 页,表 3—1、表 3—2;〔日〕梅村又次、山本有造:《开港与维新》,岩波书店,1989 年版,第 115~117 页,表 3—1、表 3—2(a)、表 3—2(b);〔日〕古岛敏雄:《近世经济史的基础过程》,岩波书店,1978 年版,第 356 页。

财政总支出的 20.4%。1843 年，支出数额增加到了 337000 两，但在财政总支出中的比例也略有提升，为 23.3%。1844 年，支出数额就大幅度减少至 288800 两，所占比例也随之降到 13.6%。但是，1863 年情况发生了显著变化，官署经费支出几乎增加了一倍，数额高达 636753 两，不过在财政总支出中的比例反而大幅度降低，仅为 12.7%。购米费用也是德川幕府财政支出主要项目，数额也有增减，但总体上所占比重一直在下降。1730 年支出 103500 两，占当年财政总支出的 14.2%。1843 年，支出数额减少为 96,800 两，在财政总支出中的比例也相应减少为 6.7%。1844 年，支出数额进一步减少为 95000 两，所占比例也进一步降到 4.5%。1863 年虽然支出数额比照 1843 年、1844 年增加了 2 倍多，达到 311657 两，但在财政总支出中的比例也只有 6.2%。修缮费除 1844 年支出数额猛增到 904100 两，占财政总支出 42.5% 以外，其他年份所占比例基本上呈下降趋势。

10 世纪 40 年代以后，德川幕府财政支出增加了幕府将军朝觐参拜天皇的费用和购买船舶、武器的费用以及货币改铸所需原银等新的支出，原来所占比重较小的发放金、贷款等传统项目比重增加。其中，仅 1863 年一年，将军朝觐费就高达 859696 两，占当年财政支出的 17.2%；用于购买船舶、武器的费用达 496763 两，占当年财政支出的 9.3%。

从以上各收支项目数额增减及所占比重变化来看，传统的主要财源年贡米尽管数额也在增加，但在财政总收入中所占比重却越来越小，1730 年高达 63.7%，到了 1844 年，就下降到了 23%，1863 年又进一步降到 18%，已经不足 1/5。不仅如此，即便是数额增加的部分，多半也是物价上涨所致。如果扣除物价上涨因素，年贡部分实际上不是增加而是减少了，而且是大幅度地减少。

1730 年，销售米金尚占幕府财政收入的 14.1%，所占比重仅次于年贡米，13 年以后就降到了 3%，1844 年进一步降到 1.2%，到 1863 年已经接近于零。

在传统收入来源中，占据第三位的各官署缴纳的部分 1730 年仅有 6.9%，所占比例本来就不高，随着时间的推移，到 1843 年就下降到了 3%，到 1863 年仅占 0.8% 左右。至于工程费、上缴米金、国役缴纳税等其他传统收入项目，本来就微乎其微，1863 年以后，有的就销声匿迹了，有的接近于零。取代传统收入项目，在幕府财政收入中逐步占据主导地位的是货币改铸收益金、御用金等。其中货币改铸一项，1863 年就已经占到了幕府财政收入的近 70%，几乎成为传统的年贡米以外的唯一财源。改铸货币从中获得收益，只有通过降低成色、减少分量这一条途径，而降低成色、减少分量无形中就降低了信用。货币信用的降低进一步导致货币的铸造、发行机构德川幕府信用的降低乃至丧失,从而陷入恶性循环。过分而且是频繁地依赖货币改铸以维持财政运转表明德川幕府已经没有更可行的解决财政危机的手段了,预示着离最后崩溃已经为时不远了。

幕府财政支出构成的变化也能印证这一点。禄米、薪俸、官署经费等原来构成财政支出主体的几个项目尽管数额随着财政规模的扩大出现大幅度增加,但它们在财政总支出中的比重却不断下降,且降幅相当大。这一点同幕府财政收入所呈现的特点基本相同。原来所占比重最大的武士家臣团的禄米、薪俸由 1730 年的 40.7% 降到 1863 年的 15.9%,居第二位的官署经费也由 1730 年的 20.4% 降到 1863 年的 12.7%,排在第三位的购米费用由 1730 年的 14.2% 降到 1863 年的 6.2%。幕府将军的家计费也由 1730 年的 8.3% 降低到 1863 年的 2.4%,修缮费由 1730 年的 9.4% 降到 1863 年的 5.2%。禄米、薪俸、官署经费、购米费、修缮费以及幕府将军家计费等 5 项支出构成了幕府财政支出主体,这 5 项支出 1730 年占幕府总支出的 93%,接近于幕府财政支出的全部。但是到 1863 年,该 5 项已经下降为 42.4%,不足总支出的一半。究其原因,一方面是由于幕府推行节约政策,压缩财政开支,另一方面,更主要的原因是新的临时性支出的出现和迅速增加。与传统的支出比重下降相反,一些过去微不足道的支出甚至根本就没有的支出急剧增加。较典型的例子就是发放给寺社、大名、札差的费用从 1730 年的 1.7% 增加到了 1863 年的 15.2%,原来没有的幕府将军朝觐、参拜费用 1863 年高达 17.2%。发放金和将军朝觐参拜费用的主要目的是试图借重于天皇和寺社,安抚、笼络地方大名。发放金和将军朝觐参拜费用的剧增表明德川幕府已经在政治上陷入危机之中而无力自拔了。

总之,财政收支项目的增减一方面表明幕府财政危机加剧,为解决财政危机,不得不多方开辟财源,甚至不得不动用将军家的金库来弥补财政亏空,另一方面表明幕府的财政基础正在逐步瓦解,幕府财政正在走向崩溃。

至于各藩,其财政状况与幕府相比,困难程度应该说有过之而无不及。仅从 1868 年各藩所欠债务的多少就足以看出各藩危机的严重程度。佐藤信渊(1765~1850)和蒲生君平(1768~1813)对当时的藩财政危机作了很好注解。"诸侯虽有大国,但平生所用之金银,大多是从豪门之家所借耳。"[①]以至于"上之诸侯尽弱,下之百姓咸穷。上下嗷嗷,唯财用之不给……其为弊也,可谓极矣"[②]。

[①]〔日〕土屋乔雄:《物价余论》(1838 年),见《日本经济史概说》,东京大学出版会,1980 年版,第 102 页。

[②]〔日〕维新史料编纂事务局:《维新史》,第 1 卷,明治书院,1940 年版,第 314 页。

第二节 国内商品经济的发展与外来资本主义的冲击

导致幕藩财政危机出现并迅速加剧的主要原因有二:一是日本国内商品经济的发展侵蚀并逐步瓦解了封建财政赖以存在的支柱——自给自足的自然经济;二是开国以后,外来资本主义的冲击促使幕藩财政收支发生结构性变化,加速了封建财政走向崩溃。

一 日本商品经济的发展与幕藩财政基础的瓦解

经济是众多影响财政的因素中最直接、并起着决定性作用的因素。幕末幕藩财政危机,首先肇因于日本国内商品经济的发展。

商品经济的发展侵蚀并瓦解了封建体制赖以存在的基础——自给自足的自然经济,导致幕藩财政出现危机并逐渐加剧。商品经济在德川幕府统治前期是作为自然经济的补充而存在的,随着生产力的发展、社会需求的扩大和多样化以及幕藩体制自身的原因,商品经济得到迅速发展并开始逐渐侵蚀、瓦解着自给自足的自然经济结构。

大阪是德川幕府时代的主要经济中心之一,也是当时日本商品经济最发达的城市之一。大阪批发物价和货币流通量是幕府时代经济发展的晴雨表,最能反映当时商品经济迅速发展的情况。1725年/1726年～1816年/1820年间大阪的平均批发物价上涨率为每10年增长0.4%,而1816年/1820年～1852年/1856年间的平均批发物价上涨率为每10年增长12.0%。[1] 一般情况下,货币流通量的增加往往是导致物价增长的最直接原因。与大阪平均批发物价上涨率相比较,同一时期大阪货币流通量的增加率为1725年/1729年～1816年/1820年间每10年平均增加5.4%,1816年/1820年～1852年/1856年间每10年平均增加15.7%。[2] 物价上涨和货币流通量增大反映了同一时期交易量的增加,反映了当时商品经济的发展状况。特别是货币流通,因其与商品经济的产生、发展相始终,因此货币的流通状况最能反映商品经济的发达程度。当然,也有幕藩统治者为解决财政困难而增发货币的情况,但即便如此,统治者增发货币也始终不能逾越一个大前提,即当时商品经济的发展决定了商品交换对交换媒介有一个需求的极限。如果货币发行超

---

[1] 〔日〕新保博:《近世的物价与经济发展:对前工业化社会的数量考察》,东洋经济新报社,1978年版,第30—37页。

[2] 〔日〕明石茂生:《近世后期经济中的货币、物价、成长:1725～1856》,《经济研究》,1989年,第40卷,第1号,第51页。

出这一极限,货币就会被迫退出流通。从这个角度来看,货币流通量就是印证幕末商品经济发展程度的最有力的证据之一。商品经济发展需要大量流通货币,流通货币增加推动物价上涨,那么幕末日本究竟流通有多少货币呢？因幕末局势动荡,已无法具体考证。不过,我们可以把 1869 年的货币流通量作为佐证。1869 年,幕府发行的金、银、铜三种货币的流通量换算为新货币高达 161919092 日元。① 此外,还有各藩在本藩内发行的地区性货币纸币——藩札以及商人、町村等发行的私札,私札已经无法统计,数量当不在少数,不过更为重要的是藩札。1850～1853 年间,116 个藩和旗本领发行了纸币,到 1869 年,增加到了 208 个藩、8 个旗本领、3 个县,其流通量换算成新的货币高达 24643000 日元。② 到明治维新前后,绝大多数藩都发行了藩札,其流通量相当大,表明各个地区的商品经济已经相当发达。除上述两个指标之外,城市的发展和非农业生产的扩大也是商品经济发展的重要标志。首先是城市的发展。城市的繁荣和全国市场的形成既是商品经济发展的结果,也是商品经济发展的重要标志。据日本学者统计,德川幕府统治时期人口在 1 万人以上的城市达 50 多个。江户是当时最大的城市,人口超过了 100 万,这个规模在当时的世界上也是很少见的。四通八达的海陆交通网将这些星罗棋布的大小城市联结起来,逐步形成了以江户、京都、大阪三大城市为中心的纵向的全国市场。随着地方经济的发展,纵向的全国市场向横向市场结构发展,国内市场日益扩大。③ 其次,是非农业生产的扩大。长州、广岛、加贺、诹访等藩在发展非农业生产经济方面最为典型。长州藩虽然农户占绝大多数,比例占到了全藩人口的 80%,但是农业生产只占藩总产值的 52%,占藩内全部收益的 60% 左右,这表明农户中有相当一部分人在从事农业生产的同时,还从事着手工业以及商业活动。长州藩以纸、蜡、盐、棉著称于世,广岛酿酒、制铁、晒盐比较发达,加贺藩以新川木棉闻名全日本,诹访则盛产生丝。长州藩 19 世纪 40 年代总产值 122000 贯,农业产值 64000 贯,非农业产值 58000 贯,其中藩内农业产值 57000 贯,藩内非农业产值 38000 贯。为便于比较,我们不妨换算一下,当时用的札银相当于正银的 80%,换算米价为每石 80 匁(1 匁=3.75 克),这样算来,长州藩农业产值 800000 石,非农业产值 725000 石,其中藩内农业产值 712000 石,藩内非农业产值 475000 石,两者合计 1525000 石,而当时长州藩藩领禄米额为 988000 石,超出额达 537000 石,而且非农业

---

① 1971 年 6 月《新货币条例》颁行后,明治政府发行的货币。
② 〔日〕山口和雄:《日本经济史讲义》,东京大学出版会,1964 年版,第 58—59 页。
③ 沈仁安:《明治维新新论》,《日本史研究序说》,香港社会科学出版社有限公司,2001 年 7 月初版,第 259 页。(原载《外国问题研究》1986 年第 3 期,第 39～46 页。)

产值几乎与农业产值相当。广岛藩 19 世纪 20 年代酒、铁、盐总产值 24800 贯,幕棉、纸、苎麻、席 8100 贯,两大类合计 32900 贯。当时本地的换算米价为每石 60 匁,经换算,酒、铁、盐产值折合 412900 石,幕棉、纸、苎麻、席产值折合 135000 石,两者合计 547900 石。广岛藩的藩领禄米额为 487500 石,两相比较,仅酒、铁、盐和幕棉、纸、苎麻、席的产值就远远超过了藩领禄米额。加贺藩 1830 年 6 种主要物产产值共 31500 贯,其中新川木棉一种物产产值就高达 15000 贯,几乎接近 6 种主要物产产值的一半。同一年该藩换算米价为每石 52.4 匁,经折算,6 种主要物产折合 601100 石,其中包括新川木棉折合的 286300 石。1830 年加贺藩藩领禄米额 1353400 石,6 种主要物产大约占了 44.4% 多,其中新川木棉一项就占了 17.3% 多。诹访藩久负盛名的生丝 1820 年产值 8500 两,按同一年信州伊那的米价每石 0.72 两换算,诹访藩 1820 年的生丝折合 11800 石。诹访藩 1820 年藩领禄米额为 45900 石,生丝一项收入就占了该藩禄米额的 25.7% 多。可见,上述四藩进入 19 世纪以后,非农业生产在各自的经济中所占比重都非常高。①

长州、广岛、加贺、诹取四藩的产品仅有一部分在藩内市场销售,相当一部分要"出口"到藩外。尽管不同产品、不同地区在比例上略有差别,但是,"出口"比例大体上都在 40%~50% 之间。长州藩纸的 64%、盐的 87%、棉的 27% 销往藩外,纸、棉、盐、酒等产品平均起来有 43% 左右"出口"到藩外。加贺藩比例更高,加贺藩麻的 86%、丝绸的 75%、棉的 24% 销往外地,席草甚至全部销往藩外,丝绸、麻、棉、席草、烟草等产品平均起来有 53% 以上要"出口"到藩外。

更能反映当时日本商品经济发达程度的地区是江户。江户是当时日本的三大经济中心之一,1856 年汇集了全国各地 20 多类共 40 余种商品,而且这还不是全部。②

幕藩财政被越来越深地卷入到商品经济之中,封建的幕藩财政赖以存在的基础也随之产生动摇。在幕藩体制下,贡租是幕藩财政的基础。实物贡租

---

① 〔日〕西川俊作:《日本经济成长史》,东洋经济新报社,1985 年版,第 97 页;〔日〕谷村贤治:《文政时期广岛藩的浦边、奥筋的非农产物与生产率差异》,《三田商学研究》,1981 年,第 23 卷,第 6 号,第 79 页;〔日〕高濑保:《加贺藩海运史的研究》,雄山阁,1979 年版,第 392 页;〔日〕高濑保:《加贺藩的米价表》,见丰田武编:《日本海地区史的研究》,文献出版,1980 年版,第 1 辑,第 319~361 页;〔日〕斋藤修:《19 世纪诹访地区的农村经济与人口》,《三田学会杂志》,1982 年,第 75 卷,第 3 号,第 400 页;〔日〕岩桥胜:《近代日本物价史研究:近代米价的结构与变动》,大原新生社,1981 年版,第 214 页;〔日〕儿玉幸多、北岛正元监修:《藩史总览》,新人物往来社,1977 年版,第 425 页及后页。

② 〔日〕山口和雄:《日本经济史》,筑摩书房,1973 年版,第 61 页及后页。

成为财政收支中的主体部分。不过,幕藩财政虽然收取实物贡租,却处在商品经济有了一定程度的发展、武士阶层集中居住在城下町、诸侯由于参观交代制居住在江户这一前提之下,就不得不出售贡租中的相当一部分以换取货币,从而维持其粮食以外的消费。由于货币是商品经济最主要的、也是唯一的流通媒介,就导致幕藩财政一方面用实物形态征收贡租,另一方面必须用货币形态支出。这种财政结构将幕藩财政越来越深地卷入到商品经济之中①,导致幕藩财政形成对货币越来越深的依赖。在幕府财政收支中,货币部分已经取代实物米占据了主导地位,1863年,无论收入还是支出,货币部分均已超过了财政总额的75%。这个数据表明,幕府财政的基础与其说是建立在自给自足的自然经济之上,莫如说已经过渡到以发达的商品经济为财政的根本前提了。

  商品经济的发展促使幕藩财政加深了对货币的依赖,逐渐侵蚀、瓦解了自然经济结构,导致幕藩财政的主要支柱年贡米收入日益减少。商品经济的发展加剧了土地兼并,加速了农民阶层的分化,扩大了经济性农作物的种植面积,导致粮食种植相应地减少了。以幕府将军为首的多数诸侯、武士离开了农村,集中居住于城市,随着城市商品货币经济的发展,封建统治者的支出日益增加。与此相反,他们的收入主要依赖于年贡米,相对比较固定,收与支的巨大反差导致其财政日益困难,到了江户后期困窘程度越加严重。为摆脱困境,采取的主要对策就是增征贡租。与此同时,随着商品经济的发展、货币在全国的流通,商品货币经济也渗透进农村,农民的支出也明显增加。多数农民不得不扩大经济作物的种植或者兼营他业以增加收入,甚至有相当一部分农民完全改从他业。和泉国宇多大津村最为典型。1840年,该村专业农户197户,兼业农户25户,非农业户66户,25户兼业农户中有22户虽然也经营农业,但以经营手工业或商业为主。② 随着贡租的增加、商品货币经济的渗透,越来越多的农民陷入贫困。为了生存,他们不断掀起反抗斗争,导致起义此起彼伏。1841～1850年农民起义129次,平均每年12.9次,1851～1860年农民起义170次,平均每年17次,1861～1867年短短7年时间就爆发了194次起义,平均每年27.8次。③ 起义不仅越来越频繁,而且规模也越来越大,甚至超出了藩界,波及范围越来越广。1866年的农民起义所波及的

---

① 〔日〕高桥诚:《明治财政史研究》,青木书店,1964年版,第12页。
② 〔日〕津田秀夫:《幕府末期大阪附近的农民斗争》,《社会经济史学》,21-4,转引自〔日〕安藤良雄:《近代日本经济史要览》,东京大学出版会,1989年,第2版,第32页,表1-7(c),《和泉国宇多大津村职业构成》(1840年)。
③ 〔日〕青木虹二:《百姓一揆的年次研究》,新生社,1966年版,第18页。

地区北起奥羽、南至九州,几乎遍及全日本。经济作物种植面积的扩大、人们兼营或转营商业和手工业的增多、土地兼并的加剧、农民的贫困以及不断掀起的反抗斗争使幕藩统治者难以增征贡租,甚至连原有的收入都难以保证,即便原有的贡租部分也逐步货币化了。到了幕末,财政收支中年贡部分所占份额大幅度降低,其主导地位最终被取代,年贡收支额日益减少以及年贡中实物部分减少、货币部分增多都可以归因于商品经济的发展。

二 外来资本主义的冲击与封建财政的崩溃

幕藩封建财政在遭到国内商品经济侵蚀的同时,遭到了开国以来外来资本主义的猛烈冲击,财政危机进一步加剧。

在外来资本主义势力打开日本国门以前,封建财政所遭遇的困难尽管日益加深,但总体上还没有超出幕藩体制这一大的框架①,借助于幕藩体制下的兵役大名助役金和货币改铸所得收益,还能勉强维持运转。1853年佩里来航以后,特别是1859年被迫开国以后,财政构成出现了结构性转变,幕藩财政危机空前加剧了。开国以前,日本奉行的是锁国政策,建立了锁国体制。在锁国体制下,幕藩财政确立的是实物型财政结构。该财政结构以石高制为基轴、以征收实物年贡米为主要收入来源,近两个世纪以来,应该说还是比较稳定的。在这种财政结构下,财政收支均以实物年贡米为主,长期以来收支项目也没有太大变化,各收支项目在整个财政收支中所占比重变动也不太大,但是被迫开国以后,情况就截然不同了。

(一)有关军事、外交的临时支出的迅速增加

开国打破了锁国体制,西方列强纷纷染指日本,强迫日本签订了一系列丧权辱国的不平等条约。西方资本主义列强凭借种种特权压迫日本,还企图霸占日本领土,在政治军事上直接奴役日本,致使日本陷入空前严重的民族危机之中。为应对民族危机,幕藩统治者不得不加强边防,带来的直接后果就是幕藩财政中大量与军事密切相关的临时性支出剧增。比如,在财政政策中新增加了炮台建设、创办陆军、购买军舰以及京都警卫等临时支出。仅用于购买船舶、武

---

① 对这一问题进行较为深入的研究并提出类似观点的著作有〔日〕大口勇次郎:《宽政——文化时期的幕府财政》,《日本近世史论丛》下,吉川弘文馆,1984年版;《天保时期的幕府财政》,御茶水女子大学《人文科学纪要》第22卷,第2号,1969年版;《文久时期的幕府财政》,《幕末、维新的日本》年报,近代日本研究3,山川出版社,1981年版;《御用金与金札——幕末维新时期的财政政策》,见〔日〕尾高煌之助、山本有造编:《幕末、明治的日本经济》,数量经济史论集4,日本经济新闻社,1988年版;〔日〕本庄荣治郎:《幕末的新政策》,有斐阁,1940年版;《本庄荣治郎著作集》9,清文堂,1973年收载;〔日〕大山敷太郎:《幕末财政金融史论》,密涅瓦书房,1969年版。

器方面的支出,1863年一年就高达496763两,占该年度幕府财政支出的9.3%。民族危机打击了德川幕府的威信,国内起义如火如荼,中下级武士反叛越发激烈并迅速发展成为倒幕运动,大名的离心倾向更加明显。为维护摇摇欲坠的封建统治,德川幕府被迫借重于天皇的权威,设法笼络藩国大名,镇压倒幕势力。这无形中又增加了巨额临时性财政支出。1863年财政支出中就新增了大量的幕府将军前往京都朝觐天皇的费用、支付给朝廷的费用以及两次征讨长州等战争的费用。其中,仅该年幕府将军的朝觐费就占到了财政总支出的17.2%。以开国为契机,与外交相关的费用也随之出现并迅速增长。在财政支出中出现了对外关系费、因排外杀伤外国人而支付的赔偿金等。此外,经济上随着对外贸易的迅速发展,相关支出也开始出现并增加了,诸如完备开港场所、购入商船等费用数额都比较大。

(二)通货膨胀加剧,幕藩财政雪上加霜

从开国到幕府垮台,十几年内,物价持续上涨,中间还出现了两次飞涨,第一次发生在1860~1861年,第二次出现在1864~1866年间。将1854~1856年间平均物价指数定为100,经比对,1854年物价指数比1853年下降了8.7%,1855年比1854年又下降了9.6%,1856年指数开始回升,1856年比照1855年上升了0.9%,此后连续6年持续上升,其中,1860年物价指数高达147%,比照1859年跃升了21.4个百分点,1861年又在1860年的基础上再次跃升12.5%。只有1862年出现过小幅回落,1863年以后再次出现持续性跃升。1863年比照1862年上升6.8%,1864年物价指数从1863年的166%上升到202.2%,升幅达21.8%,1865年的物价指数又在1864年的基础上提高到267.2%,涨幅高达32.2%,1866年物价指数进一步上升到422.9%,涨幅达到了58.3%。①

两次飞涨固然有货币改铸的因素,不过,原来处于封闭状态的日本经济因开港开始与世界经济接触也刺激了通货膨胀。当时恰恰是日本开港以后真正从经济上打开国门的时期,日本被突然卷入世界经济的旋涡之中。横滨港的进出口变化最能反映日本当时的对外贸易状况。1859年横滨港的对外贸易总额为洋银1494577元,其中,进口603161元,出口891461元,1860年也就是开港后的第二年,对外贸易额猛增到了6372659元,其中,进口2364616元,出口4713788元,一年左右时间,对外贸易总额增长了3.3倍,其中进口增长1.8倍,出口增长5.3倍。出口增长速度明显超过了进口。这种

---

① 〔日〕新保博:《近世物价与经济发展——对前工业化社会的数量考察》,东洋经济新报社,1978年版,第282页。

出超状态从1859年一直保持到1866年。1859年出口超过进口288300元，1860年出超额猛增到3054917元，1861年为1422036元，1862年再次增加到3703428元，1863年跃升到6009127元。① 出口的主要商品有生丝、茶、蚕卵纸、棉类产品、水产品、蜡等。原来供应国内市场的商品大量出口到国外，引起了日本国内供需之间的不平衡，导致价格上涨。

上述产品价格大幅度上扬推动物价整体飞涨。同1858年日本开港以前相比，几乎所有商品都上涨了几倍乃至几十倍。生丝、小麦、铁锅等34种主要商品中，在1854～1858年间也就是开港以前，有13种商品价格涨幅基本呈下降趋势，其中糠下降1%，生丝下降1.5%，铜下降2.3%，菜油下降5.0%，豆酱下降7.4%，砂糖下降7.6%，草席下降8.5%。甚至有6种商品降幅超过了10%，其中棉布下降11.7%，大豆下降12.3%，蜡下降13.3%，香菇下降14.6%，油菜籽降幅高达18.0%，干松鱼下降19.0%。另有10种商品即便继续上涨，涨幅也不大，均在10%以下，其中蔬菜涨幅为9.8%，手提桶为6.7%，铁锅为7.0%，柴为4.9%，丝棉为4.7%，小麦为4.5%，砖瓦为2.2%，清酒为0.5%，鱼肥为0.3%，棉布价格根本就没有变化。但是，1858～1867年间也就是开港以后，34种商品全部上涨，除了蔬菜涨幅较小(10.6%)以外，其他商品均上涨了几倍乃至几十倍。其中，有17种商品涨幅在200%以上：生丝上涨361.7%，小麦上涨306.1%，糠上涨301.2%，豆酱上涨296.0%，铁锅上涨285.4%，大麦上涨283.6%，酱油上涨276.9%，蜡上涨261.8%，食盐上涨257.1%，香菇上涨247.0%，大豆上涨245.3%，鱼肥上涨240.9%，棉花上涨236.6%，清酒上涨231.4%，砂糖上涨222.7%，丝棉上涨215.1%，油菜籽上涨220.6%。有12种涨幅在100%以上：干鱿鱼上涨176.5%，柴上涨172.5%，米上涨169.0%，棉布上涨164.5%，苎麻上涨148.1%，丝织物上涨146.4%，砖瓦上涨145.8%，铁上涨134.2%，菜油上涨128.3%，干松鱼上涨123.1%，木材上涨119.1%，铜上涨117.6%。当时最大宗的出口商品生丝在开港前价格上涨率呈下降趋势，但开港后价格跃居所有商品价格上涨率中的首位，恰好与其出口量居首位相对应。1860～1867年间，生丝出口额在日本主要出口商品额中所占比例除1867年以外均超过了60%，1860年较低，但比例也高达65.61%，1862年最高，竟然超过了86%，即使是最低的1867年，比例也占到了53.71%。②

除了对外贸易的增长特别是出口的大幅度增加引发通货膨胀以外，开港

---

① 《横滨市史》编辑室编：《横滨市史》，第2卷，《横滨市史》编辑室，1961年版，见〔日〕安藤良雄：《近代日本经济史要览》，东京大学出版会，1989年版，第37页，表1-22。
② 同上。

以后外商利用日本金银比价(金贱银贵)投机,用劣质洋银兑换日本金币,导致黄金大量外流,也是通货膨胀不可忽视的因素。当时日本的主要流通货币是一分银、天保小判和一分判。一分银、天保小判和一分判的金银比价为1比4.5,洋银(墨西哥银元)的品质比一分银还低劣,价格却相当于3个一分银。当时的国际金银比价是1比15.5,很显然,日本国内金价过于便宜。外国投机商就通过洋银→一分银→一分判、小判这一交换途径,套取日本金币,导致日本金币大量外流。幕府为阻止黄金外流,于1859年发行安政二朱银和新金币,一度将金银比价降到1:17.2,但由于洋银对日本商品的购买力也随之急剧下降2/3,遭到外国的强烈抗议而被迫终止。① 1860年1月,幕府改变策略,将流通中的小判、一分判,在其原有的价格基础上提高3倍;2月份,发行新的金币,新币按照相同比例减少了金的含量。银价保持原封不动,将金价提高3倍,以此回避外国的抗议。这一措施虽然暂时遏制了黄金外流,却大大增加了货币流通量。这次改铸造成金银流通量从5300万两骤然增加到1亿3000万两,导致物价飞涨。② 对此反映最敏锐的是当时的商业中心大阪。大阪的黄金行市1854年为金1两兑换银67.06匁,1865年就突破了1:100大关,行市变成了金1两兑换银100.55匁,1866年涨到114.84匁,1867年进一步涨到了金1两兑换银126.97匁;米的行市从1854年的1石米96.6匁一路飙升,1860年涨到1石米153.0匁,1864年涨到1石米201.9匁,1865年跃升到1石米347.4匁,1866年飞涨到943.7匁,1867年进一步涨到995.8匁;菜籽油由1854年的1石421.35匁,暴涨到1864年的1050.42匁、1865年的1223.69匁、1866年的1539.50匁,直至1867年的2367.75匁;蜡从1854年的1斤2.37匁,涨到1867年的13.96匁;原棉从1854年的1贯目(日本的计量单位,约相当于3.75公斤)157.54匁飞涨到1867年的1353.52匁,其他如木棉丝、白木棉等也增长了几倍乃至几十倍。③

物价飞涨特别是产品原料价格暴涨大大增加了生产成本,导致丝织业、棉织品生产等原来发达的传统产业纷纷陷入困境。物价飞涨加剧了武士的贫困,

---

① 数据系从宫本又郎根据岩桥胜:《近世日本物价史研究》,大原新生社,1981年版;大阪大学近世物价史研究会编:《近世大阪的物价和利息》,创文社,1963年版;大阪经济大学日本经济研究所及庆应义塾大学收藏:《从天保元寅年至明治十二年50年间物价调查书》、《天保元年至明治十二年50年间物价调查情况》;新保博:《近世物价和经济发展》,东洋经济新报社,1978年版;三井文库编:《近世后期的主要物价动态》,日本学术振兴会,1952年版;山崎隆三:《近世物价史研究》,塙书房,1983年版等著述提取的数据中归纳而成。
② 〔日〕岩桥胜:《德川时代的货币数量》,梅村又次、新保博、速水融、西川俊作编:《数量经济史论集1 日本经济的发展》,日本经济新闻社1976年版。
③ 〔日〕作道洋太郎:《近世封建社会的货币金融构造》,塙书房,第564—565页。

使幕末局势更加动荡。物价飞涨导致幕府实际财政收入减少,财政支出增加,仅购米费用一项就高达 311657 两,进一步加剧了幕藩财政危机。

(三) 动荡的局势与财政收入

日本因遭受外来资本主义的猛烈冲击而陷入空前的动荡之中。为应对外来威胁,各藩纷纷加强警备海防,大名已无力再向幕府献金。对德川幕府来说,依靠大名献金支付临时费用已经行不通。开港以后,出口商品没必要再转运到江户等地,可从产地直接运到出口港。这样一来,江户等地的批发商备受打击。为此,幕府先后于 1860 年和 1863 年两次发布命令,强行规定杂谷、水油、蜡、(做和服的)绸缎布匹、丝 5 种商品必须经由江户交易,但收效甚微。① 为减轻大名的财政压力,1863 年幕府打破祖制,废除参觐交代制度,允许大名家属回到领地。上述政策导致江户人口锐减,经济衰败。与此同时,地方经济前所未有的发展也导致大阪逐渐丧失了流通中心地位,没有了往日的繁荣景象。江户、大阪等地的衰败又导致幕府无法再向江户、大阪等地富商征收御用金,而征收御用金曾是幕府财政的重要收入来源。1844 年,御用金收入曾一度占幕府财政总收入的 20.1%,但是 60 年代以后,这项财政收入基本上没有了。幕府试图增征年贡又遭到了广大农民的激烈反抗,幕府统治的最后几年,农民起义不仅次数多而且规模越来越大。他们明确反对增税,要求改革世道。没有办法,幕府只有削减武士的俸禄和经常费用,削减武士俸禄又使武士生活陷入绝境,导致武士中的一部分从幕府的支柱转变为幕府的反对者,成为推翻幕府的重要力量。为解决急剧增加的临时费用,幕府只有依赖改铸货币从中获取差额收益来应对。但是,这样做的结果就是引发物价进一步飞涨,加剧了局势的动荡。幕府财政就在这样的恶性循环中走向崩溃,德川幕府也在无法自拔的恶性循环中最终走向了灭亡。

第二节 德川幕府的财政政策

幕藩统治者为摆脱危机,尝试进行了一些改革,实行了诸如年贡货币化、向流通领域征税、改铸货币、征收御用金、发行金札等举措,以此改善财政,维护自身统治。应该说,有的措施收到了一定成效,有的措施在解燃眉之急方面发挥了作用,但并没有从根本上解决危机,反而加深了危机。值得关注的是,幕藩统治者所采取的挽救财政危机的措施有许多被初创时期的明治政府所沿用和继承下来。

---

① 〔日〕黑板胜美:《续德川实纪》,第 4 篇,吉川弘文馆,1936 年版,第 253 页。

一 德川幕府的财政方针

自出现危机时始,幕藩统治者就着手采取措施解决危机。不同的经济发展阶段,幕藩统治者采取了不同的财政政策,幕府和各藩因各自面临的问题不同,解决危机的具体做法也有明显差异。有的取得了一定成效,为明治新政府所继承,有的政策措施则因不适合形势的发展、变化,随着幕府的灭亡而被新政府抛弃。

德川幕府的财政政策深受当时德川幕府经济基础和财政结构的制约。德川时代是以农业为主的社会,因此,幕府财政主要通过收支年贡来运营,主要收入来源于直辖领地上的年贡。随着日本商品经济的发展,德川幕府的财政收支扩展为实物和货币两大部分。18世纪初以前,财政以实物为主,货币为补充。收入来源除了年贡以外,还有少量的来自流通领域的收入。对后期幕府财政收入具有重大影响的首先是幕府垄断了铸币权。随着商品经济的发展,货币铸造对于幕府财政收入方面的影响越来越大;其次是各藩对幕府将军承担的土木工程的修建义务,它对幕府财政收入的影响在开港以后迅速显现出来。财政的主要支出包括支付给直属家臣的禄米、将军家计费用、维护统治所必需的行政费用等。在幕府统治的前期,无论是财政收入还是财政支出,总体上都比较稳定,德川幕府的财政政策遵循的基本原则是量入为出。为确保财源稳定,德川幕府高度重视农业,致力于开发新的耕地。不过,土地面积毕竟有限。18世纪以后,特别是19世纪,耕地开发日益减少,河道工程、水渠及蓄水池建设等工程件数增加,这些工程有利于土地改良、提高土地生产率和提高粮食产量。但是,无论是耕地开发,还是改良土地、改进生产技术增加粮食产量,最终都有一个极限。从这个意义上讲,上述措施对幕府财政收入而言,充其量保证了实物年贡米这部分财政收入的基本稳定。随着商品经济的发展,冲击幕府财政的不是年贡米的收入问题,而是货币部分的收支迅速扩大的问题,而且常常是支大于收,入不敷出,18世纪30年代以后这一问题越来越突出。最大限度地压缩财政支出、尽可能地增加财政收入尤其是货币收入成为财政政策的首要目标。为实现这一目标,幕府设法开源节流。节流就是实行压缩财政开支的紧缩政策,削减下级武士的禄米,减少地方行政机构的行政费用等,财政紧缩政策有的暂时收到了一定成效,但是,幕府财政收支规模的不断扩大宣告了这一政策的最终失败。开源就是扩大收入来源,增加财政收入,解决财政开支所需的巨额费用。这一时期,幕府已经无法量入为出,而不得不实行量出为入的财政政策了。

二　年贡货币化和向流通领域征税

由于商品经济的发展，德川幕府财政年贡货币化早已开始。早在1730年，年贡中的货币部分就已超过实物米部分。此后的年度统计显示，年贡米部分基本上稳定在60万石左右。支出方面受年景丰歉影响虽有一些变化，但基本上比较稳定。该数据表明，60万石米是德川幕府财政实物收支的底线，其他部分都可以货币化。事实上也的确如此，实物米部分基本上没有变化，货币部分却出现大幅度增长。财政支出方面货币部分更是大大超过了实物部分。1730年用于俸禄米、职务费的支出中，实物米支出为151264石，按1722～1731年间平均米价每石0.803两进行折算，为121450.5两，而同一年同一项目的货币支出是297300两，货币支出是实物支出的2.4倍多。1730年家计费用支出中，实物米支出为11277石，折算成货币为9055.4两，而同一项目的货币支出是60400两，货币支出是实物支出的6.67倍多。1730年官署经费支出中，实物米部分为21289石，折算成货币为17095.1两，而同一项目的货币支出是149500两，货币支出是实物支出的近8.75倍。1730年财政总支出中，实物米部分为592998石，折算货币额为476177.4两，而同一年货币支出为731200两，货币支出部分是实物支出部分的近1.54倍。①

俸禄米、职务费的支付采取了实物米与现金相结合的方式，而且现金远远多于实物米。俸禄米部分实物米最少的仅占总额的1/4左右，最高的也不过1/3；职务费部分实物米所占比例稍稍高一点，也不过1/2左右。②

为增加财政收入，幕府在致力于年贡货币化的同时，从18世纪20年代开始，适应商品经济发展，开征营业税，以课征的收入作本金进行公款贷放，通过铜行等实行专卖，对商品生产和流通进行征税。1772年1月，幕府结算方在发给地方官的文书中规定：以制酒、制造酱油和醋、榨油、开水磨坊以及山中伐薪、运输等为副业的各村，必须缴纳营业税，以其他副业维持生计的各村也必须缴纳营业税，但是收效并不大。③ 骏河国骏府地方官署从所管辖的

---

① 参照〔日〕辻达也、松本四郎：《关于〈御取筒辻账单〉及〈年贡米、年贡金诸项上纳账单〉》，《横滨市立大学论丛》，人文科学系列，1964年，第15卷，第3号；〔日〕大野瑞男：《享保改革时期幕府结算所史料·大河内家记录（2）》，《史学杂志》，1971年，第80编，第2号；〔日〕安藤良雄：《近代日本经济史要览》东京大学出版会，1989年第2版，第37页，表1-22。

② 〔日〕大口勇次郎：《幕府的财政》，见〔日〕新保博、斋藤修：《近代成长的胎动》，岩波书店，1989年版，第133页，表3-5，该表是依据《三季公布价格》，《胜海舟全集9》吹鹿录、德川氏部4。

③ 〔日〕大藏省编：《日本财政经济史料》，第1卷，财政经济学会，1922年版，第190页。

6.4万多石的土地上征收年贡1.1万多石,金5000多两①,其中征收的杂税种类包括鱼营业杂税、盐田营业杂税、运输营业杂税、造纸营业杂税、水车营业杂税、榨油营业杂税、当铺营业杂税、制瓦营业杂税、山区等11种,征收额却只有226两多一点。信浓中野地方官署(管辖土地5.4万石)1842年征收水车营业杂税、榨油营业杂税、温泉营业税、硫磺山营业税、棉花市场营业税、鱼批发营业税等6种营业税,金额更少,仅有11两多。②

骏府和中野两地营业税在年贡总额中所占比例均不足0.1％,主要原因是开征新税触动了当地的切身利益,遭到反对。1773年,幕府打算在摄津、河内两藩对棉籽和棉布经纪实行股份制,以两地棉花经纪人为对象,设立1500股,每月收取银18匁作为股金,就会有150两营业税上缴到官署,但是当向有利害关系的村征求意见时,遭到了棉花经纪人众多的平野乡的反对,计划被迫搁浅。③ 1781年,幕府计划在上野、武藏地区设立织物和重量改所,向布匹、丝和丝棉生产者和经纪人征收改费,但是,实施伊始就遭到了蚕丝产地西上州一带的强烈反对,甚至发展成了大规模的暴动,导致不得不中途放弃该计划。④

总之,财政危机迫使幕藩统治者寻找新的途径增加财政收入。途径之一就是开始向商品流通领域征税。商品经济的发展为幕藩统治者向流通领域征税提供了可能,但是幕藩体制国家的财政毕竟是以石高制为基轴的⑤,其租税体系以缴纳实物年贡米为中心,年贡米是依据石高制,根据已经核定的土地收获量的多少征收的。在这一体系下,难以对非农业部门(工商业)征收租税,甚至连因改进生产技术而增加的收获量部分都不能征税。⑥

基于以上原因,德川幕府来自商品生产和流通领域的财政收入少之又少,1844年仅占该年货币收入的0.2％,1863年所占比例只有0.1％。

三 改铸货币

德川幕府出于增加财政收入的目的,试图凭借手中掌握的货币铸造权对货币进行改铸。

德川幕府统治时期,先后于庆长六年(1601)、元禄八年(1695)、宝永七年

---

① 〔日〕大藏省编:《日本财政经济史料》,第10卷,财政经济学会,1923年版,第325页。
② 〔日〕大藏省编:《日本财政经济史料》,第1卷,财政经济学会,1922年版,第204～208页。
③ 〔日〕八木哲浩:《近世的商品流通》,塙书房,1962年版,第233页及后页;〔日〕中井信彦:《转折时期幕藩制的研究》,塙书房,1971年版,第118页及后页。
④ 〔日〕林玲子:《江户批发股份的研究》,御茶水书房,1967年版,第149页。
⑤ 〔日〕松下志朗:《幕藩制国家与石高制》,塙书房,1984年版。
⑥ 〔日〕新保博、斋藤修:《近代成长的胎动》,岩波书店,1989年版,第32页。

(1710)、正德四年(1714)、元文元年(1736)、文政二年(1819)、天保八年(1837)、安政六年(1859)、万延元年(1860)铸造货币。改铸始于17世纪末期的元禄时代。此后大规模的货币改铸有8次，这还不包括小面额货币的增铸、新铸。正德四年(1714)以前的改铸不是为了改善财政，而是为了满足商品经济的发展对货币的需求，同时统一全国货币，控制商品生产和流通。①

随着商品经济的发展，市场对货币的需求量增加。因当时的矿山采掘能力有限，难以保障市场对金属货币的需求。于是，德川幕府不得不通过改铸暂时加以弥补。正德以前，社会需求是德川幕府改铸货币、增加货币流通量的前提，但是元文元年(1736)以后尤其是文政二年(1819)以后的改铸，主要是为了增加财政收入。

1818年文政改铸的直接目的就是通过增铸品质低劣的货币获取巨额收益，从而改善财政。因为这一时期，增收年贡已不可能，又不能有效地向商品生产及非农业部门征税，已采取的征收营业税及贷款等扩大财政收入的措施收效也不明显。与收入困难相反，从18世纪末开始，幕府的实际支出进一步膨胀。除了向富商征收御用金以外，增加收入最快捷也最有效的办法就是改铸货币。此后，幕府频繁采用此办法解决财政困难，渡过危机。德川幕府通过一次次改铸获取了巨额收益，解决了巨额财政支出所需费用，甚至一度还出现过财政盈余。德川幕府1730年的货币改铸收益金为10400两，占当年财政总收入的1.3%；1828～1832年新铸二朱金、一朱金、一朱银，德川幕府从中获取收益550万两黄金②，1832～1842年，德川幕府通过改铸货币"增加"的财政收入高达757万两，平均约占每年岁入的32%以上③；1843年略有减少，为394400两，占当年财政总收入的25.6%；1844年猛增到856400两，占当年财政总收入的33.3%④；1863年的改铸赢利进一步达到了3664399两，占当年财政总收入的68.7%以上；幕府改铸盈利于1864年达到顶峰。

改铸虽然给幕府带来了巨额收益，财政收支也得到了改善，但也产生了

---

① 〔日〕作道洋太郎：《近世封建社会的货币金融构造》，塙书房，第557页；〔日〕安藤良雄：《近代日本经济史要览》，东京大学出版会，1989年第2版，第37页，表1—20。
② 〔日〕田谷博吉：《近世银座研究》，吉川弘文馆，1963年版，第396—397页。
③ 《货币秘录》，见维新史料编纂事务局：《维新史》第1卷，明治书院，1940年版，第307页表。
④ 数据系〔日〕大口勇次郎依据《享保十四西年收获米金银杂税及戌年诸上纳金银，按戌年支付结算账》与《天保十四年卯年金银交纳结算账》《弘化元辰年金银交纳结算账》《弘化元辰年米、大豆交纳结算账》(载于《吹鹿录·德川氏部3》)归纳而成，参考〔日〕新保博、斋藤修：《近代成长的胎动》，岩波书店，1989年版，第131页，表3—2；第163页，表3—17。

消极影响。因 1828～1832 年的改铸,货币流通量猛然增加了 46%①,引起物价飞涨。增铸各种小额货币,破坏了货币制度的系统性,也带来了混乱。货币改铸虽然解决了一时的财政困难,却埋下了隐患。这样改铸货币,"犹如一石米加九石糠而称十石"②,毕竟这些货币没有实际物质财富作支撑,没有增加社会财富。

到了幕府末期,改铸越来越频繁,改铸量也越来越大。货币成色与含量越来越低,简直形同劣币,信用也越来越差。庆长六年(1601),德川幕府成立之初,铸造庆长小判,含金量为 15 克。元禄八年(1695)铸造的元禄小判,含金量减少到 10 克,宝永七年(1710)的宝永小判含金量为 7 克,正德四年(1714)铸造的正德、享保小判含金量回到 15 克。但是,元文以后的改铸币含金量越来越少,成色越来越差。元文元年(1736)、文政二年(1819)、天保八年(1837)、安政六年(1859)、万延元年(1860)的小判含金量分别为 9 克、7 克、6 克、5 克和 2 克,此币已形同劣币。

从 1860 年始,德川幕府出于遏制金币外流的目的,用铸造优质银币后改为铸造劣质金币的办法对货币进行改铸。用此法改铸、新铸的本位币"万延小币"跟天保年间铸造的小币相比,含金量下降了 2/3,这就相当于民间保有的金币资产猛然间增加了 3 倍,导致物价普遍上涨。含金量下降,导致对外购买力下降了 2/3,导致进口产品价格上涨了 2 倍多,成为后来严重通货膨胀的诱因,又反过来对幕府财政构成了巨大压力。为促进新旧货币兑换,幕府采取了严格的"贴水通用、兑换"方式,这种方式没有给幕府带来改铸赢利,进口产品价格上涨又给幕府的对外支付造成了沉重压力。没有办法,幕府大量发行劣质的定位金币"万延二分金币"(即"万延二朱金币")取代"万延小币"和"万延一分币"。这种金币含金量只有 22.82%,银的含量多达 77.18%,实际上就是"银制的金币",而且发行数额高达 5320 万两。③ 幕府给这种金币规定了远远高于其实际价值的名义价值。

这一时期,市场上出现了大量赝币,各藩也纷纷效仿幕府发行大量藩札,导致金融秩序、经济秩序空前混乱。这种饮鸩止渴的做法不但无法填补幕府财政的亏空,反而进一步加剧了财政危机。

从 1865 年开始,幕府的贸易黑字明显减少:1866 年只有 865415(洋银)

---

① 〔日〕新保博:《近世物价和经济发展》,东洋经济新报社,1978 年版,第 64 页。
② 大藏者《明治财政史》编纂会编:《明治财政史》,第 11 卷,吉川弘文馆,1972 年版,第 290～297 页。
③ 〔日〕山本有造:《明治维新时期的财政和通货》,见〔日〕梅村又次、山本有造:《开港与维新》,岩波书店,1989 年版,第 121 页。

元,比 1865 年的 3346060 元减少了 2480645 元;1867 年不但没有黑字,反而出现了巨额赤字,贸易入超高达 9549644 元,仅比幕府同年的出口额少 2574031 元。① 旧金银因此大量外流,洋银价格迅速上涨,幕府无法获得优质廉价的铸币原料,因此,1865 年以后幕府货币改铸收益开始下降,幕府不得不再寻找其他增加财政收入的途径。

为摆脱财政危机,各藩纷纷大量发行藩札。此举一方面应对幕府的货币改铸,另一方面效仿幕府试图摆脱藩财政危机。1842 年有 52 个藩发行藩札 87000 贯银,折合黄金 145 万两。② 实际数字要远高于此。1867 年,藩札发行量已经增加到 1900～2800 万两,相当于同年幕府货币发行量的 15%～21%。③ 藩国大名为确保藩札的顺利流通,有的根据商人的资金需求的发行藩札,有的将藩札借贷给藩内商人发行藩札。为扩大藩财政收入,许多藩过度增发藩札,导致藩札过剩,信用降低,最后被迫退出流通领域。曾被花熊村作为小额交易支付手段而广泛接受的尼崎藩札,就是因为发行过剩不得不于 1834 年停止兑换④,退出花熊村的流通领域⑤。为解决这一问题,相当一部分藩普遍采用了发行藩札与国产专卖制相结合的方式。各藩通过发行藩札,筹措负责藩营专卖的国产交易所所需的购买资金,然后将向藩外市场销售藩内特产所得的一部分幕府货币充作兑换准备金,确保藩札的顺利流通,同时,将取得的部分收益用来补充藩财政。成功的并不多,但福井藩此举做得比较成功。⑥ 该举措适应了商品经济的发展,通过发行货币提供商业(产业)资金,推动商业(产业)发展,再从商业(产业)发展所获得的收益中拿出一部分补充财政。这一举措顺应了历史发展大趋势,为后来的明治政府继承下来。

四 御用金征收

随着货币改铸收益日益减少,德川幕府又采取了征收御用金的办法。商品经济发展催生了一个富有的商人阶层。这些富商通过依附于封建领主,为其保管、经销年贡米,向其举借放贷、融通资金,从中牟取暴利,逐渐积累起巨额财富。有的富商巨贾甚至富可敌国,并在全国建立起完善的流通体系,凭

---

① 〔日〕山口和雄:《日本经济史讲义》,东京大学出版会,1964 年版,第 84 页。
② 〔日〕山口和雄:《藩札研究史序言》,《经济学论集》,1966 年版,第 31 卷,第 4 号,第 8 页。
③ 〔日〕新保博:《关于江户后期货币和物价的断想》,《三田学会杂志》,1980 年版,第 73 卷,第 3 号,第 116～117 页。
④ 西宫市:《西宫市史》,西宫市,1963 年版,第 5 卷,第 778、788 页。
⑤ 〔日〕新保博:《德川时代后期西摄村的货币流通》,《兵库县史》编辑专门委员会编:《兵库县史》,兵库县,1974 年版,第 11 号,第 1～7 页。
⑥ 〔日〕小叶田淳编:《冈本村史》,本篇,冈本村史刊行会,1956 年版,第 406 页。

借雄厚的经济实力确立了非常高的信用。早在 17 世纪末 18 世纪初，靠经营木材起家的大阪淀屋（冈本氏）贷给各地诸侯的金银多达 1 亿两。18 世纪，富商的实力进一步增强，"已有素封之富，千里控制之权，已半归其手。……虽躬身于公门，但实有吞食千乘之心"①，以至于"现今之诸侯，不论大小，无不倾心垂首于町人，依赖江户、京都和大阪等地的富商，以求续计渡世"②。

　　幕府因为财政问题向这些富商征借始于 1843 年，这种征借被称作御用金。过去也有御用金，但多数是来自实物米销售所得的差价，数额也比较少；1843 年的御用金则是实实在在的征借，且规模相当大。1843 年的货币改铸收益只有 394400 两，难以填补财政亏空。为解决财政困难，幕府向大阪富商征收巨额御用金。当时负责财政的官员羽仓外记亲赴大阪召集有实力的商人，向其宣布征收御用金事宜，经多次交涉，最后按年息 2 朱（12.5％）、20 年返还的条件征借御用金 110 万两。③ 此后，随着幕府财政危机加剧，御用金征收规模越来越大，在幕府财政收入中所占的比例也越来越高。1844 年，御用金占幕府当年财政总收入的 20.1％，仅次于货币改铸收益金，位居第二位。随着时间推移，返还期限有所延长，利率也有所下降。

　　17 世纪 60 年代以后，随着外来威胁加剧，有关海防、军事方面的财政支出急剧增加。为借重天皇的权威，幕府将军朝觐天皇并加强京都的警备也耗费了巨额费用，但此时年贡征收已达到极限，大名上缴米金又没有指望，货币改铸收益也开始减少，幕府不得不加强对御用金的征收。1865 年 5 月，幕府在江户的南町奉行宅邸，召集日本桥附近的商人，动员他们交纳御用金④，并为此专门发布了通告。这次御用金征收对象除原来的江户、大阪商人以外，还包括幕府直辖地内的富裕农民，特别是增加了全国寺院。同以前相比，扩大了征收范围，这是以前根本没有过的。⑤ 因 1864 年已经在大阪征收过御用金且资金数目特别大，所以在这次御用金征收中，大阪富商中只有加岛屋久右卫门等 7 人应征⑥，幕府把这次御用金的征收重点放在了江户。代官所

---

① 〔日〕三浦梅园：《价原》，〔日〕三枝博音、清水几太郎编：《日本哲学思想全书》，第 18 卷，平凡社，1981 年版，维新史料编纂事务局：《维新史》，第 1 卷，明治书院，1940 年版，第 334 页。
② 〔日〕太宰春台：《经济录》，经济杂志社，1894 年版，见〔日〕田名纲宏：《新日本史研究》，旺文社，1964 年版，第 257 页，"史料五六"。
③ 〔日〕新保博、斋藤修：《近代成长的胎动》，岩波书店，1989 年版，第 164 页。
④ 东京都编：《东京市史稿市街篇第四十七》，东京都，1958 年版，第 573 页。
⑤ 针对商人征收的御用金幕府要返还本息，但是针对农民、寺院征收的部分没有返还义务，实际上是交纳金。
⑥ 大阪市编：《大阪市史第二》，大阪市史料调查会，1911 年版，第 941 页。

负责向幕府直辖地农民征收御用金①;对寺院的征收,则由寺社奉行通告各宗触头②,并由吉田、白川两家执政负责。③

向江户商人征收御用金的条件是 10 年内用赋税返还,年利应当在 25% 左右④,主要采取两种征收方式。一种是商人主动承担。三井等 35 家御用大商人主动申请承担了 405000 两,其中三井家承担 3 万两。⑤ 另一种方式是按区域分担。将江户全市划分为 20 个区域,每个区域为一组。日本桥为第一组,该组共有 238 人,上缴御用金 154635 两,其中 1000 两以上的有 38 人,共上缴御用金 108850 两,100 两以上 1000 两以下的有 200 人,上缴御用金 45785 两。横山町为第二组,该组共有 160 人,上缴御用金 80780 两,其中 1000 两以上的有 12 人,共上缴御用金 44100 两,100 两以上 1000 两以下的有 148 人,上缴御用金 36680 两。浅草为第三组,该组共有 80 人,上缴御用金 44000 两,其中 1000 两以上的有 11 人,共上缴御用金 26100 两,100 两以上 1000 两以下的有 69 人,上缴御用金 17900 两。通町为第四组,该组共有 73 人,上缴御用金 47610 两,其中 1000 两以上的有 20 人,共上缴御用金 35800 两,100 两以上 1000 两以下的有 53 人,上缴御用金 11810 两。南传马町为第五组,该组共有 31 人,均为 100 两以上的,上缴御用金 6435 两。银座为第六组,该组共有 59 人,上缴御用金 42840 两,其中 1000 两以上的有 12 人,共上缴御用金 30000 两,100 两以上 1000 两以下的有 47 人,上缴御用金 12840 两。八丁堀、灵岸岛为第七组,该组共有 96 人,上缴御用金 50270 两,其中 1000 两以上的有 12 人,共上缴御用金 32000 两,100 两以上 1000 两以下的有 84 人,上缴御用金 18270 两。芝为第八组,该组共有 67 人,上缴御用金 16375 两,其中 1000 两以上的有 3 人,共上缴御用金 3 400 两,100 两以上 1000 两以下的有 64 人,上缴御用金 12975 两。芝金杉为第九组,该组共有 21 人,均为 100 两以上的,上缴御用金 4945 两。高轮、麻布为第十组,该组共有 10 人,上缴御用金 3600 两,其中 1000 两以上的有 2 人,共上缴御用金 2000 两,100 两以上 1000 两以下的有 8 人,上缴御用金 1600 两。神田为第

---

① 〔日〕大山敷太郎:《幕末财政金融史论》,密涅瓦书房,1969 年版,第 217 页及后页。
② 江户时代,承担将寺社奉行的命令传达给属下的寺院,再将属下寺院的请求汇报给寺社奉行职责的寺院。
③ 东京都编:《东京市史稿市街篇第四十七》,1958 年版,第 581 页;大藏省编:《日本财政经济史料》第 5 卷,财政经济学会,1923 年版,东京都,第 835 页及后页。
④ 〔日〕尾高煌之助、山本有造编:《幕末、明治的日本经济》,日本经济新闻社,1988 年版,第 178 页。
⑤ 〔日〕吉野真保编,布施弥平治解题:《嘉永明治年间录》,下卷,巖南堂书店,1968 年版,第 1157 页;东京都编:《东京市史稿市街篇第四十七》,东京都,1958 年版,第 574 页。

十一组,该组共有 15 人,上缴御用金 3600 两,其中 1000 两以上的有 1 人,共上缴御用金 1000 两,100 两以上 1000 两以下的有 14 人,上缴御用金 2600 两。外神田、下谷为第十二组,该组共有 47 人,上缴御用金 15280 两,其中 1000 两以上的有 3 人,共上缴御用金 6000 两,100 两以上 1000 两以下的有 44 人,上缴御用金 9280 两。神田明神下、本乡为第十三组,该组共有 23 人,上缴御用金 9540 两,其中 1000 两以上的有 5 人,共上缴御用金 5000 两,100 两以上 1000 两以下的有 18 人,上缴御用金 4540 两。小石川为第十四组,该组共有 79 人,上缴御用金 29925 两,其中 1000 两以上的有 4 人,共上缴御用金 17000 两,100 两以上 1000 两以下的有 75 人,上缴御用金 12925 两。通过这种方式一共征收御用金 62 万多两。①

1865 年幕府在江户商人中一共征收了大约 102 万两御用金。1867 年,幕府第二次向江户商人征收御用金。1867 年 10 月,幕府命令江户各问屋上缴御用金。要求经营米谷的问屋 10 月份上缴 15000 两,11 月 25 日以前交纳 50000 两,2 月 25 日以前交纳 50000 两,一共上缴 115000 两。要求经营木材、盐、木炭、菜种、酒等其他商品的问屋交纳 180000 两。② 1867 年 12 月,江户南町奉行所发布命令,要求各问屋交纳御用金 207000 两。③ 与 1865 年相比,1867 年御用金的征收规模明显更小,并将分区划片征收改为按行业征收。前者反映了幕府权威的进一步丧失,后者则为新政府采用近代的赋税征课手段奠定了基础,按行业征收赋税是近代税收政策的重要特征之一。

向大阪商人征收御用金要比江户早得多,真正征收带有借贷意义的御用金就是从大阪开始的。大阪因其经济最发达而成为幕府征收御用金最早、最频繁、数额最多的城市。从 1843 年到德川幕府灭亡为止,大规模的征收先后共 5 次。第一次开始于 1843 年 7 月,主要为天保危机所迫,共 354 人应征,应征金额为 56535 贯。第二次是因佩里来航的巨大冲击,为筹措加强海防所需费用而于 1853 年 11 月征收的,共征收 25896 贯。第三次是为筹措本丸工程所需费用于 1860 年 1 月征收的。同前两次相比,这次应征人数大幅度增加,金额也远远超过以前两次,先后有 966 人应征,应征金额达 68147 贯。1864 年、1866 年是筹措两次征讨长州藩的军费。1864 年征收规模比较小,1866 年的规模要大得多,应征人数多达 1108 人,应征金额为银 17 万贯多。

在征收方式上,大阪的御用金征收与江户相比也有所区别。大阪主要采

---

① 东京都编:《东京市史稿市街篇第四十七》,东京都,1958 年版,第 574 页及后页。
② 〔日〕吉野真保编,布施弥平治解题:《嘉永明治年间录》,下卷,巌南堂书店,1968 年版,第 1336 页。
③ 〔日〕本庄荣治郎:《幕末的新政策》,有斐阁,1940 年增订版,第 277 页。

取一次性认征、分期交纳的方式,1860年开征的御用金就分10年交纳并详细规定了每年、每月的应交数额,于是出现了前一次御用金征收还没有结束、后一次御用金又开始征收甚至为保证新开征的御用金征收而将原来的御用金征收延期的情况。比如1864年新的一笔御用金开征时,正赶上1860年开征的御用金要交纳第五笔。因1864年开征的御用金专门用于第一次征讨长州藩的军费,为幕府所急需,为保证这笔新的御用金征收的顺利完成,不得不将原计划交纳的御用金延期。此外还出现了另一种情况,即原计划按月交纳的御用金,因某意外变故急需一大笔经费,而被要求提前交纳。1866年4月,幕府为第二次征讨长州的战争筹措战费,开始征收御用金,最初规定按月交纳,但是仅过一个月,幕府将军德川家茂突患急病,一桥庆喜需要迅速赶往大阪,急需一大笔费用。幕府就要求认征御用金的富商必须在8月份按每两兑换银100匁的行市用正币交纳认征总金额的一半,剩余部分于1866年12月提出按月交纳证明,计划在1868年12月份以前全部交纳完毕。①

上述御用金数额仅仅是富商的认征额,实际交纳数额常常少于认征额。大阪商人播磨屋仁三郎于1853年、1860年、1864年、1866年4次认征御用金。1853年认征325贯,期限10年,每年交纳其中的1/10,4次共交纳130贯以后,剩下的195贯被舍弃了。1860年认征480贯,交到1863年就终止了。1864年认征100贯,2年交纳完毕。1866年认征550贯,其中的294贯是用往次已交纳的御用金冲抵的,应纳金额为256贯。原计划1866年采取按月交纳的方式交纳110贯,1867年交纳76贯,1868年交纳70贯,但根据1866年8月必须用正币交纳的命令,一次就交纳了1280两(银128贯),同年末又交纳了40两,随后决定于1867年交纳420两,1868年交纳770两。

播磨家1853年以来认征总额为1455贯,到1867年为止实际只交纳了598贯,占认征总额的41%。1853年以来,几乎年年交纳,每年30多贯,1860年以后增加到40多贯,1864年以后增加到50多贯,1866年交纳的数额又大大超过了往年。②

御用金逐渐由最初的临时性征收演变为经常性征收,而且呈逐年增加的趋势。表面上御用金征收越来越经常化,实际上缺乏稳固的基础,每次都要经过长时间的反复交涉才能确定下来。1860年的认征数额交涉了整整一年时间才最终确定下来,1866年御用金前后交涉了8次。征收困难的原因,除了幕府威信丧失以外,直接原因是御用金相当于长期低息借款,应逐年返还,

---

① 大阪市编:《大阪市史·二》,大阪市史料调查会,1911年版,第949页。
② 《御用金记录》,见大阪市编:《大阪市史·五》,大阪市史料调查会,1911年版,第1003页。

1853年以后,应返还的部分却采用以下一次预征御用金相抵的方式,御用金变成了没有返还约定的御用金,原来的借款变成了赤裸裸的掠夺。从1866年开始,幕府将返还期限延长至30年,年息2朱,从1867年算起,30年内每年用摄津、河内、和泉、播磨的幕府直辖地的年贡逐年返还。① 过去常常是旗本或者一些小大名用年贡作担保借款,幕府用年贡作担保借款的做法有史以来还是第一次,而且期限长达30多年。此后,作为幕府财政经常性支出的年贡越来越多地被御用金返还这些特殊用途所占用。1867年,幕府用直辖地山城国的年贡解决京都天皇所需经费。② 幕府最为稳定的财政收入被占用,幕府财政从根本上发生了动摇。

五 发行金札

兵库港将于1867年12月开港,但是完善港口设施、开展对外贸易急需资金80～90万两,征收御用金越来越困难。1867年4月,勘定奉行小栗上野介忠顺等人建议通过发行金札筹措资金,充分利用民间资金来解决资金缺口。③ 计划从大阪选出20名商人担任"兵库港交易商经理",组成行会,负责开展贸易,并提供完善港口设施所需的100万两经费。鉴于他们正在定期上缴御用金,就特许他们发行金札100万两,届时用兵库港的关税收入进行偿还。兵库港每年关税收入约为30万两,3年左右就可以偿还。金札由勘定方和目付共同印制,面值有1两、10两、50两、100两4种,通告其跟金银一样流通。商人可以用金札代替正币用于支付港口有关工程费用,期满3年,用关税收入偿还,回收并销毁金札。从该建议中我们发现,幕府筹措资金的方式发生了变化:御用金是没有担保的长期低息借款,完全凭借幕府的信用,因不能返还,信用丧失,征收出现困难;金札是以未来的关税收入作担保的3年期借款,也可以将其视为幕府发行的债券,因仅凭幕府信用不可能让金札流通,就借重大阪商人的信用。

德川幕府采纳了该建议。1867年6月5日,勘定方召集20名大阪富商在京都二条城宣布成立商社,任命田中善右卫门、广冈久右卫门、长田作兵卫3人为经理。通告大阪市内以及畿内等地商人募集商社资金。为此大阪町奉行所召集60多名商人,要求他们向商社投资,但响应者只有近江屋半次郎等10人,后来又先后有兵库商人15人、堺商人36人承诺出资。商社成立

---

① 大阪市编:《大阪市史·四》,大阪市史料调查会,1911年版,第2561页。
② 大藏省编:《日本财政经济史料》,第1卷,财政经济学会,1922年版,第594页。
③ 〔日〕胜海舟:《开国起源》,见《胜海舟全集·5》,劲草书房,1980年版,第348页及后页;
〔日〕菅野和太郎:《幕末维新经济史研究》,米涅瓦书房,1961年版,第219页及后页。

后,驻大阪的大目付、勘定奉行联名奏请幕府允许商社凭借大阪商人的财力和信用发行金札。① 1867年8月,幕府发布通告:金札由商社和相关商人担保,限在畿内附近地区发行,与金银等值流通,不打折;流通期限为1867年11月到1870年11月,时间3年;11月正式发行。

商社设立专门的兑换机构负责金札与金银正币兑换,担任经理的20名商人可自行兑换。每家规定有各自的分担数额,并在领取的金札背面加盖各自的印戳以便于区分。每家要拿出相当于认领额一半的正币,交兑换所作为兑换准备,兑换到40%时要将已经兑换的认领札返还给认领者,再交出剩下的另一半正币。1867年10月,原计划发行的4种面值增加为6种,分别是100两、50两、10两、1两、2分、1分,增加了2种小面额金札②,原计划当年11月1日正式流通,实际上到11月22日才真正开始发行,首发数额只有1万两,且因幕府垮台,实际上只发行了这一次。即便这1万两,也只是发到了20名商人的手里,没有来得及流通,就因为接下来的事件——12月7日兵库港正式开港、12月9日京都方面宣布王政复古,而失去了意义。

幕府在江户也发行了同样性质的金札。1867年10月,幕府通告在江户、关八州等地发行金札。规定与金银一样流通,兑换不打折。与大阪不同的是,大阪自发行始就由发行者本人兑换,江户则是在发行一年半后由三井兑换店兑换。1867年11月25日,幕府在银座召集中井新右卫门、竹原文右卫门等江户兑换商,要求每人认领金札2000两,同时上缴正币2000两作为兑换准备。因商人们一时难以筹措这么多正币,幕府不得不将认领额降到1000两,并允许推迟30天交纳正币,不过虽降低了条件,仍无人响应。为扭转被动局面,1867年12月,负责勘定所借贷事务的三井掌柜三野村利左卫门等人建议,幕府先向每位兑换商发放盖有三井事务所印章的金札3000两,兑换商领取金札后可到江户住吉町的三井事务所将其中的2000两兑换成正币作为兑换准备金,自己再准备另外1000两,开展兑换业务。兑换过的金札再拿到三井事务所兑换正币。金札的总发行额由三井事务所对外宣布。很显然,一方面幕府想借重三井的信誉提高金札的信用,另一方面,三井也试图以此进一步强化自身在金融流通领域中的地位。由于三井的介入,金札才得以流通。此时,幕府已经处于崩溃前夕,拖到1867年12月24日才出台相关规定,拿出金札样本、正式发行已经是在鸟羽伏见战役之后了。金札流通的时间很短,数量也很少。只有兑换商竹原文右卫门、中井新右卫门等4家在

---

① 〔日〕胜海舟:《开国起源》,《胜海舟全集·5》,劲草书房,1980年版,第348页。
② 大阪市编:《大阪市史·四》,大阪市史料调查会,1911年版,第2625页。

三井处兑换过正币 7000 两。

总之,德川幕府为解决财政危机而采取的上述措施深深打上了商品经济发展的印记,是商品经济发达的反映。这一时期日本正从以农业为主的社会向以商品经济为主的社会过渡,对外贸易有了初步发展。发行金札的目的是适应商品经济的发展,利用民间资金成立商社开展商业贸易,借助这一途径增加财政收入。

然而,这种重商主义财政政策只实施于局部地区,且幕府已经到了崩溃前夕,为时已晚,对挽救德川幕府的封建统治也早已于事无补,反而起了加速其灭亡的作用。这一时期,连封建统治者德川幕府都不得不实施适应商品经济发展的财政政策,表明商品经济已经成为统治阶级制定政策尤其是财政经济政策的前提,任何统治集团包括明治新政府在内都要受其左右。从这个角度看,就容易理解和把握明治新政府初期所实施的财政政策了。明治初期的许多财政政策与幕府末期幕藩的财政措施之间存在着一定的继承关系。其中的原因就在于新政权立足未稳,一时难以制定并实施新的比较成熟的财政政策,当然更主要的原因,是商品经济发展已经成为制定财政政策时非常重要的前提。

第二章　初创时期明治政府的财政政策

1868年1月,明治政府宣告成立,从新政权宣告成立到1869年6月戊辰战争结束、奉还版籍之前,这一时期是明治政府的初创期。该时期的首要目标是推翻德川幕府的统治,清除其残余势力,政治上确立对全国的统治。新政府为达成这一目标,在全国展开了一系列军事行动。新政府的财政政策就是围绕该目标设法筹措经费,保证新政权的运转和推翻德川幕府统治目标的实现。

第一节　明治政府的财政困境

1867年11月9日,幕府将军德川庆喜内外交困,不得不"奉还大政"。1868年1月3日,倒幕维新势力发布王政复古大号令,宣告新政权成立。维新政府成立伊始就遇到了棘手的经费问题,陷入财政困境。应该说,新政府首先遇到的困难就是财政上的困难。① 突出表现为财政收支严重失衡、财政来源极不稳定和财政支出急迫且浩繁。

一　财政收支严重失衡

首先,财政上收不抵支且支出远远大于收入。1867年12月至1868年12月,新政府的经常性收入只有3664780日元,年度支出却高达30505085日元,支出是收入的8.3倍,也就是说88%的财政经费要通过其他途径来筹措。1869年1月至9月,明治政府的财政收入为4666055日元,同一时期的支出为20785835日元,财政亏空比例仍高达77.6%。②

收入与支出形成巨大反差,而且财政支出中绝大部分是临时性支出。即便扣除临时性支出,在新政府初创期,经常性收入也难以弥补经常性支出,且财政亏空比较大。1867年12月至1868年12月,新政府运转所需支出为

---

① 〔日〕大岛英二:《明治初期的财政》,庆应义塾经济史学会纪要第一册,《明治初期经济史研究》,岩松堂书店,1937年版,第265页。
② 大藏省《明治财政史》编纂委员会编:《明治财政史》,第3卷,吉川弘文馆,1971年版,第165~215页。

5506253 日元,超出经常性收入 1841473 日元,超出部分就占经常性财政收入的 50.2%,占经常性财政支出的 33.4%。换句话说,1/3 左右的经常性财政开支费用必须临时筹措。1869 年 1 月至 9 月,经常性支出 9360230 日元,超过经常性收入 4694175 日元,亏空部分占经常性支出的比例高达 50.2%,远远超过了经常性收入。[1]

其次,临时性收支远远高于经常性收支。1867 年 12 月至 1868 年 12 月是新政府的第一个财政年度,该年度经常性收支额为 9171033 日元,临时性收支额为 54423365 日元,两相比较,临时性收支相当于经常性收支的 6 倍。经常性收入仅占当年财政总收入的 8.9%,临时性收入所占比例竟高达 89%,前者仅相当于后者的 1/10。经常性支出只占当年财政总支出的 18%,临时性支出却高达 82%,后者接近于前者的 5 倍。1869 年 1 月至 9 月是新政府的第二个财政年度,经常性收支明显增加,为 14026285 日元,临时性收支有所减少,为 41197957 日元,但两者相比,临时性收支仍是经常性收支的 3 倍。经常性收入在当年财政总收入中的比例虽有所上升,也不过 14%,临时性收入所占比例仍高达 86%。[2]

二 财源极不稳定

新政府的财政困难除了财政收支严重失衡以外,更棘手的问题是没有稳定的财源。新政府的财政几乎是从零起步的。

维新政权在确立对全国的真正统治之前根本没有自己的财政基础。新政府成立初期,全国土地共 3000 万石,新政府名义上拥有原幕府的直辖地 800 万石,但实际上仍控制在德川手里,新政府无法获得这些领地上的收入。作为国中之国的各"藩"照旧存在,全国领地的实际控制权依旧没有变更,新政府也就无法取得实际收入。[3]

"庆喜撤出大阪回返,会津之兵和桑名之兵随之俱激愤离去",新政府"什

---

[1] 大藏省《明治财政史》编纂委员会编:《明治财政史》,第 3 卷,吉川弘文馆,1971 年版,第 165～177 页;大藏省百年史编辑室编:《大藏省百年史》,大藏财务协会,别卷,1969 年版,第 130 页;东洋经济新报社编:《明治大正财政详览》,东洋经济新报社,1975 年版,第 2～3 页。

[2] 〔日〕内田正弘:《明治日本的国家财政研究——近代明治国家的本质与初期财政剖析》,多贺出版株式会社,1992 年版,第 110～111 页;大藏省《明治财政史》编纂委员会编:《明治财政史》,第 3 卷,吉川弘文馆,1971 年版,第 165～177 页;大藏省百年史编辑室编:《大藏省百年史》,大藏财务协会,别卷,1969 年版,第 130 页;东洋经济新报社编:《明治大正财政详览》,东洋经济新报社,1975 年版,第 2～3 页。

[3] 〔日〕大岛英二:《明治初期的财政》,《庆应义塾经济史学会纪要》,第一册,《明治初期经济史研究》,岩松堂书店,1937 年版,第 266 页。

么也没有得到。然而,讨伐之兵不得不出,虽有各种各样之事,但朝廷却无一文钱"。① 新政府"欲维持政权,不得不以财为本,而当时朝廷所有之土地仅止于方寸之禁地,至于其他之岁入向来不足算……"②新政府成立时,仅拥有天皇名下的 3 万石领地,取得的收入连皇室自身的日常开支都难以维持,对新政府来说形同于无。

1867 年 12 月(旧历),京都朝廷府库空虚,开支告罄,掌管朝廷开支的户田忠至受岩仓具视之命于 12 月 15 日前往大阪,拜见德川庆喜,说"虽先帝一周年祭期已近,然府库匮乏,无修其祭典之资,请献金若干万两"③。德川幕府方面也只筹措到 1000 两,以救一时之急。"多数缙绅公卿穷迫之余,密哀求有知己因缘之藩主藩臣筹措金钱"④,更为严重的是,"据越前的中根雪江告诉幕府的在京若年寄永井玄蕃头,宫中膳米仅余二三十日,储金散失,已所剩不多"⑤。

1868 年 1 月 4 日,京都朝廷要求将领地 400 万石中的 200 万石归还给朝廷,但遭到拒绝。⑥

三 财政支出急迫且浩繁

新政府刚刚成立,就遇到了倒幕战争军费、新政权运转经费、皇室日常开支、对外交涉费用等一系列财政支出问题,其中最急迫的支出是倒幕战争的军费。

新政权成立伊始就陷入战争状态。刚成立的新政府是个典型的过渡性联合政权,在政治上"尚未确立对全国的统治,讨幕派领袖也还未在新政府中牢固地掌握领导权"⑦。1867 年 10 月 15 日、21 日(旧历),新政府以天皇名义向各大名发出进京的诏命,然而各藩都在观望,到了 11 月份才有 10 多个藩

---

① 〔日〕泽田章编:《世外侯事历维新财政谈》,中,冈百世,1921 年版,转引自〔日〕梅村又次、山本有造:《开港与维新》,岩波书店,1989 年版,第 126 页。
② 《明治货政考要》,〔日〕大内兵卫、土屋乔雄编:《明治前期财政经济史料集成》,第 13 卷,改造社,1932 年版,第 295 页。
③ 〔日〕多田好问编:《岩仓公实记》,中卷,岩仓公遗迹保存会,1926 年版,第 185 页。
④ 〔日〕芳贺八弥:《由利公正》,八尾书店,1902 年版,第 274 页。
⑤ 〔日〕竹越与三郎:《日本经济史》,第 7 卷,日本经济史刊行会,1925 年版,第 397 页。转引自〔日〕大岛英二:《明治初期的财政》,《庆应义塾经济史学会纪要》,第一册,《明治初期经济史研究》,岩松堂书店,1937 年版,第 265 页。
⑥ 〔日〕神长仓真民:《明治维新财政经济史考》,东邦社,1943 年版,第 27~28 页;〔日〕坂入长太郎:《明治前期财政史》,修订版,酒井书店,1989 年版,第 21 页。
⑦ 伊文成、马家骏主编:《明治维新史》,辽宁教育出版社,1987 年版,第 353 页。

进京,除去萨摩、尾州、艺州、越前藩以外,多数都是京都附近的小藩。①

德川庆喜只是名义上将统治权还给了天皇,实际上仍然掌握着财权和军权,控制着绝大多数藩国大名,与新政府对抗。

1868年1月4日,德川庆喜拒绝"辞官纳地",1月7日,带领1万多幕兵退守大阪,后于1月17日向朝廷发出"讨萨表",企图用武力消灭新政权。1月26日,幕府军队率先进攻京都,第二天,双方在鸟羽、伏见展开战斗。这场战争一直持续到次年6月27日箱馆战役结束,最终以维新政权胜利告终。因这一年旧历是戊辰年,历史上称之为戊辰战争。这场战争持续了一年半,大小战役达数十次。连绵不断的战争急需大量的军费,据统计,与戊辰战争相关的支出高达8889619日元,新政府成立当年,所需军费就高达4511930日元②,占了总支出的大部分。这些支出需求最急迫,全部是临时性支出,每笔费用不能减少,也不能拖延,因此对新政府的压力也最大。

从新政府成立第一天开始,就必须解决完善政府机构、修缮官厅、官员俸禄以及皇室开支等所需费用。1868年1月3日,三职制政府成立,设有总裁1人、议定10人、参与20名。2月10日,在三职之下设置神祇、内国、外国、海陆军、会计、刑法和制度寮等7个事务科。2月25日,把三职七科改组为三职八局,除把上述7个事务科改称事务局以外,又增设总裁局。③ 在行政机构建立的同时,也成立了上议事所和下议事所等议事机构。新政府通过贡士制和征士制延揽人才。6月11日,新政府废除三职八局,实行太政官制,将太政官分为7官。随着国内战争的节节胜利,新政府陆续在实际控制区设立府、县,建立地方行政机构,确立对地方的统治。

中央和地方行政机构运转、官员俸禄皇室开支都需要一大笔费用。仅1868年闰4月一个月的官员俸禄就高达黄金20万两。④ 皇宫日常开支需要黄金30万两,此外还有大量的临时支出,1868年1月26日(旧历),孝明天皇一周年祭奠,就需要黄金26万两。⑤ 新政府手中却没有一分钱。

对外交涉也急需大笔费用。1853年佩里来航,西方列强加紧侵略日本。在随后的几年里,英、法、美、德、荷、意、比、葡、沙俄等国先后强迫日本签订了

---

① 〔日〕安冈昭男:《日本近代史》,林和生、李心纯译,中国社会科学出版社,1996年版,第105页。
② 大藏省《明治财政史》编纂委员会编:《明治财政史》,第3卷,吉川弘文馆,1971年版,第167~177页。
③ 维新史料编纂事务局编:《维新史》,第5卷,明治书院,1941年版,第376~384页。
④ 〔日〕松平庆永著,岩崎英重编:《戊辰日记》,日本史籍协会,1925年版,第378~379页。转引自〔日〕坂入长太郎:《明治前期财政史》,酒井书店,1989年修订版,第35页。
⑤ 〔日〕本庄荣治郎:《明治维新经济史研究》,改造社,1930年版,第363页。

一系列不平等条约,在日本攫取大量权益。为巩固和扩大自己的殖民权益,列强纷纷干涉日本内政,控制日本经济命脉。日本国内各派势力为维护自身的利益,巩固和加强自己的地位,纷纷借重于列强。德川幕府加紧投靠法国,1865年,在法国援助下,德川幕府开始在横须贺修建大型钢厂和造船厂,购买近代武器,聘用法国教官着手组建新式军队,并请求法国军队进驻日本帮助德川幕府维护统治,直到幕府将军的"权威完全稳固之日为止"。作为法国援助的交换条件是日、法两国的富商合资经营"日法贸易公司",让法国垄断日本的对外贸易。① 幕府垮台以后,奥羽同盟、榎本武扬等残余势力仍在进行武力抵抗,并加紧进行外交活动,试图寻求外部支持。新政府为打败幕府并彻底清除其残余力量,也积极展开了外交攻势,寻求英国等国的支持,而这些外交活动需要一大笔经费。1868年新政府财政中仅用于横滨外国方面的支出,每月就达黄金3万两,用于兵库居留地的支出每月也高达黄金3万两。②

上述支出数额巨大,都不能回避,也不能减少,甚至不能延期支付,倒幕战争的军费更是如此。缺乏稳定财源的新政府压力之大不言而喻。

总之,维新政府成立之初所遇到的最大、最紧迫的困难就是军事费用等财政问题。岩仓具视曾回忆新政府当时的窘状:"初发王政一新之大号令时,府库空乏,会计之困难尤甚……当鸟羽、伏见二道之战端开时,金谷殆尽,日常之用度亦不能支。"③

第二节 成立财政机构与由利公正的财政观

为解决财政困难,新政府专门成立了财政机构,并选择由利公正负责财政事务。

一 设立财政机构

1867年12月9日(旧历),新政府发布王政复古大号令,废除幕府,设立总裁、议定、参与三职。12月23日,在一乘院里坊设立参与办公机构,下设

---

① 〔日〕林屋辰三郎等编:《史料大系·日本历史》,第6卷,大阪株式会社,1980年版,第266~268页。
② 〔日〕松平庆永著,岩崎英重编:《戊辰日记》,日本史籍协会,1925年版,第378~379页。转引自〔日〕坂入长太郎:《明治前期财政史》,酒井书店,1989年版,第35页。
③ 〔日〕多田好问编:《岩仓公实记》,下卷,岩仓公遗迹保存会,1926年版,第421页。

金谷出纳所专门负责财政事务①,由福井藩士由利公正和名古屋藩士林左门两人负责。次年1月17日,金谷出纳所移交会计事务课管辖。会计事物课是当时七课三职中的一课,课设总督,由议定兼任,总揽课中事物,课下设七挂,由参与兼任,具体办理课内政务,金谷出纳所的事务归该课负责。② 1月21日,任命金谷出纳经理等御用挂,直接隶属于会计事务总督。2月3日,会计事物课改为会计事物局,并废除金谷出纳所。局下设课,局设总督,开始在督、挂以下增设一般行政人员,总督以下设有辅、权辅、判事、权判事等官职。该局负责户口、赋税、用度、贡品、营缮、秩禄、仓库以及商业管理等事务,财政机构初具规模。同年闰4月21日,会计事物局改为会计官,下设出纳、用度、驿递、营缮、税银、货币、民政7个司,并首次明文划分了各司分管的事务和权责。这一时期的会计官管辖领域相当广,名义上为财政机构,实际上还管辖着内务、外务、司法、邮政、农商务等诸多事务。随着时间推移,权责方面也有部分变更,1869年4月6日,全国的灯塔划归外国官管辖。4月8日,又将驿递司移交给新设立的民部官负责。5月16日,原来外国官管辖的通商司并入会计官,负责管理通商贸易。7月8日,废除会计官,改设大藏省。此后,明治政府的财政机构名称正式稳定下来。

二 由利公正的财政观

早在财政机构成立之前,新政府就已经着手物色财政负责人。由利公正在福井藩成功地进行了财政改革,扭转了福井藩的危机,理财经验丰富,其财政思想和才能深得新政府主要领导人的赏识,因此被要求负责财政事务。③

（一）由利公正财政思想的成因

1.藩财政的困难、家庭的贫困引起由利公正对财政的关注。

福井藩在德川幕府时代,财政危机出现得比较早,危机持续的时间比较长,也比较严重,也是为解决财政危机最早发行藩札的藩。该藩由于第三代忠昌被减封,土地从68万石减少到52万石,领地内发生灾荒,财政陷入困

---

① 大藏省《明治财政史》编纂会编:《明治财政史》,第1卷,吉川弘文馆,1971年版,第229~230页。关于金谷出纳所创设时间,《大藏省沿革志》上(〔日〕大内兵卫、土屋乔雄编:《明治前期财政经济史料集成》,第2卷,改造社,1932年版,第3页)记载为"同月27日",但是《岩仓公实记》(〔日〕多田好问编,岩仓公遗迹保存会,1926年版,第200页,却记为12月23日。本文持后者观点。
② 实际上,金谷出纳所是对会计事物课的办公地点的称呼。
③ 由利公正——越前福井藩藩士,1862年改名八郎,1868年[明治元年]称由利公正,壮年时代号云轩,老年时代号方外。幼名义由,通称三冈石五郎。

难,不得不求助于发行藩札。① 1661 年 8 月,经幕府同意开始发行。以幕府提供的 2 万两正币为基础,发行了 4 万两藩札,藩札可以随时兑换。此为日本发行藩札之始。藩札票面分 10 匁银札和 5 匁银札两种。藩札的信用由豪商驹屋善右卫门和荒木七郎右卫门担保,并任命他们担任经理。随着藩财政困难的加深,藩札发行数量也不断增加,最终总额竟达到了 20 万两②,导致福井藩不得不停止兑换正币,藩札成了不兑换纸币,甚至 1687 年曾一度停止发行新的藩札。1702 年,福井藩再次发行藩札,仅发行了 5 年,因幕府禁止而再度停止发行,已经发行的藩札却一直在流通。1730 年 6 月,德川幕府规定过去使用藩札的藩今后可以继续使用,但是有使用期限,20 万石以上的大名限期使用 25 年,20 万石以下的大名限期使用 15 年,到期再向幕府提出申请。③ 1730 年 7 月,福井藩再次发行藩札,此后一直没有中断。

19 世纪 40 年代末,藩札发行过滥的弊端开始显现,政府不得不把发行数额限制在 25 万两左右。因没有抵押作担保,藩札便成了纯粹的不兑换纸币。依靠发行藩札解决财政困难的方法最终没有成功,反而加深了财政危机。到幕末时期,该藩财政已经相当困难。

为解决财政困难,福井藩采取了削减武士俸禄的办法,由利家的收入因此大幅减少。由利公正出生的时候,"三冈家秩禄仅有百石,家计颇困难。当时的百石实给 70 俵"④。由利公正幼年时期就亲身经历了家庭的贫困,进而了解到了藩的困境,立志找出藩财政贫困的真正原因。他对财政问题尤为关注,19 岁到 24 岁之间,历时 5 年,"穿着草鞋,遍访各村……亲自调查","了解藩的岁入、岁出、米谷的生产和消费状况"。⑤

2. 横井小楠对由利公正产生了深刻影响。

自江户时代中期始,日本国内统一市场的建立、商业的发达,开始影响到思想领域。思想领域逐渐出现了肯定商业、重视商业的思想,出现了"商业立国论"。当时著名的思想家石田梅岩(1685~1744)、本居宣长(1730~1801)、三浦梅园(1723~1787)都对商业持肯定态度。本居宣长在 1787 年写了《秘本玉匣》,书中明确提出"因交易不能无商人,商人多则为国家为民间自由通物之利也"。三浦梅园于 1773 年著《价原》,明确提出"金银之用,仅为诸货运

---

① 〔日〕高垣寅次郎:《明治初期日本金融制度史研究》(清明会丛书 8),早稻田大学出版部 1972 年版,第 41 页。
② 同上书,第 83 页。
③ 同上书,第 42 页。
④ 〔日〕三冈丈夫:《由利公正传》,光融馆,1916 年版,第 5 页。一俵相当于 4 斗 6 升。
⑤ 〔日〕由利正通:《子爵由利公正传》,由利正通发行,1940 年版,第 15~16 页。

输之用,则楮钞(纸币)或飞钱者足矣"①。到了幕府,类似肯定商业的思想进一步发展成为贸易振兴论、商业立国论。这一时期的著名思想家本多利明认为,"日本为海国,渡海运送交易,固为国君之天职、第一之国务。遣船舶而之万国,以取得国用必需之产物及金银铜以入日本,丰厚国力乃海国齐备之方法也"②。同一时期的佐藤信渊也认为,"凡兴国家之大利者,无过于通商交易。故不兴斯业,不得行深慈爱、笃信义之永久政务"③。著名兰学家④神田孝平深刻剖析了以农立国的三种危害,明确主张"渐减农税,兴工商,出四方以行贸易为主要方策"⑤。开国以后,民族危机日益加深,上述重商主义思想逐渐为更多的阶层所认同,并且有了进一步发展。横井小楠就是该时期的著名代表人物。

横井小楠为熊本藩藩士,很有才华却得不到藩内重视。1858 年应福井藩藩主松平庆之邀,出任藩校教授、政治顾问,参与藩政的枢密政务。居福井期间,被福井藩主以上宾之礼待之,家老重臣以下藩士,皆对其执弟子礼,横井小楠的才能从此得以施展。当时,福井藩同样危机重重,财政拮据,内外交困,迫切需要较为彻底的改革,横井小楠因此备受信任和重用。横井小楠与由利公正等福井藩改革派藩士借此机会齐心协力,对藩财政成功地进行了改革。通过这次改革,藩财政得到彻底改善。这次藩财政改革的理论支撑就是横井小楠的代表作《国是三论》。

《国是三论》完成于 1860 年,由《富国论》《强兵论》《士道》三部分组成。《富国论》阐发人生交易之理,畅谈万国通商之利,阐明减少游民、振兴农业、民生福利之道,论述了顺应天下公共之大道、制定开国大计的必要性;《强兵论》强调了开铜矿、建铁厂,以所得之利润购置军舰、机械从而振兴海军的重要性;《士道》明确主张文武不可二分。《国是三论》提出了重商主义的经世之策。重商主义是在封建社会向近代社会过渡过程中出现的一种经济政策,主张以对外贸易为中心,实现国家富强。横井小楠在《国是三论》中主张对国内

---

① 〔日〕石田梅岩著,足立栗园校订:《都鄙问答》,岩波书店,1968 年版;〔日〕本居宣长:《秘本玉匣》(1787 年),见泷本诚一编:《日本经济大典》,明治文献株式会社出版,第 17 卷,史志出版社及启明社,1928—1930 年版;〔日〕三浦梅园:《价原》(1773 年),见〔日〕三枝博音、清水几太郎编:《日本哲学思想全书》,第 18 卷,平凡社,1981 年版。
② 〔日〕本多利明:《经世秘策》,大日本思想全集刊行会,1932 年版,第 53 页。
③ 〔日〕佐藤信渊:《海防策》,《佐藤信渊选集》,读书新故社出版部,1943 年版,第 53 页。
④ 日本江户中期至开国止通过荷兰书籍传入西方学术、文化、技术等学问的日本学者。
⑤ 〔日〕神田孝平:《农商辨》(1861 年),见〔日〕三枝博音、清水几太郎编:《日本哲学思想全书》,第 18 卷,平凡社,1981 年版,第 54 页。

生产、流通机构进行改革,并指出了改革的具体方法。①《国是三论》是横井小楠一生中最重要的作品,其全部思想理论均融入其中。

横井小楠提出闭关锁国违背了历史发展潮流,认为"素来与外国通商,乃交易之大者,其道乃天地间固有之定理"②。他一针见血地指出,实行"锁国之制,割据以自全,相因成习。幸不致祸乱败亡。然方今万国形势丕变,各国大开治教。……无不急生民之所急……日本犹执锁国之旧见,务营私之政而不知交易之理,岂不愚哉?""锁国乃二百余年之陋习,其害尤大。"③

横井小楠明确主张政府应鼓励商业发展。统治者应"随万国之形势,以公共之道经纶天下"。他认为"方今若开交易之道,以外国为范,守信践义,兴通商之利而通财用,则君得施仁政,臣可免为民贼"。

横井小楠设想,首先由藩厅垄断藩内特产经营权,将"租税以外之五谷并丝、麻、楮、漆等凡民间所产之物""收归官府,其价以益于民而无损于官为限。官不谋利,民当白蒙其惠"。"但宜每月查勘横滨、长崎等地物价行情,较之民间售价,加以运抵诸港之运费及其余杂费,若于官府无损,宜据民间所请以高价购之。""国中所产凡几十万金。若不能悉数售于官府,则宜在福井、三国港等处设置廛商,选豪农、豪商之正直者委以总管,与官府同样收购诸项产物。"

藩厅以贷款方式向生产者提供资金并进行示范。"制作或欲增产以上诸物,力不足莫能如意者颇多。官又宜贷与钱谷以遂其意。令其纳物品于官,以其所获偿债。若无利息之累,民当大得其便且蒙惠。""但诸凡生产资料,夫食、肥料等一应用品,悉由官府贷与,且不付利息,可免其借高利贷之冗费。一言以蔽之,官府之出贷以不损本金为度,无需谋利。官府之利可向外国取之。""工、商亦同。贷与米钱,教其便利,令通其活计。游手好闲之徒皆随其所好,令各就其职,其用具诸类,悉由官府贷予。"④

至于所需资金如何筹措,横井小楠提出可印发纸币解决资金来源问题。他认为:"较之锁国之往昔,财用融通可谓已大获其便。现今民间产业甚众,若将之运至海外,价不减,且无壅滞之忧。故宜勉力生产,致民富产兴,国富士富。""试举一隅以譬之。先制一万金之银钞,贷与民众充养蚕之资。然后茧丝交官。官将之运至开港之地售与洋商,大约可获一万一千金之正金,如

---

① 〔日〕花立三郎:《日本思想家横井小楠》,见〔日〕横井小楠著,花立三郎注释,熊达云、管宁译,汤重南校译:《国是三论》,中国物资出版社,2000年版,第3页。
② 〔日〕横井小楠著,花立三郎注释,熊达云、管宁译,汤重南校译:《国是三论》,中国物资出版社,2000年版,第40页。
③ 同上书,第42~43页。
④ 同上书,第14~25页。

此楮钞不阅数月即成正金,不仅可获鸿益,且有千金之利。官府不私此利,公示于众,悉数散之救恤,或供其他唯出不进之用度。如此,得利之事多,所用益足。不特蚕丝,若民间所产皆用此法,则年年见正金入楮银出。通财用之事如前所述,则民间生产可无量增加,官府亦可逐年多获正金。正金融通自如,则物价之贵不足忧,上下之便利未有逾此者。"①

综上观之,《国是三论》的核心观点就是以下四个方面:一、只有开国通商国家才能实现富强;二、政府奉行商业自由政策,不应过多干涉商业交往;三、政府应提供一系列优惠政策并作示范,鼓励商业发展;四、发行纸币解决商业流通资金。

由利公正就是深受横井小楠上述思想影响,逐渐形成了自己的财政观点和主张,即政府发行纸币,解决商品生产和流通所需资金,繁荣商业,最终改善财政。

3. 丰富的藩务经历和藩外考察促进了由利公正财政思想的形成。

1853年美国海军准将佩里率领军舰来到日本,给日本以巨大冲击。德川幕府被迫解除了对各藩的军备限制,允许各藩购买、制造西式武器,建造大型船只。出于对本藩安全的考虑,1853年7月25日,藩主松平庆永选派由利公正前往江户学习近代军事。

由利公正学成回藩后,于1854年10月13日出任武器弹药制造挂,负责制造枪炮弹药。当时一支枪费用35两,制造2000支枪要花费7万两,这对正处于困难时期的藩财政来说是一笔巨额开支,需要花上几十年时间才能筹措得到。大炮等设备费用更大,需要花费全藩10年的总收入外加藩专营收入18万两。②

1857年10月,由利公正兼任军舰船舶制造挂,负责建造大型船舶。为解决资金问题,他亲赴外藩和江户考察。1858年的江户之行,使由利公正认识到了发展商业的重要性。他设想只要能将流入江户的资金的1/100吸引到福井藩,以藩内的生产力为基础,就能振兴藩内特产、繁荣商业。③ 他认识到,与江户相比,福井藩的财政困难是长期奉行重农抑商、厉行节约政策造成的,"节俭愈严,是以生产不振,商业萎靡,一国陷于行将破产之悲境"④。

1858年10月24日,由利公正结束考察回到福井藩,向藩主提出,凭借

---

① 〔日〕横井小楠著,花立三郎注释,熊达云、管宁译,汤重南校译:《国是三论》,中国物资出版社,2000年版,第34页~35页。
② 〔日〕三冈丈夫:《由利公正传》,光融馆,1916年版,第20~35页。
③ 同上书,第55页。
④ 同上书,第63页。

藩的信用印制票据，以贷款的方式从藩内筹措资金。他认为全藩30万人口中有20万人具有劳动能力，如果每人贷给一分，那么就可以筹措到5万两发展资金。由利公正的建议得到了横井小楠的大力支持。1858年11月，藩主松平庆永采纳了由利公正的建议。

出于开展对外贸易的目的，1858年12月，由利公正受命赴长崎调查外贸情况，前往关西地区了解商业发展状况。在长达4个多月的时间里，他先后考察了商品经济发达的大阪、熊本的肥后、长崎等地。前后两次考察下关，仅调查熊本就花了两个多月时间，还在长崎购置了1町步的土地①，设立藩仓库，与荷兰商馆签订经销福井藩生丝、酱油等产品的协议。这次考察使由利公正对下关商业的高度发达印象极为深刻，认识到长州藩的繁荣富强就是得益于长期实行鼓励商业发展的政策。福井藩要繁荣富强起来，也必须发展商业，发展商业就必须借鉴下关的经验。同时必须发行纸币，而发行纸币要有正币作准备，即使没有正币作准备，也要以产品作抵押，唯有如此，纸币才有信用。

4. 由利公正的财政思想在福井藩财政改革的实践中得到印证，改革最终取得显著成效。

1859年4月下旬，由利公正结束长达4个多月的调查回到福井藩，在横井小楠的支持下，力排众议，着手实施改革，发展藩内特产，实行藩专营贸易，增加藩财政收入，增强藩的实力。

由利公正召集商人，耐心作动员说服工作，打消他们的顾虑，成功设立了物产总会所，动员他们经营藩内特产。

由有资产、有名望的商人出任物产总会所的总管，藩厅指派中泽甚兵卫一人作为审核官员对财务进行监督，运营完全交由商人自治，藩厅一概不加干涉。物产总会所主要经营麻、木棉、蚊帐料、生丝、茶、麻等，副产品有绳、草鞋、草席等。物产总会所以票据形式出借资金，资金利息为每月8朱。② 物产总会所设立后，各类产品云集会所，仅5个月，产品就多到没有仓库可放的程度，不得不租赁市内仓库以解燃眉之急。人们奔走相告，最后，货物全部卖出。正币日积月累，最后竟压坏了札所金库的地板。③ 在设立物产总会所的同时，由利公正对养蚕、茶、麻等进行奖励。到1861年末，"向内外输出物产之总额渐次增加，一年金达300万两，藩札渐次变为正货，金库常储存有50

---

① 日本丈量土地、山林面积的单位，大约为99.2公亩。
② 〔日〕由利正通：《子爵由利公正传》，由利正通发行，1940年版，第89～90页；〔日〕三冈丈夫：《由利公正传》，光融馆，1916年版，第81～85页。
③ 〔日〕由利正通：《子爵由利公正传》，由利正通发行，1940年版，第94～95页。

万两左右的正货,交易频繁,商贾兴产者比年增加,为(松平)庆永侯、横井小楠以及石五郎(由利公正)最为得意之秋"①,以至于由利公正不无得意地对横井小楠说,照此下去,只要各藩相互协作,共同推行,不出数年,日本必将腾飞于世界。② 由利公正也凭这次成功的改革而名重一时。

(二)由利公正的财政思想

由利公正并没有专门的著述问世,他的财政思想主要反映在他向新政府提出的各种建议和所实施的具体改革措施中。1867年11月,由利公正与来访的坂本龙马交谈时,被任命为参与,他向岩仓具视所提的建议集中体现了他的思想核心。由利公正财政思想的内核,就是顺应商品经济的发展,实行重商主义财政政策,即鼓励商业发展,促进商品流通,增加财政收入。

坂本龙马考虑到与幕府之间的战争不可避免,"不可不备不虞",于是在1867年11月末,也就是王政复古前夕,专程拜访了由利公正,向其请教如何破解财政难题。坂本龙马提出"此为最苦之处,朝廷今无金谷之储蓄,又无可信赖之兵,有志之士或赞之亦乌合之众,不足以敌天下,足下概有所虑,请详述之"。由利公正就"按名分、财源、经纶(治理手段)等顺序依次发表了预先成竹在胸的意见",将自己的设想向坂本龙马和盘托出。他提出,"如果不发行金札,今日天下之计划就不能实现"③,并展开分析——"金谷兵力乃天下之金谷兵力,今圣天子在上,自治天下,天下之民举用天下之才,安忧其缺乏,然我国财政未得宜,若利用革命,开融通之途,乘开国之机,讲富国之策,则王政复古之实必举,予思之,经济之道如理丝,苟得其条理,待其智者能办之。若披天皇爱民之诚,有司公平,用其智术,则条理自备,财用自足,今日之计唯在于发行金札"。随后,他向坂本龙马详细解释了具体措施,提出"发行金札三千万两,以开上下融通之途,若立富国之基,王政复古之实必举"④。

1867年12月24日,出任参与的由利公正拜见岩仓具视。岩仓具视说道:"朝廷将勤俭节约,大幅度减少财政开支,但是,迫在眉睫的费用还需要你加以筹措。"由利公正表示"谨遵命令",同时也提出了自己的看法,认为"为政贵宽裕,若朝廷行节俭,则天下之民皆饥,况节内用,亦只大海之一滴,不足以救天下之困乏,今幕府奉还大政,朝廷之威将大扬,此诚千载一遇之秋也,上有非常之君主,下有非常之辅相,若为非常之政,定非常之制度,上下一致,辄

---

① 〔日〕芳贺八弥:《由利公正》,八尾书店,1902年版,第96页。
② 〔日〕三冈丈夫:《由利公正传》,光融馆,1916年版,第96页。
③ 〔日〕由利正通:《子爵由利公正传》,由利正通发行,1940年版,第151页。
④ 〔日〕三冈丈夫:《由利公正传》,光融馆,1916年版,第125~130页。

得非常之财源","今有一方法,概定全国之人口为三千万,若一人课金一两,得三千万两,将金札三千万两贷与民间,用之兴物产,盛通商,使上下之流通顺畅……"①

由利公正认为,要想解决财政困难,必须振兴经济,而要振兴经济,唯有"以劳力为基础,兴物产,进行通商贸易"②。那么如何才能驱动劳力呢?他认为,只有政府发行纸币才能驱动之,使之增殖物产。"富国之基在于劳力,为驱动劳力,则需发行纸币,此对增殖物产大有益处。"发行太政官札就是基于这一观点。后来由利公正引退回到福井,又根据这一观点致力于重新整理藩财政,他出任东京府知事后设立东京银行,晚年热心于设立兴业银行,都是同一思想的表露。他认为,发行纸币是经济、财政的基础:"夫纸币,凡用于增殖物产,为有最紧要活力之物,即,可推知各国中纸币多之国,果见有其富。又以纸币增殖物产,以其物产输入金货,为最富国之良策。"③这一思想贯穿于他的一生。

三 由利公正出任财政负责人

由利公正的观点深得坂本龙马和岩仓具视的赞同,由利公正就是在他们的大力举荐下才得以出任新政府财政负责人的。

早在1863年5月,坂本龙马就曾作为胜海舟的特使到过福井藩。经横井小楠牵线,两人相识并成为知己。坂本龙马非常欣赏由利公正经济方面的才能④,1867年8月,他极力向佐佐木高行推荐由利公正,"曰是以知天下之事时,会计尤为大事也,幸有越前藩光(三)冈八郎长于会计。请速重用含其在内之同仁尤为重要"⑤。

除坂本龙马外,由利公正也深得岩仓具视赏识。由利公正的理财能力天下公认,其最早提出的《五条誓约》,岩仓具视也深表赞同。1857年3月下旬,由利公正曾为幕府将军的继嗣问题,奉藩主之命前往京都,在宫卿贵族之间周旋,因此与岩仓具视等贵族打过近一个月的交道。这对日后岩仓具视启用由利公正产生了一定的影响。⑥

1867年(旧历)12月15日,由利公正受命上京,12月18日出任参与,12

---

① 〔日〕三冈丈夫:《由利公正传》,光融馆,1916年版,第136页。
② 同上书,第55页。
③ 《爱国卑言》,见〔日〕由利正通:《子爵由利公正传》,由利正通发行,1940年版,第12~13页。
④ 同上书,第148页。
⑤ 同上。
⑥ 〔日〕三冈丈夫:《由利公正传》,光融馆,1916年版,第53页。

月 23 日受命兼任御用金谷经办,12 月 27 日出任金谷出纳所经理,1868 年 2 月 20 日担任会计事物课御用挂,同年闰 4 月 21 日,改任会计事物官参与。①由利公正负责财政事务期间正值新政府财政最为困难的时期,为解决迫在眉睫的一笔笔巨额财政支出,由利公正借鉴德川幕府、福井藩的经验,采取了富商捐献、货币改铸、征收御用金、发行太政官札等一系列措施。

第三节　征收御用金

一　金谷出纳所与经费筹措

为筹措接踵而至的经费,新政府动员豪农豪商捐款、没收幕府军粮草等,甚至举借外债以解燃眉之急。

(一) 动员豪农豪商捐献

1868 年 1 月 3 日,鸟羽伏见战役爆发,新政府动员小野、三井、岛田三家豪商筹措资金 1 万两,暂时解决了急迫的军费问题。

戊辰正月伏见鸟羽之战开始时,实为朝廷安危存亡之秋,"……3 日夜,(朝廷)作出发准备,非常混乱,但此时无资金,仅凑集了 500 两送到了东寺"②。战端突起,急需军费之际,朝廷却没有一文军费,在没有更好办法的情况下,由利公正提议,不妨要求京都附近的豪商提供一些。由利公正了解到,幕府奉还大政,这些豪商正人心惶惶,不知所措。小野组主管西村勘六主动向新政府捐款 1000 两,祝贺王政复古。以此为契机,由利公正于 1 月 4 日将西村勘六叫到金谷出纳所,说服小野组帮助新政府解决迫在眉睫的经费紧缺问题。小野组很快应承下来,并联合三井、岛田两家筹措资金 1 万两。③不难看出,由利财政中的捐款财政最早渊源于小野组捐献的贺金,毫无头绪的由利公正从中受到启发,要求豪商提供资金。当时的情况,经济凋敝,民不

---

① 《大藏省百年史》编辑室:《大藏省百年史》(上),大藏财务协会,1969 年版,第 32~35 页。与由利公正一起受命负责财政事务的先后有会计官副知事大隈重信等 50 人左右。从职务上来看,由利公正并不是财政方面的最高负责人,当时的会计事务总督为岩仓具视,正式的第一任大藏大臣也不是由利公正,而是其前藩主松平庆永(明治二年 8 月 12 日~24日),但是,由于在整个财政运营过程中基本上都采纳了由利公正的建议,而且绝大多数政策、措施也是由由利公正具体实施的,所以人们普遍认为由利公正扮演了后来的大藏大臣的角色,并将其负责财政事务期间的政策措施称为由利财政。

② 〔日〕东久世通禧:《竹亭回顾录・维新前后》,博文馆,1911 年版;〔日〕三冈丈夫:《由利公正传》,光融馆,1916 年版,第 138 页。

③ 〔日〕三冈丈夫:《由利公正传》,光融馆,1916 年版,第 139 页。

聊生,也只有这些豪商还有能力随时拿出一定数量的现金,而且这些豪商在全国有发达的金融网络。在新旧政权并存时期,多数豪商为保护自身的利益也积极向新政府提供资金支持。1867年(旧历)12月27日,金谷出纳所迁至京都学习院,由由利公正具体负责捐款问题。御用商人鸠居堂态古又右卫门马上捐款1000两,越前屋弥右门捐献500两,加贺屋茂兵卫捐献100两。①

从1867年12月27日到1868年1月,豪商一共捐献金38015两②,大判10枚,银4106枚,银3贯500目,钱1贯900文,米1245石,棉120把,炭200表,草鞋10000双。③ 有了小野、三井、岛田等豪商的资金支持,新政府最终取得了鸟羽伏见战役的胜利。

但是,这种捐款财政只能是在新政权初建、处于战争状态,自身又没有财政基础的情况下,解决必需的军费问题而采取的临时性的应急措施。这一措施主要针对豪农豪商,豪农豪商无条件向新政府捐献。实施这项措施必须有一个前提,即豪农豪商在政治上支持新政府。当时的状况决定了也只有这种捐款方法才是最快捷、最有效,甚至是唯一能够解决财政困难的方法和途径。需要强调一点,这种举措只能是在战时状态下,没有较充足的经费,没有较充裕的筹措经费时间而采取的临时性措施。收入主要来自豪农豪商的捐献,支出主要用于倒幕战争所需经费。财政收入的取得主要凭借新政权的政治信用,即天皇的权威和豪农豪商对新政权未来的期待。

(二)没收、改铸货币

这些豪商因幕末局势动荡,经济秩序混乱,资金非常紧张,不可能长期大量提供资金。鸟羽伏见战役胜利后,新政权即将东征。为解决东征费用,1868年(旧历)2月11日,动员大阪豪商捐款。一直到1868年(旧历)闰4月15日,仅获捐献103000两。④ 幕府投降以后,江户等地富商也陆陆续续向新

---

① 《金谷出纳所捐款记录》,《辰年捐款捐米管理书》,见维新史料编纂事务局:《维新史》,第5卷,维新史料编纂事务局,1941年版,第549页。
② 这38000多两先后主要由三井、岛田、小野等几家豪商和寺院捐献,其中,第一次,1000两(三井),3000两,1000两(本愿寺)。第二次,4000两(东西本愿寺),1500两(各寺院)。第三次,1000两(三井),1000两(岛田),2000两(小野)。第四次,10000两(三井·岛田·小野)。参考资料:[日]小林忠太郎:《三井银行五十年史》,株式会社三井银行,1926年版,第15页;[日]神长仓真民:《明治维新经济史考》,东邦社,1943年版,第96~103页。
③ 《金谷出纳所捐款记录》,《辰年捐款捐米管理书》,见维新史料编纂事务局:《维新史》,第5卷,第549页;[日]神长仓真民:《明治维新财政经济史考》,东邦社,1943年版,第15页。
④ [日]内田正弘:《明治时期日本国家财政研究——近代明治国家的本质与初期财政剖析》,多贺出版,1992年版,第109页。

政府捐款，但数额都不大，江户豪商捐款额只有17250两。① 整个戊辰战争期间，新政府收到的捐款只有155736日元。单纯地依靠捐款根本不能解决迫在眉睫的军费问题。为此，新政府在动员豪商捐款的同时，也采取了其他办法。采取强制措施征收或没收当地所藏的金谷，铸造旧币。鸟羽伏见战役之后，1868年2月3日，天皇下诏东征。2月7日，新政府允许征用旧幕府所藏金谷补给东征军所需粮草。② 2月25日，东海道军的先头部队一进入骏府，就没收了骏府的金谷充作军用。3月5日，东征大总督有栖川宫亲王入城时，因金谷已被先头部队没收，京都又没有资金可提供，为解决眼前困境，总督府一度上奏新政府自行发行军票（金券）。东海道军进入江户以后，总督府强制征收江户、横滨町会所储藏的金谷，接收金银座，没收20万两。东山道军也向沿途各藩征收金谷，向商业高利贷资本筹措经费。东山道军于1868年3月13日开始直接征调部队所需粮食。东征军进入江户，向三井组等商业高利贷资本借款3万两，解决所需经费问题。这样仍难以筹足所需军费。最后不得不向京都方面申请在金银座每月铸造10万两旧货币（一分银、二分金、一朱金等）。但是，当时每天最多只能铸造1000两左右，一个月不过2万两，加上金银座的铸币是劣币，迫于外国的压力，很快就停止了制造。③

通过捐款、没收、改铸货币等方式筹措资金只能解决燃眉之急，不是长久之计。它不但满足不了新政权维持运转所需的费用，甚至连整个倒幕战争的费用都难以保证。由利公正也清楚这一点，于是着手设立会计基金。

二 设立会计基金

（一）建议的提出

鸟羽伏见战役胜利后，征讨幕府的军事行动提上日程。由利公正建议尽快设立会计基金以解决战费。1868年1月7日夜，政府召开太政官会议专门研究东征及所需军费问题。会议由岩仓具视主持，由利公正参加了会议。会上，广泽兵助作出了东征需要20万两军费的估计。由利公正则认为，20

---

① 〔日〕藤村通：《明治财政确立过程研究》，中央大学出版部，1968年版，第13—14页。〔日〕坂入长太郎：《明治前期财政史》修订版，酒井书店，1989年版，第29页。
② 《大藏省沿革志》，见〔日〕大内兵卫、土屋乔雄：《明治前期财政经济史料集成》，第2卷，改造社，1931年版，第5页。
③ 同上书，第9、10页。新政府一方面出于促进商品流通的需要，另一方面也是出于解决财政资金困难的目的，先后铸造了二分判金3201643两2分（换算成新货币为87610652日元80钱5厘），其中，在明治初年为解决资金短缺铸造的劣质二分判金大约有608000两（折合新货币大约为674976日元97钱6厘），另外，铸造了锌质一分银1066833两2分（折合新货币1358798日元9钱1厘），一朱银1171400两（折合新货币1491981日元72钱4厘），天保通宝（当百钱）3670655贯200文。

万两仅够一天的开支,"若不定大计,苟且为之,他日必贻患。非至少准备基金三百万两不可"①。由利公正的估计得到了与会者的认同。

因军需紧急,无暇制造纸币,1868年1月12日,政府再次召开太政官会议,"朝议决先晓谕富农富商,募集金叁百万两以充会计局之基金"②,正式决定向京阪等地的豪商募集300万两会计基金。

(二)筹措会计基金
(1)基金筹措中的困难

筹措会计基金并不顺利,一直到1868年4月15日,政府仅筹措到资金12万两左右,这12万两中包括三井、岛田、小野三家豪商以及下村庄太郎的各1万两,其他的5500两。天皇还以御驾亲征费的名义向京阪地区的豪商筹措了10万两资金。③ 会计基金筹措遇阻的主要原因,是新政府初创,统治并不稳固,双方胜负殊难预料,德川幕府无论是领地面积还是军队数量,乃至地方藩国大名的支持率,都占优势,新政府尽管借天皇以树权威,但是仍缺乏应有的信用,豪商心怀疑虑,纷纷逃避。因此,会计基金筹措从一开始就不顺利。④ 会计事务总督中御门经之、浅野茂勋亲自出马,两次动员豪商应征,也只筹措到5万两。⑤ 东征开始以后,新政府指定负责筹措会计基金的大阪15家豪商,先后动员了整个大阪市以及堺、伊丹、西宫等附近城镇的商人1638人应征,直到1868年闰4月15日,一共才筹措到12万两多一点,其中整个大阪市筹措到86067两,附近几个城市筹措到35445两。1868年闰4月,新政府计划筹措50万两用于关东大监察使经费和购买军舰,结果仅筹措到12万两,这12万两还是从三井家在京都的兑换店和大阪负责筹措会计基金的豪商那里筹措到的。剩下的353000两遭到大阪株仲间抵制。迫于商人们的压力,新政府将数额从35万多两减少到12万两,但这12万两也没有完成,拖到1868年8月,才筹措到了107390两,购买军舰的计划也就成了泡影。1868年8月,政府计划筹措80万两用作迁都经费,初期只筹措到9万两,只占计划的10%多一点。三井家族4户最初被要求提供30万两,最后也减少为5万两。加上后来6家豪商上缴的96000两一共也不过186000两,不足

---

① 〔日〕三冈丈夫:《由利公正传》,光融馆,1916年版,第140~143页。
② 〔日〕多田好问编:《岩仓公实记》,中卷,岩仓公遗迹保存会,1926年版,第291~294页。
③ 《大藏省沿革志》,见〔日〕大内兵卫、土屋乔雄:《明治前期财政经济史料集成》,第2卷,改造社,1931年版,第4页。
④ 〔日〕山本有造:《明治时期的财政与通货》,见〔日〕梅村又次、山本有造编:《开港与维新》,岩波书店,1994年版,第130页。
⑤ 《大藏省沿革志》,见〔日〕大内兵卫、土屋乔雄:《明治前期财政经济史料集成》,第2卷,改造社,1931年版,第5页。

计划数的 1/4。

另外一个原因,是豪商因多次提供御用金,财力上出现困难。三条实美出任关东大监察使,前往江户专门处理幕府投降的善后事宜,需要经费 50 万两。1868 年闰 4 月 14 日,新政府要求三井、岛田、小野三家提供资金 5 万两,要求鸿池善右卫门等 15 家筹措 8 万两①,实际上,三井、岛田、小野三家和鸿池善右卫门等 15 家一共只筹措到 12 万两;要求大阪各株仲间筹措 353000 两,实际上仅筹措到 107390 两;加上其他商人主动缴纳的 7138 两②,一共只筹措到 234528 两,不足预计 50 万两的一半。③

(2) 新政府的措施

为保证会计基金筹措到位,新政府采用了多种途径与方式。

第一,政府发布通告,向豪商说明会计基金的性质、政府许诺的条件,动员他们应征。

1868 年 1 月 19 日,新政府通告"向近畿诸国的豪商募集资金 300 万两","此次募借 300 万两以充会计之基本,其偿还当以租米抵之,然若希望以他物偿还,请声明"。④

第二,任命在政治上支持新政府、经济实力雄厚的商人为御用挂,许以一定的利益,由他们劝募。

1868 年 2 月 11 日至闰 4 月 15 日间大阪商业高利贷资本上缴的 203512 两⑤,就是通过任命三井、小野、岛田等商业高利贷资本为御用挂并给予一定的利益才筹措到的。⑥ 1868 年 8 月,80 万两迁都东京的迁都费,也是由三井八郎右卫门等 17 家东京豪商负责筹措到的。新政府许诺的条件包括 5 年内

---

① 《货政考要》,见〔日〕大内兵卫、土屋乔雄:《明治前期财政经济史料集成》,第 13 卷,改造社,1931 年版,第 297 页。
② 〔日〕泽田章:《明治财政基础研究》,板书房,1966 年版,第 53～55、56、96～97 页。
③ 〔日〕尾高煌之助、山本有造:《幕末・明治的日本经济》,日本经济新闻社,1988 年版,第 175 页。
④ 关于作出会计基金募集决定的日期以及发布募集通告的日期,目前存在不同说法。除文中提法以外,尚有大藏省沿革志记载的 19 日决定、19 日发表募债通告,和《戊辰日记》《太政官日志》的 23 日决定、23 日发布通告等提法。依据是从 1 月 21 日到 23 日,对会计基金的性质有争议。争议的焦点是这笔 300 万两会计基金将来是否偿还(捐款、御用金)的问题,23 日最后做出决定。《戊辰日记》对此有专门记载:"今晨朝廷与天地更始一新,公明正大御行政道,决定先筹措费用三百万两,京坂不及,无论远近富饶者共为筹措,是为国债,可以万国普通之公法办理返还。"当时的太政官日志 23 日也是记载为"此方法可否实行,满朝议论纷纷,不能议决者数日,至本日始云有此令"。
⑤ 〔日〕藤村通:《明治财政确立过程研究》,中央大学出版部,1973 年版,第 13～14 页。
⑥ 《大藏省沿革志》,见〔日〕大内兵卫、土屋乔雄:《明治前期财政经济史料集成》,第 2 卷,改造社,1931 年版,第 4 页。

偿还,每1万两年利米200俵,本息偿还后,每1万两每年仍支付相当于5人左右的永世禄(库存米)。这个条件相当优厚,按时价折算仅利息200俵米,年利就达5%左右①,5年以后,还享受一定数量的永世禄。

第三,派官员前往大阪等商业中心劝募。

1868年1月19日至20日,由利公正前往大阪,动员15名御用商以及650名町人应募会计基金。1月21日,金谷出纳所召集三井组等金谷御用商人,要求他们调查近畿地方豪商,次日上报调查结果。②

1月29日,会计事务总督中御门经之、浅野茂勋在二条城召集京都、大阪两地豪商,传达太政官的决定,并亲自解释所筹措的300万两会计基金并不是幕府时代那种意义上的御用金③,而是以贡租作为担保,将来要返还且附有一定利息的借款,劝导他们筹措、应募会计基金。④ 2月11日,会计事务总督中御门经之、浅野茂勋再一次将豪商召集到二条城,动员他们应征。甚至岩仓具视也亲自出面,将三井、岛田、小野等豪商召集到自己宅邸,向他们展示天皇圣谕,要求他们应募。豪商在岩仓具视的劝导下纷纷应募。《西川甫、山本复一答辩书》对此作了详细记载:维新初期,新政府没有一点收入,除军事以外,开支浩繁。会计局晓谕京都大阪豪商,征收御用金,但是,商人们疑惧逃避,认真执行者比较少。岩仓具视非常忧虑,召集三井、小野、岛田等豪商,传达维新的目的。让岩仓具视的门下中山静逸、宇田渊、山本复一专门负责此事。紧接着,让小野组、三井组等劝说京阪豪商,致力于筹措御用金。⑤

第四,令沿途各藩承担东征费用或由东征军直接征借,政府予以承认并事后偿还。

1868年2月7日,新政府规定,东征沿途各藩负担粮草,以后由政府偿还;东征军可根据需要直接向沿途豪商征借所需费用,政府承认并负责偿还。⑥

---

① 1868年8月份,堂岛米的行市为每10石售价62.2两,若按此米价折算,200俵米相当于80石,应为497.6两。有关米的行市请参考〔日〕宫本又次编:《近世大阪的物价和利息》,第136页。
② 〔日〕本庄荣治郎:《明治维新经济史研究》,改造社,1930年版,第366~367页;〔日〕田中久右卫门编:《维新以来三井家奉公履历》,田中久右卫门,1896年版,第12~13页。
③ 有关幕末幕府征收的御用金,虽然名义上也是借款,但是随着幕府财政的日趋恶化,实际上不但没有支付利息,甚至连还本都难以兑现,变成了无偿征收。
④ 〔日〕多田好问编:《岩仓公实记》,中卷,岩仓公遗迹保存会,1926年版,第291页。
⑤ 〔日〕三冈丈夫:《由利公正传》,光融馆,1916年版,第230页。
⑥ 《大藏省沿革志》,见〔日〕大内兵卫、土屋乔雄:《明治前期财政经济史料集成》,第2卷,改造社,1931年版,第5页。

东征军兵分两路。一路为东海道军,另一路为东山道军。1868年2月13日,东征大总督有栖川宫亲王亲自指挥的东海道军从桑名出发,3月5日,进入骏府,因缺乏粮草,大总督府同日上奏京都请求提供军费。拖延近一个月,一直到4月4日,京都方面才回复,"本局徒有会计之名,无其实",要求大总督府自行借款解决,大总督府不得已向骏府的豪商筹措。4月15日,大总督府为筹措入江户城的经费,向三井、岛田、小野等豪商筹措4万两。靠这笔经费,大总督府才得以于4月21日进入江户城。① 东山道军也沿途向各藩和商业高利贷资本筹措经费。1868年4月6日向三井、岛田、小野等豪商筹措一分银25000两,1868年4月13日,又筹措到1万两②,凭借这35000两东山道军才到达江户。

第五,以天皇亲征费的名义筹措。

1868年3月,天皇亲征浪华,会计局于3月11日专门发布会计令,号召豪商"有其力尽其力"③。3月21日,天皇行幸大阪,新政府趁机向豪商筹措了10万两。在京都筹得5万两,其中三井、岛田、下村各1万两,8家两替商合出1万两,小野家1万两;大阪的鸿池等14家豪商分担了另外5万两。④

(三)筹措结果

由于新政府采取上述多种途径和方式,尤其是1868年5月,新政府将筹措的会计基金与发行太政官札结合起来,最终达到了筹措300万两这一目的。1868年1月至1869年1月收入金2671876两⑤,洋银2301枚(折成金1725两3分)、银210贯(折成金大约3500两),再加上关东筹措的一部分,实际上已经超过300万两。⑥ 如果按泽田章的观点,"会计基金"应该指1868年1月决定东征以后,到1869年4月废除御用金为止,这一时期征用的御用金总和。照此说法至少还有3个多月筹措的资金尚未计算在内。据《1867年12月至1875年6月八期年度收支决算报告》统计,会计基金筹措共分两期,1867年12月至1868年12月为第一期,筹措到3838107日元;1869年1

---

① 〔日〕泽田章:《明治财政基础研究》,板书房,1966年版,第48页;〔日〕神长仓真民:《明治维新财政经济史考》,东邦社,1943年版,第185页。
② 《三井家记录》,《出纳寮文书》,见维新史料编纂事务局:《维新史》,第5卷,明治书院,1941年版,第552页;〔日〕泽田章:《明治财政的基础的研究》,板书房,1966年版,第50页。
③ 〔日〕三冈丈夫:《由利公正传》,光融馆,1916年版,第170页。
④ 同上书,第169页。
⑤ 〔日〕坂入长太郎:《明治前期财政史》修订版,酒井书店,1989年版,第35页。
⑥ 同上书,第36页。

月至 1869 年 9 月为第二期,筹措到 811000 日元,合计 4649107 日元。① 该数额扣除废除御用金后的 5~9 月间的差额部分,仍达到了预期目标。②

在由利公正的努力下,会计基金筹措到位,保证了东征的顺利进行,为新政权最终确立对全国的统治提供了强有力的支持。毫无财政基础、几乎赤手空拳的新政府能够在发布王政复古大号令仅仅几个月内就跨出建立政权的第一步,壮大推翻封建社会的政治力量,会计基金在其中所起的重要作用不可轻视。

会计基金是 1868 年 1 月至 1869 年 4 月戊辰战争结束前夕,新政府出于解决战费目的,采取政府借款的方式向豪商筹措的事务费。有人认为会计基金并没有超出御用金范畴。当时人们在具体的筹措过程中,也习惯性地称之为御用金,表面上看,会计基金和幕末幕府征收的御用金也没什么区别。但是,会计基金明确规定了用地租抵押,规定有具体的返还期限并按月支付利息,这样一来,它就具有明显的"国债"性质了。会计基金从本质上截然不同于旧幕府时代的御用金,是为确立新政府的财政基础、以地租为担保、以豪商为对象的一种内债。因其主要目的是筹措迫在眉睫的戊辰战争费用,它又带有以处理临时性事件为目的的专项公债的性质。从这个意义上说,会计基金就是日本国内最早的内债。

第四节 外债募集与废止银目

一 外债募集

会计基金仍无法满足巨额经费需求,新政府财政依旧非常困难,甚至连太政官官员的俸禄都不能按时支付,官员中逐渐产生了不满情绪。为此,锅岛闲叟侯写了一首讽刺诗:"官代勤来日日穷,制度寮狭苦薰风。寄予会计诸

---

① 自 1868 年 1 月至 1875 年 6 月《岁入岁出决算报告书》,下编,第 3、27 页。另外,新币 1 日元大约折合旧金币 1 两。

② 按照内田正弘和朝仓孝吉的统计,会计基金不止于文中所举数字,认为,由三井先后两次单独交纳的 13000 两,三井、岛田、小野各组筹措的 4649000 两,从京都、大阪豪商手中筹措的 3240000 两,从江户商人手中筹措的 1508160 两以及江户、横滨商人基金 346990 两均属于会计基金。这样算起来,数额已经高达 9757150 两,当然,这里面包括了相当一部分 1869 年 9 月以后的借款在内。以上内容请参考〔日〕朝仓孝吉:《明治前期日本金融构造史》,岩波书店,1985 年版,第 19 页;〔日〕内田正弘:《明治时期日本国家财政研究——近代明治国家的本质与初期财政剖析》,多贺出版,1992 年版,第 109 页。

君子,八百给金一文红。"①当时府库空虚的惨状可见一斑。

政府的财政困难影响到了前线士气。当时正是征讨东北同盟各藩的关键时期。军费缺乏导致前线士气不振,新政府的军事行动受到掣肘。据井上馨回忆,东北战场政府军进展极为不利,缺乏军费是主因。当时,军费的唯一来源是御用金,筹措却很不理想,即便筹措到一点点,也难以满足巨额需要。② 至1868年闰4月27、28日,"江户方面军费断绝,三军陷入饥饿状态……已近危急之际"③。

1868年5月4日,太政官为此专门召开会议,天皇亲临会场。会上,岩仓具视建议:(1)加大筹措会计基金力度;(2)以关税为担保募集外债;(3)废止银目;(4)发行太政官札。岩仓具视的上述意见显然采纳了由利公正的建议,最终也获得批准并迅速付诸实施。④

为弥补经费缺口,新政府开始举借外债。由陆奥阳之助(宗光)和大隈重信出面向英国商人所借20万两,原计划用于补充关东大监察使经费的不足⑤,却因幕府残余势力彰义队掀起叛乱,急需平叛军费25万两⑥,而被挪用为征讨费用。⑦ 新政府还向东方银行借款50万两用来偿还法国的借款,收回横须贺制铁所。横须贺制铁所最初是幕府邀请法国建设的,由于借款尚未付清,被作为担保抵押,50万两借款就是被新政府用来充作解除担保回收制铁所的费用。⑧ 举借外债是新政府为情势所迫不得已而为之,故举借的外债并不多。1867年12月至1868年12月、1869年1月至1869年9月两个财政年度,新政府举借外债只有994875日元。⑨

二 银目废止

新政府的第二项重要举措就是废止银目。禁止以大阪为中心关西银票的流通。新政府废止银目的目的有二:

---

① 〔日〕三冈丈夫:《由利公正传》,光融馆,1916年版,第171页。
② 井上馨传记编纂会:《世外井上公传》,第1卷,内外书籍,1933年版,第327页。
③ 〔日〕坂入长太郎:《明治前期财政史》,修订版,酒井书店,1989年版,第33页。
④ 〔日〕多田好问编:《岩仓公实记》,岩仓公旧迹保存会,1924年版,第456页以后,见〔日〕坂入长太郎:《明治前期财政史》修订版,酒井书店,1989年版,第34页。
⑤ 大阪市史所载《领事往复文书》,同上书,第33页。
⑥ 〔日〕三冈丈夫:《由利公正传》,光融馆,1916年版,第179页。
⑦ 大隈侯八十五年史编委会编:《大隈侯八十五年史》,第1卷,原书房,1970年版,第195~196页。
⑧ 同上书,第201~204页。
⑨ 大藏省《明治财政史》编纂会编:《明治财政史》,第3卷,吉川弘文馆,1971年版,第167、171页。

(一) 统一币制

　　幕府统治时代,关东地区习惯用金币,关西地区习惯用银币。幕府末期,关东地区以江户为中心采用金本位制,关西地区以大阪为中心采用银本位制。银本位制的代表货币丁银、豆板银[①]是称量货币,每次交易都要称量,非常不便于交易,兑换商交易时便以银票代替,最终丁银、豆板银逐渐退出市场流通,银票作为区域性货币得到关西地区的普遍认可。幕府末期,银票发行量急剧膨胀,远远超出兑换商丁银、豆板银的实际拥有量,比例甚至达到了银1票7[②],导致关西地区出现了严重的通货膨胀[③]。统一币制既便于对外交往,又能确立政府权威,是建立近代国家的重要条件。新政府计划改革币制,统一货币。1868年2月,新政府任命由利公正、小原仁兵卫负责货币改铸事宜。1868年3月,新政府又任命久世治作、村田理右卫门负责调查货币,对庆应以来的旧金银币和欧美各国的货币进行比较分析,但因国内货币太杂乱,根本无法同欧美各国货币比较。新政府采纳英、美、法、德、荷、意六国公使的建议,决定铸造新币[④],并从外国进口了用于铸造新币的机器设备。1868年4月14日,根据货币分析结果,发布《金银铜币价位表》。4月28日,新政府通告凡用货币缴纳以及流通者此后均须按此表执行[⑤],目的就是借此将货币制度统一为金本位。

(二) 便于太政官札流通

　　新政府还加紧筹措会计基金,为将来太政官札的顺利流通创造条件。兑换商的银票在当地很有信用,但是新政府的信用还没有确立。太政官札根本不可能在当地顺利流通。迫在眉睫的问题是新政府急需的巨额经费又必须通过发行太政官札、筹措会计基金来解决。为便于太政官札流通,也需要废止银目。

　　1868年5月5日,新政府发布废止银目令。通告:

　　(1) 自即日起丁银、豆板银停止作为货币流通使用;

[①] 江户时代的豆状小银币。
[②] 《大阪市史》编纂所编:《大阪市史》第5卷,大阪市,1991年版,第515~516页;〔日〕吉冈源七:《兑换商沿革史》,前篇,见〔日〕黑羽兵治郎编:《大阪商业史料集成》,第3辑,清文堂,1984年版,第141~142页。
[③] 〔日〕泽田章:《世外侯事历维新财政谈》,上,冈百世,1921年版,第42~50页。
[④] 《大藏省沿革志》,见〔日〕大内兵卫、土屋乔雄:《明治前期财政经济史料集成》第2卷,改造社,1932年版,第10页;《货币考要》,见〔日〕大内兵卫、土屋乔雄:《明治前期财政经济史料集成》第13卷,改造社,1932年版,第158页。
[⑤] 《大藏省沿革志》,见〔日〕大内兵卫、土屋乔雄:《明治前期财政经济史料集成》第2卷,改造社,1932年版,第10~17页。

(2) 此前以银目为单位的借贷,自公布之日起改为现金结算;

(3) 退出流通的丁银、豆板银与新币兑换。①

正常流通的货币突然被禁止流通,引发了大阪金融危机。加上银目票据的持有者将银目废止令误解为银目票据无效,害怕停止支付,便一齐涌到兑换商处,要求兑换正币(现金),出现挤兑风潮。兑换商遭受沉重打击,因无力支付而倒闭者竟达三四十家,勉强维持者仅有数家。② 大阪米市停业,商业交易陷入瘫痪。这一结果显然是新政府所没有预料到的。废止银目令不但没有达到促进会计基金筹措的目的,反而影响了太政官札的顺利发行和流通,甚至导致大阪出现暴动的征兆。③

第五节　发行太政官札

会计基金筹措出现困难,新政府财政危机加剧,不得不采纳由利公正的建议,于1868年5月发行太政官札。

一　建议的提出

早在新政府成立前夕,坂本龙马拜访由利公正时,由利公正就明确提出"今日之计唯在于发行金札"④,"如果不发行金札,今日天下之计划就不能实现"⑤。由利公正被新政府委以重任,于1867年12月24日拜见岩仓具视时,再次将该想法提了出来,并得到了岩仓具视的赞同。不久,由利公正又以书面形式建议新政府发行金札。戊辰战争爆发以后,在1868年1月7日夜的太政官会议上,由利公正再次提出原来的构想:"应发行三千万两金札,将其贷与民间,建立一定年限内返还的制度,以劳力殖产,开发富源,人民一同获得万金的利益。"⑥由利公正的建议却遭到政府内部许多人的反对。反对者认为:

---

① 〔日〕松好贞夫:《日本兑换金融史论》,文艺春秋社,1932年版。
② 〔日〕吉冈源七:《兑换商沿革史》,前篇,见〔日〕黑羽兵治郎编:《大阪商业史料集成》,第3辑,清文堂,1984年版,第132页;〔日〕泽田章:《世外侯事历维新财政谈》,上,冈百世,1921年版,第42页。
③ 〔日〕吉冈源七:《兑换商沿革史》,前篇,见〔日〕黑羽兵治郎编:《大阪商业史料集成》,第3辑,清文堂,1984年版,第308页。
④ 〔日〕三冈丈夫:《由利公正传》,光融馆,1916年版,第125~126页。
⑤ 同上书,第130页。
⑥ 〔日〕三冈丈夫:《由利公正传》,光融馆,1916年版,第141页。

1. 政府非常困难,正在忙于征讨幕府,此时不宜用纸币充作经费。

2. 发行太政官札(金札)可以解救人民的贫困,说明政府有进行救济的余力,那么就没必要征收御用金。一方面征收御用金,一方面又对征收对象进行救济,纯属画蛇添足。发行太政官札解救不了人民的困难。

3. 既然发行太政官札具有振兴经济的作用,那么,目前当务之急是要取得战争的胜利,应先结束战争,再致力于振兴经济。

4. 不兑换纸币弊端太多,其弊端已经在藩札中出现。

5. 新政府的信用还没有建立,此时发行不兑换纸币不会被接受,必将危害政府的统治。

6. 发行不兑换纸币,政府无法解决金与纸币之间的差价问题。

7. 日本是以金属货币为主的国家,中央政府从未发行过纸币。

8. 政府官员主要是各藩藩士,他们会担心本藩藩札贬值而加以阻挠和反对。国外势力的反对,对当时日本政局具有重要影响力的英国公使巴夏礼就持反对态度。①

在1868年1月12日的太政官札会议上,由利公正发行太政官札的建议最终因反对者太多未被采纳。

会计基金只能解决暂时的需要,不能从根本上解决问题。由利公正认为,要确立日本发展的财政基础,必须发行金札。由利公正再次请求召开会议商议发行太政官札的问题。1868年1月21日至23日,太政官再次召开会议,亲王、参与都参加了会议。会上由利公正一针见血地指出:

> 我国原来乏于金银,故难为大事业,况锁国之禁无由与外国贸易,维新之大业非寻常手段所能为,利用此革新之机,以万石万两之比例发行金札三千万两,贷给诸藩,让各藩主翼赞勤王,同时依之广开融通之途,统一三千万国民之精神和劳力,以振兴产业,发展贸易。唯有涵养财源,否则,不能达仁政之目的。今人心不稳之际,政府若举费用课于国内,人民必惶惑不可测。显然不能随之得良好之结果,故于一方,将人民所有之金银贷与政府,以结束战局,于他方,政府贷金札与人民,以奖励殖产,增加国益,欲依如此一举两得之方法,上下协力,举富国强兵之实。借用金札者作为对国家的义务,可于十年内偿还,亦可作为利息延长三年再

---

① 史谈会:《史谈会速记录》,第9辑,原书房,1971年版,第65~66页。

上缴政府。又政府新设造币局,仿洋式圆币,铸造有一定标准之圆货币,统一传统之多种货币,最终偿还三千万两金札,而后达于使全国成为普遍流通金币之国之目的。①

从由利公正的会上发言不难看出,由利公正试图借鉴福井藩殖产兴业政策的成功经验,通过发行金札,一方面解决戊辰战争急需的费用,另一方面用新的货币逐步取代幕府时期各种旧币,实现币制统一,建立近代货币制度,通过殖产兴业振兴经济,最终确立新政府的财政基础。会上再次围绕由利公正的建议展开激烈辩论,"满朝议论纷纷,可否不能决者数日"②。但是,持反对态度的人在新政府经费困难重重的现实面前,又拿不出可行的替代方案,最后不得不作出让步。

岩仓具视对此心里也没底,担心发行太政官札会产生负面影响,曾就该问题专门请教过三国幽眠。三国幽眠认为,发行纸币势必会在正币与纸币之间产生价格差,对产品产生消极影响,但是,要解决迫在眉睫的财政困难,别无他法,只能对它的消极影响忽略不计。岩仓具视在权衡利弊之后,最终采纳了由利公正的建议。③

亲王、议定经过商议,同意发行金札,指定由利公正专门负责。

由利公正一再建议发行太政官札的目的,既有迫于沉重的财政压力,希望尽快恢复经济、发展生产的想法,又有发行近于零成本的纸币取代旧币控制国家经济命脉,从经济和财政上确立对全国的真正统治的意图。这一时期商品经济非常发达,货币已经在日本社会居于统治地位。《由利公正传》中一段不为人注意的史料恰恰反映了由利公正的真实意图。发行太政官札,引起士族强烈不满,有的开始对由利公正施加威胁,甚至试图暗杀他。一天,同藩的志士大山宗太(重)到由利公正处,想动粗。由利公正早已察之,突然对宗太说,"大山,用三千万两的戳子买下天下多么便宜呀,可喜可贺,干杯!"听罢,大山脸色缓和下来,只字未提金札之事就告辞了。④"用三千万两的戳子买下天下"一语虽然是为了安抚武士大山,但从另一侧面也表明了由利公正的目的,就是借助3000万两太政官札确立新政府对整个国家的统治权。"用三千万两的戳子买下天下",是对新政府成立初期财政政策的最形象的概括。

---

① 〔日〕三冈丈夫:《由利公正传》,光融馆,1916年版,第157~158页。
② 《大藏省沿革志》,见〔日〕大内兵卫、土屋乔雄:《明治前期财政经济史料集成》第2卷,改造社,1932年版,第4页。
③ 《三国幽眠传》,见〔日〕三冈丈夫:《由利公正传》,光融馆,1916年8月版,第161页。
④ 同上书,第248页。

二 发行的准备工作

在太政官札发行前,为保证顺利发行,新政府作了一系列准备。

第一步,发布《五条誓约》,从政治上确立新政府的信用。

由利公正是《五条誓约》的最初和主要起草人。1868年1月7日的太政官会议决定筹措基金300万两,随后商议朝政问题。会上,由利公正建议应尽早明确新政府的大政方针。被采纳后,他亲自起草了《五条誓约》,并于1868年3月14日由明治天皇亲临南殿予以宣读。

抬出天皇发布《五条誓约》并举行庄严的仪式,目的就是以示权威性和神圣性。五条誓约虽是政治纲领,但是,政治纲领背后还包含有许多各种想法。这些想法对新政府更为现实,也更为重要。

五条誓约的主要起草人由利公正本人起草《誓约》虽然有维新的想法,更主要还是为了保证新政府300万两讨幕资金的筹措和太政官札的顺利发行与流通。由利公正年轻时代就关注财政,进入新政府以后又主要负责财政工作,新成立的政府既没有树立起对全国的统治权,又没有财政基础,缺乏权威性。没有权威性的新政府更快更有效的筹措资金的办法就是抬出天皇,将新政府的方针用誓约的方式向全国公布,让全体国民遵守,并趁机建立新的国家财政——全民规模上推行的、以构筑统一国家为目标的近代国家财政。用统一的纸币取代幕府和各藩旧币,从经济上瓦解封建旧体制,建立近代新体制。《五条誓约》就是新政府最好的信用凭证,是"新政府从当时的资产阶级(三井、岛田、小野各组、其他豪农豪商)发掘财政资金的字据"[1],新政府很有必要将这一字据向天下公布。《五条誓约》公开发布的时间恰恰是捐款来源基本枯竭、举借外债又极为忌讳、会计基金筹措举步维艰的关键时期,是在已经决定发行太政官札但还没有正式对外公布之前,也是东征最关键、经费最紧张的时期。由利公正认为政府事先确定大政方针,向天下提供信用,是太政官札成功发行的保障。建立初期,新政府在国内不仅政治威信缺乏,经济信用也很差。对外国而言,信用接近于零。由利公正意识到,很有必要制定大政方针给太政官札以信用。从财政层面来看,《五条誓约》有提高新政府权威性并借此权威性为太政官札的顺利发行铺平道路的考量,正因为如此,岩仓具视对《五条誓约》非常赞赏。[2]

---

[1] 〔日〕大内兵卫:《日本与世界政治、经济》,《大内兵卫著作集》,第4卷,岩波书店,1975年版,第79页。

[2] 〔日〕内田正弘:《明治日本的国家财政研究——近代明治国家的本质与初期财政剖析》,多贺出版,第22页。

当时,新政府能借重的也只有这一纸誓约。《五条誓约》实际上就是新政府将军费、殖产兴业资金集中到国库的字据。太政官札发行能否成功,《五条誓约》是关键。①

第二步,发布通告,阐明发行宗旨、基本原则和方法。

1868年闰4月19日,新政府发布公告。公告阐明了"发行金札的宗旨":"皇政更始之时,为柄富国之基础,尽众议,以一时之权法,制造金札,救助世上一同之穷困,思及此,当自辰年至来辰年十三年间可通用皇国壹日元……"②表面上,发行金札是为了"救助世上一同之穷困",是"一时之权法",实际上,真正目的是从贫困财政中挤出用于殖产兴业的资金③,"将之广贷与民间,充实其资本,据以振兴殖产贸易,涵养富国之源,不得直接将之充用为政费"④。

综观公告的内容,此次发行金札的出发点就是新政权刚刚建立,要建立富国的基础,让国家尽快正常运转,解救万民于困苦之中,使之各安其业。但是,从后来的实际运作以及当时的财政状况来看,此次发行金札很大程度上还包含有筹措财政经费这层目的。

公告宣布,全国人口3000万,全国总收入3000万两,按每人一两计,预计发行金札3000万两。⑤ 初步确定金札票面分十两、一两、一分、一朱四种。后来又增加了五两札,变成五种。

太政官札采取借用的方式发放,借用遵循自愿的原则。政府根据各藩的大小确定借用数额。借用时,按照每一万石一万两的比例,用藩领作抵押。各藩必须将其用于恢复经济发展生产,不得充作藩厅经费;应募会计基金者凭其应募证明借用同等数额的金札;京摄以及近乡的商贾根据其产品交易额借用;诸侯领地内的农商则根据其身份高低、财产情况以动产作抵押。凡借用者必须有担保。

借用期限为自1868年5月25日始13年内。返还时,借用者必须用金札返还,不能将其兑换成正币,返还的金札要当着返还者的面销毁。除关税以外,其他租税凡用货币缴纳的部分均可使用金札缴纳。太政官可以直接使用太政官札。

---

① 维新史料编纂会编修:《维新史》,第5卷,吉川弘文馆,1983年再版,第548～595页。
② 内阁官报局编:《法令全书》,1868年,见〔日〕三冈丈夫:《由利公正》,光融馆,1916年版,第131页。
③ 〔日〕大岛清、加藤俊彦、大内力:《人物·日本资本主义2·殖产兴业》,东京大学出版会,1983年版,第64页。
④ 〔日〕三冈丈夫:《由利公正传》,光融馆,1916年8月版,第183页。
⑤ 同上。

为防止不法商人乘机从中渔利,动摇本来就不太稳定的太政官札信用,公告明确规定禁止随行就市,处罚在金札与正币交换中私自贴水者。

公告对借用太政官札的利息作了明确规定:政府以及各藩按照每年偿还总额10%的比例10年内将本金还清,另外3年继续按此比例缴纳,作为借用的利息;对应募会计基金者借的金札每月缴纳6朱的利息,其他人亦同。

公告还对太政官札的发行机构,作出了规定。①

第三步,设立相关机构,配备相应人员。

1868年闰4月,京都设立商法司,直接隶属于会计官。1868年5月10日,政府任命西村勘六为征士、商法司知事,任命三井组的二掌柜山中传次郎为商法司判事(司判事),任命大阪的吹田(三井)、武田(鸿池)、高井(米平),其他藩的安藤、团野等人为职员。政府为便于开展工作,开始发行金札时,又在大阪和江户(后改称东京)设立了商法司分所,大阪三井兑换店的二掌柜吹田四郎兵卫久则和小野组二掌柜西村勘六被任命为大阪商法司分所知事(司知事)。三井三郎助(高喜)担任东京商法司分所知事。其他各地设立商法司基层组织——商法会所。这些掌管劝商事物的机构,主要业务就是进行金札贷款。

第四步,印制金札。

金札这一时期也逐渐印制出来。在印制之前,为防止仿造,有人提议从外国进口原材料。因时间紧迫,无法实现,只好在越前藩印制。太政官札是用越前的奉书纸制成的。越前奉书纸是一种用桑科植物纤维造的高级日本白纸。在细长票面右上角竖着写有"庆应戊辰年",盖有印章,内有通用13年字样。应该说,因时间紧迫,纸币印制简单、粗糙。以至于纸币印出来后英国公使巴夏礼不屑一顾,说"这种粗制滥造的纸一撕就破"。太政官札尽管印制粗糙,但是随着金札的广泛发行,新政府规定用旧币上缴赋税也要根据政府规定的旧币与太政官札的兑换比例进行折算,实际已将其视为正币。太政官札被大量运送到东北战场,成为用经济力量挫敌锐气的强有力的手段。②

三 太政官札的发行状况

1868年5月25日,太政官札正式发行,近畿地方直接通用,勤王各藩也借用金札作为藩费。③ 从此进入流通阶段。1868年5月24日,也就是发行金札的前一天早晨,还有人向岩仓具视建议暂缓实施。岩仓询问由利公正除

---

① 〔日〕三冈丈夫:《由利公正传》,光融馆,1916年8月版,第184~185页。
② 同上书,第208页。
③ 同上书,第206页。

发行金札之外,还有没有其他筹措经费的途径。由利公正回答除发行金札外别无其他良策。听了由利公正的回答,岩仓具视最终决定发行太政官札。

发行程序是先把会计基金交给会计官中的出纳司,月息一分,将其缴纳证明作抵押,从商法会所借用相同数额的金札,月息 6 朱,中间利息差有 4 朱。①

太政官札最初计划发行 3000 万两,但实际发行时,该数额很快被突破。从 7 月 3 日开始,政府先将全国物产集中在大阪的大商馆,然后再运往各地,为各藩提供方便。在京都、大阪设立商法会所等机构,负责办理商人所借金札等事宜,从商人中选出有一定威望的人担任职员。各藩所借金札则与办理商人所借金札不同,金札由造币局提供,且另设专门场所办理。

最初实际印制金札约 3500 万两,计划将 2000 万两借给各藩(旧幕府以及会桑等敌对各藩除外),剩下的 1400 万两借给商人,用于商品流通。②

最终实际印制并发行的数额高达 4800 万两。③ 贷给各藩 960.97 万两,贷给藩预所 13.9 万两,贷给府县 158.4 万两,贷给旗本 1500 两,以上称为石高贷。石高贷顾名思义就是根据各藩收获量的多少——石数,按每万石贷给一万两的比例贷给各藩,合计 1133.42 万两,通过商法会所贷给各商会的数额为 656 万两,通过商法会所贷给各商会的太政官札一般称为劝业贷,两者合计 1789.42 万两,占太政官札总发行额的 37%。剩下的 3010.58 万两被用于行政费用方面。这样一来,填补财政赤字最终反倒成为主要的了。④

太政官札发行的实际与由利公正的初衷大相径庭。由利公正本意是向民间提供资金,将当时福井藩的成功经验在全国推广,达到殖产兴业的目的。但是,由于财政困难,太政官札被普遍误认为是为解决财政困难而迫不得已发行的不兑换纸币⑤,甚至连多年以后大藏省刊行的《纸币整理始末》等也持这种看法。⑥

为保证太政官札顺利发行,新政府对石高贷,即所谓的"俸禄贷款"部分实行了强制性摊派,硬性规定各藩必须根据本藩领地大小接受相应数额的

---

① 《小野善右卫门笔记》,〔日〕三冈丈夫:《由利公正传》,光融馆,1916 年版,第 208 页。
② 《胸中记》(野田豁通男手记,庆应四年条),同上书,第 225~226 页。
③ 实际上到 1869 年 5 月为止的 16 个月内,一共印制了 48973973 两 1 分 3 朱,其中,973973 两 1 分 3 朱没有发行就销毁了。
④ 〔日〕泽田章:《明治财政的基础研究》,保文馆,1974 年版,第 120 页及后页。
⑤ 〔日〕大岛清、加藤俊彦、大内力:《人物·日本资本主义 2·殖产兴业》,东京大学出版会,1983 年版,第 64~654 页。
⑥ 《纸币整理始末》,见〔日〕大内兵卫、土屋乔雄:《明治前期财政经济史料集成》,第 11 卷,改造社,1932 年版,第 183 页。

贷款。

劝业贷部分主要借重豪商原有的信用保证太政官札的顺利发行。大阪商人不久前刚从政府那里接受了筹措会计基金300万两的任务,正在为资金缺乏而苦恼。政府允许会计基金借款证书作为借贷金札时的抵押物品政策一出台,原来应募会计基金的商人们就争相接受这笔贷款。商人们在使用该金札时,是以他们的信用为背景的,这就大大增强了太政官札的流通性。对政府来说,这是增强纸币流通力的强有力的手段。政府在发行太政官札时主要利用的也是三井组、岛田组、小野组等豪商。

1868年9月,天皇行幸东京的一个很重要目的就是在东海道沿道强制流通太政官札。新政府任命三井组、小野组、岛田组为东幸的金谷出纳负责人,负责东幸途中的出纳事务和资金筹措。由利公正为了让金札趁天皇东巡的机会在关东地区流通,责成会计官池边藤左卫门、商法司兼出纳司西村勘六、吹田四郎兵卫携金札100万两,正币15万两,于9月22日即天皇动身的前一天随大久保一藏从大阪出发,经海路前往东京,开展汇兑业务,致力于金札流通。① 三野村立即召集江户的大商人,创办了商法会所,以三井为中心,推动太政官札的流通。三井组,特别是三野村、吹田也因此进一步密切了与新政府的主要领袖大久保、木户的联系。

四 太政官札流通遇阻

尽管新政府事前作了各种各样的准备,但是,太政官札开始发行时还是遇到了意想不到的困难。

首先,政府内部分官员从中作梗,使太政官札的流通更加困难。早在由利公正提出发行金札方案时就有很多人反对,政府决定发行以后仍有很多人持反对意见。在由利公正眼中,这些人都是"听信西方说教、读了洋书之辈,不了解国家大计,只会空讲大道理"的人。他们在各种场合散布流言,说金札是不兑换纸币,导致布告发出了数月,金札仍未能在关东地区流通。岩仓具视、中御门经之为此事专门派遣由利公正东下调查发现原来是东京府的江藤新平从中作梗。② 发行金札以来,近畿地方已经开始流通,由于关东一带金札不流通,上上下下都非常困惑。经过调查,发现是由于官吏拒绝使用,普通百姓感到非常为难。③ 池边藤左卫门专程前往江户也无济于事,最后还是由利公正恳求鲛岛、青山发布了通用金札的布告,金札得以开始流通,终于筹措

---

① 〔日〕三冈丈夫:《由利公正传》,光融馆,1916年版,第254页。
② 同上书,第248页。
③ 《云轩实话》,同上书,第257页。

到了大村益二郎急需的函馆战役经费50万两。①

江藤新平、陆奥宗光强烈反对发行太政官札，成为反对由利政策的代表人物。② 陆奥宗光之所以反对由利公正，是因为在他看来，"财政上最无信用的政府如果发行大量的不兑换纸币，将立即导致纸币下跌，导致币制混乱……亦成自然之势"③。江藤新平的反对态度更为坚决，他不仅利用实际行动阻挠发行金札，还公开与由利公正辩论。除二人以外，与外国公使过从甚密的大隈重信、五代友厚、井上馨、伊藤博文、后藤象二郎等所谓的外国通，多数与大藏省关系比较密切，号称所谓的近代派，也明确表示反对，反对者中甚至包括涩泽荣一④。当时的大致情形是士以上的人几乎都持反对态度。这些人绝大多数都是新政府内很有影响力的人，他们的言行给本来就缺乏信用的太政官札带来了非常大的消极影响。再加上当时局势动荡，人心浮动，奥羽还没有平定，太政官札的流通就更加困难。

其次，太政官札没有坚实的经济基础和可靠的信用。各藩对摊派下来的石高贷持消极态度，以至于政府不得不派人进行劝贷。⑤ 各藩不相信金札，认为即使接受贷款，金札也不会流通，故普遍持消极态度。金札与藩札不同。藩札依托于藩营专卖的商品流通，某种程度上还有一定的兑换保障。即便成为不兑换纸币，也能凭借强大的藩权力强制通用，在藩内仍能发挥国家纸币的作用。处于初创时期的新政府没有力量介入商品流通，政治上的混乱局面远没有结束，甚至连政权都不能算是完全确立。这种情况下发行金札，难以顺利流通是必然的。各藩对金札持消极态度还有另外一层原因，太政官札一旦流通，势必对藩内原有货币的流通构成威胁，冲击并瓦解藩自身的经济基础，这是各藩统治者最不愿看到的。不过，随着藩财政危机的加剧，尤其是东征开始后，各藩均急需巨额军费，自愿申请借贷金札的藩逐渐多了起来。不过，这些借贷的太政官札多数被充作了藩的费用。1871年废藩之际，大约1100多万两石高贷中，656万两被捐弃了，占石高贷总额的一半以上。捐弃的理由就是"各藩服从征讨之役，颇耗费藩力之际，以此借入金直接支付征讨诸费，或购入兵器军舰等以弥补一时焦眉之急，未至填补之，遭遇废藩立县之

---

① 〔日〕三冈丈夫：《由利公正传》，光融馆，1916年版，第270~271页。
② 〔日〕由利正通：《子爵由利公正传》，由利正通发行，1940年版，第250页。
③ 〔日〕渡边几治郎：《陆奥宗光传》，改造社，1934年版，第85页。
④ 涩泽荣一（1840~1931），日本近代著名实业家，被称为"日本资本主义之父"。在实业思想上，提出了"义利合一"的商业伦理。
⑤ 〔日〕泽田章编：《世外侯事历维新财政谈》，上，冈百世，1921年版，第28页。〔日〕大岛清、加藤俊彦、大内力：《人物·日本资本主义2·殖产兴业》，东京大学出版会，1983年版，第65页。

变革,以此,终归捐弃"①。甚至有的藩虽然接受了贷款,却原封不动地保存到废藩置县时期,根本就没有在藩内流通。

第三,太政官札信用不足,发行后不久就出现了打折现象。打折最严重的时候,甚至在连流通阻力最小的东京、京都、大阪,每百两太政官札也只能兑换正币 40 两。② 1868 年 6 月 20 日,政府为此专门发出布告,强调"制造金札的目的是为了流通物产,各藩根据领地大小贷给,往下的交易应该与正币一样通用。但是,不理解者往往违背宗旨,随意将金札同正币兑换,奸商乘机贪心,今后严加追究,双方都要处罚"③。1868 年 7 月 18 日,大阪府也发布公告,严禁在正币与金札之间确定价差。虽然政府采取限制,但是打折现象屡禁不止,并且呈愈演愈烈之势。

第四,引发外交纠纷,太政官札发行更加困难。太政官札开始发行以后,旅居日本的外国人渐渐也握有太政官札,这部分金札能否兑换成了问题。

1868 年 6 月 2 日,新政府就外国人持有金札问题专门通告驻大阪的各国领事,外商所收金札,只能用于购买日本商品。问题的关键是,金札贬值,不能同正币兑换,使外国商人蒙受了巨大损失。他们就以金札已经成为贸易障碍为由抨击金札发行。各国公使、领事纷纷向日本政府提出强烈抗议。1868 年 11 月 10 日,巴夏礼代表各国专门就该问题质询木户孝允。新政府对此作出解释。

> 纸币非谋政府之利者,唯助下民之融通,方今一新之际,欲起民功,开物产,盛商法,使万物大运转,至此,传统之商贾衰退已成自然之势,又贼徒未至十分平定,朝廷之入用不能逐日减少,天下之融通如何日益穷困,以至于无。是以许依制造纸币之愿贷给列藩之事。其方法如布告文以十三年为限,上缴贷款额之一成,其纸币则销毁,十年将本金部分回收完毕。后三年上缴一成。虽假令借一万两,借入国以一万两开物产,建商法,以得利润。④

在列强的压力下,明治政府允许外国人在大阪、兵库等开放港口用金札

---

① 《岁入岁出决算书》,见〔日〕大内兵卫、土屋乔雄:《明治前期财政经济史料集成》,第 4 卷,改造社,1932 年版,第 42 页。
② 〔日〕内田正弘:《明治日本的国家财政研究——近代明治国家的本质与初期财政剖析》,多贺出版,1992 年版,第 129 页。
③ 《货币考要》,见〔日〕大内兵卫、土屋乔雄:《明治前期财政经济史料集成》,第 1 卷,改造社,1931 年版,第 184 页。
④ 〔日〕三冈丈夫:《由利公正传》,光融馆,1916 年版,第 274~275 页。

纳税。外国商人见有利可图,就乘机囤买贬值金札,按一两金札/一两正币的比例纳税,导致日本的实际关税收入急剧减少。这种情况下,1868年12月4日,明治政府发出布告:"……生物价纷乱之基,甚以不便以来,可以时之行市通用。"①以方便流通为由,允许金札按时价通用,同时解除了处罚贴水者的命令。

1869年12月24日,明治政府又发出布告:"诸上缴物纳金部分,金札可全以时之行市缴纳……金每百两当以金札百二十枚上缴。"②也就是说,以正币每百两比照金札120两这一行市为纳税的基准。政府支付也以此为基准,这实际上等于公开承认了金札的下跌,同时也承认了由利政策的完全失败。

随着外国势力的介入和经济日趋混乱,对由利公正的非难也强硬起来。1869年,由利公正迫于压力辞职。1869年1月,由利公正经海路回到大阪,2月25日,出任负责造币局以及大阪府知事御用,兼任治河挂。但此时的他已无心留任,向三条、岩仓请辞,2月17日由利公正被免职,于28日离开京都。

五 大隈重信的补救措施及成效

由利公正去职以后,大隈重信接替他负责财政事务。实际上早在1869年1月12日,大隈重信就以外交官副知事兼会计官御用挂的身份开始参与财政事务了。3月30日,大隈重信出任外交官副知事兼会计官副知事,4月17日,专任会计官副知事。大隈重信是当时反对由利政策的代表性人物之一,力主太政官札可与正币兑换。大隈认为,太政官札作为纸币,"要有相应的储备金,所有人何时都能换成正币,如果不是这种纸币(即兑换纸币),不管政府如何用高压对待民众,最终都难以使之流通。"因此他坚决反对由利公正的政策。③

大隈重信接替由利公正以后,马上着手重建太政官札的基础,试图让其作为中央政府纸币在全国按平价流通,为此采取了一系列措施。

首先,改组管理机构。1869年2月,采纳五代友厚和三井番头的建议,撤销由利公正时期的商法司,在外国官之下设置通商司,负责管理贸易、运送和金融。1869年5月,通商司移交会计官。撤销商法会所,设立通商会社和汇兑会社。通商会社为振兴通商贸易而设,是日本最早的株式会社,1869年7月在东京开业。汇兑会社作为股份组织的金融机关,主要开设在东京、大阪、京都、横滨、神户、新泻、大津、敦贺等开港场所,接受来自政府的资金贷

---

① 内阁官报局编:《法令全书》,原书房,1974年版,第373页。
② 同上书,第426页。
③ 《大隈侯八十五年史》编委会编:《大隈侯八十五年史》,第1卷,原书房,1970年版,第239页。

款,发行纸币,向民间贷出资金,成为银行的先驱。① 大隈重信此举,目的是用通商司取代商法司作为推行政策的核心机构,试图打破政府直辖府县界限,借重全国市场削弱各藩的经济力量,将其置于新政府的控制之下。在东京、大阪、京都、横滨等8个主要城市设立通商会社、汇兑会社,鼓励豪商将各地的市内商社、地方商社纳入到这些通商会社、汇兑会社之下,形成发展国内商业和贸易的商品流通网,实现金札在全国的流通。为此,政府专门向汇兑公社发放了高达162.2万两的巨额金札贷款。汇兑公社就以股金和这笔贷款为本金,发行金、银、钱券供给生产、商业资金。② 当时的贷款主要用于蚕种、茶、海产品等出口产品的生产资金。不过,汇兑公社的设立仍延续了由利公正时期的做法,其设立者依旧是三井、小野、岛田、奥田等旧豪商。这一政策实际上也只是重组了以藩体制继续存在为前提的旧幕府以来的商品流通机构,所以,该政策最终并没有成功。③

其次,发布太政官布告,向全国阐明整顿太政官札的基本方针。1869年4月28日和5月28日,先后两次发布太政官布告,申明太政官札为可兑换纸币,自1869年冬季开始至1872年冬季止,此间允许与新铸造的正币兑换,上述时限内未来得及兑换的按每月5朱(5%)支付利息予以偿还;规定了太政官札发行额的上限,除已经发行的3250万两(按预计应发行4500万两)以外,不再增发;禁止太政官札按时价流通,以后"可与正币同样通用"。④

最后,采取强制措施致力于太政官札按平价流通。1868年6月20日,发出布告,严禁在太政官札与正币之间设差价;10月7日,通告严查阻碍太政官札正常流通者,一经发现予以严惩。1869年3月12日,通告禁止官、府、县将太政官札兑换成正币用于支付。

靠强制手段发行到地方的太政官札毕竟缺乏信用,这些太政官札很快就回流到东京、京都、大阪。针对这种情况,新政府果断采取强硬措施,将回流的太政官札集中起来,按每1万石2500两的比例重新发还给各府、藩、县,以交换同等数额的正币,再将正币返还给三都的太政官札的提供者。⑤

由于大隈重信采取的措施得力,德川幕府已经灭亡,原幕府发行的货币

---

① 〔日〕安冈昭男著,林和生、李心纯译:《日本近代史》,中国社会科学出版社,1996年版,第177页。
② 大藏省《明治财政史》编纂会编:《明治财政史》,第12卷,吉川弘文馆,1972年版,第332页。
③ 〔日〕西川博史、田中修、长冈新吉:《近代日本经济史》,日本经济评论社,1980年版,第6页。
④ 〔日〕梅村又次、山本有造:《开港与维新》,岩波书店,1989年版,第134页。
⑤ 同上书,第135页。

失去了政治信用的支撑,大量劣币、赝币的泛滥造成原有正币行市急剧下跌,太政官札的行市迅速上升,最终在全国按平价流通开来。在幕府末期明治初年的混乱时期,各藩大量铸造当时被视为正币的"伪二分币",导致"凡世上流布的二分金币多达十三四种,其中十之七八是赝金"①,人们逐渐失去了对它们的信任,反而对太政官札的信任度迅速上升,将其视为正币。随着太政官札流通区域的扩大,政府发现其票面额偏大,不利于小额交易,因此于1869年8月专门发行了以小面额为主的民部省札,作为对太政官札的补充。

六 对太政官札的评价

太政官札从1868年5月开始发行、流通,一直持续到1889年1月全部收回,对推动日本向近代转型起到了不可忽视的作用。

首先,太政官札解决了新政府倒幕战争、政府运转所急需的各种经费,从财政上保证了倒幕战争的胜利和新政府在全国统治的确立。《纸币整理始末》承认,由于发行金札,战乱估计缩短了一年,国内金融也因此而不至于太严峻,实乃国家之幸也。②

其次,太政官札起到了殖产兴业的作用。当时的情形,要恢复经济、发展生产,只有通过由利公正提出的印发纸币来解决所需资金,舍此别无他途。太政官札中有1100万两用于殖产兴业的贷款,涉及全国的12个府县、260多个藩。③ 太政官札纸币成了殖产兴业的启动资金,有力推动了日本的资本原始积累,为后来的殖产兴业政策提供了解决资金的途径,即通过发行公债等方式筹措资金。④

如果我们将明治政府实施的操作政策同幕府末期封建幕藩统治者采取的政策两相比较一下,就不难发现两者如出一辙。明治政府也不回避这一点,明确宣布租税等政策仍"沿用旧例"。新政权初创,立足未稳,尚未具备制

---

① 大藏省《明治财政史》编纂会编:《明治财政史》,第11卷,吉川弘文馆,1972年版。
② 〔日〕三冈丈夫:《由利公正传》,光融馆,1916年版,第305页。
③ 〔日〕大岛清、加藤俊彦、大内力:《人物·日本资本主义2·殖产兴业》,东京大学出版会,1983年版,第67页。
④ 明治政府继太政官札之后,又相继发行了750万日元的民部省札(1869年8月)、680万日元的大藏省兑换证券(1871年10月)、250万日元的开拓使兑换证券(1872年1月),并于同年4月开始发行361万日元的新纸币,与此同时,先后发行了12422000日元的新公债(1872年)、10972000日元的旧公债(1872年)、16565000日元的秩禄公债(1874年)、173902000日元的金禄公债(1877年)、15000000日元的借款(1877年,实际借款额为11366000日元)、666900日元的金札兑换公债(1877年)以及两笔外债(一笔为1873年募集的7分利外债,数额为11712000日元,另一笔为1870年募集的用于殖产兴业的9分利外债,数额为4880000日元)。

定与实施自己新的财政政策的条件和能力,照搬原统治者曾采取的部分比较成熟的财政政策也在情理之中。更主要的原因是,当时政治、经济形式的剧烈变化、严重的危机赋予财政政策明显的应急性特征,基本相同的政治、经济环境使得新旧政权之间在财政政策方面也存在有一定的连续性和继承性。

第三章　加强中央集权时期的财政政策

明治政府在完成第一阶段目标，即打败德川幕府、确立自身在全国的政治统治之后，紧接着致力于达成第二阶段目标：消灭封建割据，瓦解幕藩体制，消除封建残余，加强中央集权。为此，从1869年戊辰战争结束至1877年西南战争期间，明治政府相继实施了奉还版籍、废藩置县、废除武士特权、实行新的身份制度等措施。与上述政策相适应，明治政府在财政政策方面着力于藩札和藩债的整理、秩禄处分，解决封建的财政负担，另一方面，创立国立银行制度，改革税制特别是地税制度。

第一节　废藩置县前后的政府财政

一　废藩置县前明治政府财政状况

戊辰战争结束以后，明治政府财政困难依然相当严重，突出表现为财政上严重收不抵支。1869年1月至9月，明治政府的经常性财政收入总额为4666055日元，而同一时期要支出20785835日元，收支相差高达16119780日元，财政亏空比例达77.6％。1869年10月至1970年9月，明治政府的经常性财政收入有了显著增加，为10043627日元，与1869年1月至9月的经常性财政收入相比，增加了一倍多。同一时期财政支出为20107672日元，同1869年1月至9月的财政支出相比，不但没有增加反而略有下降。即便如此，经常性收入与支出之间的差额仍高达10064045日元，亏空比例仍在50.1％以上。经常性财政收入与同一时期支出总额之间形成了巨大反差。①

这一时期的经常性财政收入甚至难以抵补政府运转所必需的经常性支出。1869年1月至9月，明治政府经常性支出9360230日元，比同期经常性收入还多4694175日元，仅亏空部分就已经是同期经常性收入的1倍多。②巨额财政亏空连同临时性支出只有通过临时性收入来弥补。

---

① 相关数据参见大藏省《明治财政史》编纂委员会编：《明治财政史》，第3卷，吉川弘文馆，1971年版，第165～177页。
② 同上书，第167～173页。

这一时期,临时性财政收入在明治政府财政总收入中一直占据很高的比例:1869年1月至9月占86%,1869年10月至1870年9月仍高达52%。临时性收入中,发行太政官札带来的收入又占了绝大部分。1869年1月至9月为23962610日元,分别占同一时期临时性收入的80.5%和年度总收入的70%。① 临时性财政收入并非长久之计,明治政府认识到,要巩固统治,首先必须确保稳定的财源。对明治政府来说,最主要也最现实的财源只有地租。1869年1月至9月,地租收入为3355964日元,在明治政府各项经常性收入中数额最大,占经常性收入总额的71.9%,成为经常性收入中的最主要部分。② 但是,在废藩置县以前,明治政府仅仅控制着从德川幕府没收来的部分直属领地,绝大部分领土仍控制在各藩国大名手中,封建割据局面依然如故。明治政府的政令因此无法统一,更重要的是导致了明治政府没有稳定的财源。新政权要巩固,必须首先消除封建割据,将各藩的领地和人民纳入明治政府的直接控制之下,实现真正统一。

最早提出奉还版籍主张的是木户孝允。他主张"当以至公至正之心,改变七百年来之积弊,使三百诸侯举而还纳土地与人民……",认为"东国之争乱,不久也将收束……如固区区之本,施区区之政刑,则祸害势将无复再拔"。③ 1868年2月,木户孝允建议命各藩领主"奉还版籍",交回原有的统治权力和领地,实现国家的真正大一统。

二 奉还版籍与财政机构改革

(一)奉还版籍

各藩中最早表达奉还版籍愿望的是姬路藩。1868年11月,姬路藩内部发生纷争,姬路藩藩主酒井忠邦就向明治政府建议:(1)将藩名改为府县;(2)命令诸大名将领土返上。但未被明治政府采纳。

1869年3月5日,长州藩主毛利敬亲、萨摩藩主岛津忠义、佐贺藩主锅

---

① 〔日〕内田正弘:《明治日本的国家财政研究——近代明治国家的本质与初期财政剖析》,多贺出版株式会社,1992年版,第122~123页;大藏省主计局编:《收支决算报告书》,上卷,见〔日〕大内兵卫、土屋乔雄编:《明治前期财政经济史料集成》,第4卷,原书房,1979年版,第7~19页;《大藏省百年史》编辑室:《大藏省百年史》,大藏财务协会,别卷,1969年版,第132页;东洋经济新报社编:《明治大正财政详览》,东洋经济新报社,1975年版,第2~50页。

② 〔日〕内田正弘:《明治日本的国家财政研究——近代明治国家的本质与初期财政剖析》,多贺出版株式会社,1992年版,第122~123页。

③ 《木户孝允文书》第八,见〔日〕小西四郎:《日本全史》第8卷,近代1,东京大学出版会,1962年版,第213页。

岛直大、土佐山内丰范联名上表明治政府,表示奉还版籍。表文指出:

> 自天祖肇始,开国立基尔来,皇统一系,万世无穷,普天之下莫非王土,率土之滨宾莫非王臣……或予或夺,以爵禄维系下属,寸土不得私有,一民不得私窃……臣等所居,即天子之土,臣等所牧,即天子之民,安敢私有? 今收束版籍奉上,愿朝廷相宜处置,当予者予之,当夺者夺之,凡列藩封土更宜下达诏命改之……使天下之事,无论巨细,皆归一统。①

继四强藩提出上表文之后,其他200多个藩相继也提出了同样的上表文。②

戊辰战争结束以后,1869年6月17日,朝廷接受各藩奉还版籍的申请,并向尚未申请奉还的三十余藩发布奉还的命令。到1869年8月2日,共有274个藩奉还了版籍。中央政府开始直接统治全国土地和人民。各藩主摇身一变成为中央政府任命的藩知事,各藩必须服从中央。通过这次奉还,明治政府跨出了建立中央集权的第一步。

明治政府另一重大举措就是废除封建身份制度。废公卿、诸侯称号,改称华族;废士卒间的差别,统称士族;原封建身份制度下的农工商一律改称平民;在法律上明确规定四民平等。

(二) 改革财政机构

为加强中央集权,提高行政效率,明治政府对官制进行了改革。1869年7月8日,制定《职员令》,改革政府机构。实行太政官制。太政官下设民部、大藏、兵部、刑部、宫内、外务6省以及神祇、集议院、待招院、大学校、弹正台等。经过这次官制改革,财政机构会计官被大藏省取代。大藏省的长官为大藏卿,主管金谷出纳、秩禄、造币、营缮、用度。大藏卿下设大辅、少辅、大丞、小丞等官职。民部省管辖户籍、租税、驿递、矿山、救济。1869年8月11日,明治政府将大藏、民部两省合并,由伊达宗城出任大藏、民部卿,大隈重信任大藏大辅,伊藤博文任大藏少辅,井上馨任大藏、民部大丞。两省合并以后,大藏、民部两省集中了中央政府的大部分权力,一些开明派官僚纷纷聚集在大隈周围。对此,大隈重信也深有体会,"两省囊括了政治的绝大部分事务,

---

① 〔日〕大久保利谦编:《近代史史料》,吉川弘文馆,1965年版,第56~57页;〔日〕指原安三:《明治政史》,第1卷,庆应书房,1943年版,第123页及后页。
② 〔日〕安冈昭男著,林和生、李心纯译:《日本近代史》,中国社会科学出版社,1996年版,第147页。

成为明治时期各种新制度、新事业的摇篮","当时藏民两省的势力权势极大"。① 以大隈为中心的开明派官僚就充分利用这一有利条件,在1869至1870年间,铸造十进制新币,铺设东京—横滨间的铁路,敷设电信,扶植通商会社,制定度量衡,大力兴办各项近代事业。

(三) 改革藩政

奉还版籍后藩知事仍拥有所在藩的行政权、财政权和军权,藩知事的权力跟过去藩主时代相比并没有根本性改变。明治政府试图改变这一状况,首先通过大藏省和民部省加强中央对藩收入的控制。

明治政府为掌握全国各藩的实际状况,1870年9月,命令各藩提供藩政资料,实施藩政改革。明治政府按藩收获量多少,将全国各藩分为三大类别,收获量在15万石以上的为大藩,收获量在5万石以上的为中藩,收获量在5万石以下的为小藩,藩政改革中行政、财政政策方面的具体措施参考了此前针对直辖府县实施的政策。当时明治政府对直辖府县实施的政策主要包括两大方面:

1. 租税政策的基调"仍按旧例"。1868年8月7日,明治政府宣布直辖府县的"税法仍按旧例"执行。② 12月23日,再度宣布租税制度暂不改变,"今年米谷等租税的缴纳与过去相同,只有遭遇水灾、战祸者可减半或全免"。明治政府对附加税也实施了相同政策。1869年3月12日,指示关东各县,运上、冥加等税的缴纳仍采取以往的做法。③ 5月8日,宣布未经中央政府批准不得擅自检地;经过会计官批准后才能制定、修改、增删租税章程。

2. 加强中央对地方财政支出的控制。1869年5月8日,明治政府规定政府官员的月俸采取定额支付的办法;各府县经费支出及府县新财政制度的制定与实施必须事先上报会计官批准。

藩政改革就是以上述针对直辖府县的政策为蓝本而制定的:

    1. 租税政策方面各藩"仍按旧例",1871年1月以后禁止各藩自行进行税制改革。

    2. 限定财政支出。规定藩主家禄为藩收入的1/10,余额中的1/10上缴中央政府充作陆海军费,剩余部分充作藩政经费。藩政经费包括家臣团的家禄,要增加家臣团的家禄必须事先报中央政府批准。

---

① 《大隈侯八十五年史》编委会编:《大隈侯八十五年史》,第1卷,原书房,1970年版,第329页。
② 内阁官报局编:《法令全书》1868年8月7日,第612号。
③ 内阁官报局编:《法令全书》1869年3月12日,会计官,第280号。

3. 禁止印制、发行藩札。
4. 藩札与政府纸币进行兑换。
5. 每年年末各藩要向中央政府提交年度财政收支报告。①

通过这次藩财政改革,既削减了藩知事及其家臣团的家禄,又成功地将藩主的家庭收支与藩财政彻底分开,剥夺了藩知事对藩财政的控制权,将藩知事变成为一名普通的俸禄领取者。家臣团的家禄也由过去藩主家禄提供变为从藩收入中支付,彻底从制度层面切断了藩主与家臣团之间的主从、依附关系。各藩的税制改革、财政支出必须报经中央政府批准这一规定扩大了明治政府对地方各藩行政、财政的控制权,迈出了财权收归中央、建立财政基础的第一步。

这次改革主要是在财政层面针对封建的藩财政进行的,并不能从根本上解决问题。"各藩收入基本上由各藩使用,仅将藩收入的1/20左右上交中央政府。"②明治政府的财政收入也没有明显改善,中央政府的财政收入来源仅有860万石,政府财政仍非常困难。

三 废藩置县后的财政举措

(一) 废藩置县

奉还版籍后,中央政府的财政收入并没有明显改善,明治政府认识到很有必要废藩置县。

大藏省出于财政权收归中央的考虑,开始着手研究废藩置县问题。1870年12月,大藏省提出《确立统一政体的建议》,明确提出加强中央集权必须有财政基础。全国3000万石土地,政府直辖地却只有800多万石,"仅凭800万石领地上的租税不可能解决全国所有的经费开支",强烈要求废藩置县,将财权收归中央。③ 据当时负责财政事务的井上馨回忆,"奉还版籍有名无实,连收入也没有。当时虽说拥有800万石,但800万石大致按四成计算(租税),1石只有4斗,实物米320万石。米价未必能达到3日元,还要将米全部运往东京、大阪出售。运米的船都是名为千石船的日本船,运输途中常有倾覆现象发生。如此终究不能建立国家。奉还版籍虽好,但有名无实,必须废

---

① 内阁官报局编:《法令全书》1870年10月9日,大藏省,第659号。
② 〔日〕大隈重信述,元域寺清编:《大隈伯昔日谭》,东京大学出版会,1981年版。
③ 《大藏省沿革志》上,见〔日〕大内兵卫、土屋乔雄编:《明治前期财政经济史料集成》,第2卷,改造社,1932年版,第127页。

藩置县"①。

这一时期,部分藩受农民起义冲击,政局动荡,财政出现严重困难,内外交困,也迫切要求废藩,甩掉沉重包袱。1871年初就先后有13个藩无法维持,主动向政府提出撤藩请求。② 明治政府决定趁机废藩置县。

政府在政治上、军事上为废藩置县作了一系列准备工作。军事上,致力于争取西南强藩的军事支持。1871年(旧历)2月,岩仓具视、木户孝允、大久保利通三人亲赴萨摩,邀请西乡隆盛重新参加新政府,召集萨摩、长州、土佐三藩常备兵1万人作为御亲兵,交由西乡隆盛指挥。③ 明治政府成功地请回了西乡隆盛,建立了政府直属军队。军事准备完成以后,政府果断对政府领导层进行改组。大久保利通任大藏卿,木户孝允、板垣退助、大隈重信、西乡隆盛任参议,大久保利通、西乡隆盛出身萨摩藩,木户孝允出身于长州,板垣退助出身土佐,大隈重信来自于肥前。这次改组实际上是萨、长、土、肥四强藩势力的再平衡,也是为下一步成功进行废藩置县这一大动作建立的政治保障。政治准备完成以后,1871年7月14日,天皇召集在京的藩知事,宣布废藩置县。大隈曾回忆当时的情形:"此大号令一出,除余等三四名外,官民因俱非常惊愕,反抗之勇气荡然无存。"④政府果断废藩置县,罢免旧藩主出身的藩知事,命令他们移居东京,继续发给世禄,将全国重新划分为3府72县,县知事由中央政府直接任命的官吏担任。

废藩置县结束了日本封建割据局面,建立起统一的中央集权国家。中央集权是封建落后国家发展近代资本主义、赶超先进资本主义国家、实现从封建社会向近代社会过渡的政治前提。只有中央集权才能保证政令畅通,有利于明治政府推进近代化改革。

废藩置县以后,如何尽快将租税收缴到中央政府成为当务之急。1871年11月,明治政府出台《县治条例》,规定收入全部上缴中央政府。对各县留成部分也作了明确规定,各县以幕藩时期的收获量为基准核定本县判任官以上级别的官员人数,然后以此为依据,根据统一基准限定府县留成额,剩余部分上缴中央政府。

明治政府通过颁布《县治条例》将租税权集中到了中央手中,财政基础最终得以建立,这为明治政府自上而下成功进行资本原始积累、推进经济近代化、殖产兴业、实现富国强兵创造了前提。

---

① 〔日〕泽田章:《世外侯事历维新财政谭》,中,冈百世,1921年版,第223页。
② 〔日〕后藤靖等:《日本资本主义发达史》,有斐阁,1979年版,第30页。
③ 〔日〕中村尚美:《大隈重信》,吉川弘文馆,1961年初版,第68页。
④ 《大隈伯昔日谭》,见〔日〕中村尚美:《大隈重信》,吉川弘文馆,1961年初版,第69页。

(二) 废藩后建立并完善财政制度

财权收归中央后,财政制度建设提上了议事日程。新政府成立初期并没有财政制度,虽有财政机构金谷出纳所,但资金出纳事务全部委托给了指定的兑换商。财政机构中间经历了会计事务局(1868年1月)、会计官(1868年4月)等两次改设,不过管辖范围比较宽泛和庞杂,除财政收支以外,还包揽了一般行政、产业等事务,但自始至终没有相关的会计、预算方面的规章制度,完全按照过去的惯例和财政负责人的主观臆断来决定财政收支,这样就难免出现开支不合理的现象。

为杜绝类似现象,1869年1月,会计官出台了《出纳司规则》:

1. 有关实物米、现金出纳,要由各官(司)先提交所需费用估算额,出纳方核定后方可按月支给。
2. 有关月薪支付,出纳方须按人员及等级认真核算支给数额,经各官(司)知事确认无误后,再签上各官(司)印章方可支付。
3. 禄米及救济米的发放亦须经认真核定后再行发放。
4. 关于差旅费用支付,无明文规定者斟酌具体情况而定。
5. 结算报表须签该官、司或局总裁印章,并与申请表等相符。
6. 关于临时费用支付,须先向行政官提出申请,经出纳方审核,申请金额适中、情况属实方可支付。
7. 有关实物米、现金临时支出,申请借用者,出纳方可当即决定是否支付,申请支出者须经审定方可支付。
8. 关于实物米、现金支出,即便经审定可支付者,若库存不多,出纳方亦可拒付。
9. 上述各种支付,要求各官(司)使用凭证,府县无凭证者使用专门证书。
10. 货币司务必于每十日的最后一日上缴所造金银币,拨付制造费用时须考虑与其他各官(司)的经费相平衡。
11. 矿山司金银铜货款,由货币司根据所上缴的金银铜数量随时支付。
12. 营缮司建筑物的修筑费用须经官判事评审、盖章,提交出纳司,出纳司根据金额多少分数次支付,修筑完工前支付金额不得超过总金额的80%,另20%待修筑结束后结清。要求工程结束后必须上报经费结算表方可结算,工程完工后30日内进行验收,验收合格后一个月内将工程经费结清。

13. 营缮司临时增加的紧急工程项目特事特办。
14. 府藩县在扣除留成部分以后,余者须将所收租税按月上缴中央政府,租税留成部分仅限月薪、各种经费开支。
15. 上缴中央政府的实物部分由指定的两替商、兑换商负责运往指定场所。
16. 出纳司内设金挂、米挂、补助米发放调查挂,三挂各负其责。
17. 除军费外,凡欲将所借金札(太政官札)挪用为行政经费者须向中央政府提出申请并经中央政府批准。
18. 旧金银币、散碎金银等由出纳司回收后转给货币司。①

1869年4月,大隈重信向太政官建议,制定金谷收支条例,在会计官内设立监督司,由该司依照金谷收支条例审批各项经费申请,监督会计出纳,以杜绝冗费问题。

5月,制定《会计官职制章程》,明确造币局、监督司、租税、出纳、用度、营缮、矿山等司归会计官管辖。

7月,废除会计官,改设大藏省。大藏省下辖造币寮、通商、矿山、用度、监督、租税、出纳等司。8月,通商、矿山、用度、监督等司转归民部省,8月19日,大藏、民部两省合并。②

9月初,明确会计年度起止时间为自当年10月始至第二年9月止。要求各府藩县认真核算明治元年以来的租税收缴及经费开支情况。从10月份开始使用新账册,第二年9月进行决算。

1870年9月至1871年6月,明治政府派伊藤博文赴美国考察财政制度。随着1871年7月14日废藩置县的实施,大藏省急需改革。伊藤博文就以美国的财政制度为蓝本,提出了《改制纲领》和《大藏省事务章程》。③ 伊藤博文在《改制纲领》中提出了大藏省改革应遵循的原则,明确大藏省负责主管全国财政。伊藤博文提出了大藏省需要迫切解决的四个问题。一、制定租税征收章程,经政府批准后作为必须遵守的法规,该法规可根据形势的发展变化、经费情况进行的修改;二、征收租税,充实国库,充作各项事业所需经费;三、增加出纳计算的透明度,将经费区分为经常性经费和临时性经费,上须禀报政府,下须以公告形式向人民明示租税乃中央政府专有;四、采取措施保证货币

---

① 大藏省《明治财政史》编纂委员会编:《明治财政史》,第1卷,吉川弘文馆,1971年版,第593~596页。
② 同上书,第231~233页。
③ 同上书,第233~247页。

顺利流通,繁荣发展,制定募集公债、发行纸币办法满足临时经费需求,制定偿还办法使之不失信于民,发展工、农、商业,实现国家富强。

伊藤博文主张必须设立各寮司,明确其职责,才能解决上述四个问题:

1. 设租税寮,负责征收租税、杂税和关税。制定统一的规章,杜绝租税征收过程中的随意性,消除人民对租税征收的疑虑。

2. 设出纳寮,负责出纳金谷。出纳寮按规定,根据大藏卿的命令负责金谷收支事项。

3. 设传票科,出纳金谷时,必须先由各厅向大藏省提交书面申请,经大藏卿签署意见并附上传票,再经正算司、检查寮、记录寮核算、查验后,凭传票出纳。传票必须列有大藏卿批准收支金谷的签章、正算正计算、检查头检查、记录头记录、出纳头出纳等栏目。

4. 设正算司,凡出纳的金谷必须经该司计算后,上报中央政府,中央政府以此为准,凭大藏卿的传票予以出纳金谷。正算司负责保证出纳金谷数额的准确。

5. 设检查寮,负责检查经正算司计算过的金谷出纳是否符合规定,符合规定的,检查寮必须分别在大藏卿的传票及各厅的书面申请上签章以证明其无违规现象。

6. 设造币寮,负责金银币品位测定,根据需要铸造货币,同时对铸币原材料的品质及价值进行检测。

7. 设记录寮,负责对经政府批准、大藏省发行的纸币及公债证书其数额登记造册,负责保管可供印证纸币和公债证书并作为出纳凭据的文件。

8. 设纸币寮,负责印制大藏省发行的纸币,兑换残损纸币。负责管理政府批准的纸币会社的纸币发行及其规章的制定,负责保管用于发行纸币抵押的公债证书。

9. 设统计寮,负责汇总全国财政运营资料并加以统计,结算甲年财政收支,确定乙年出纳,上报政府,下公示于民。

10. 设营缮寮,负责修缮皇宫、官署建筑。具体包括工程测量、费用核算及工程修缮的具体实施,不过,必须事先经政府审定、批准。

11. 设用度科和刊行科,用度科负责发放大藏省日常办公用品,刊行科负责印制大藏省各种账册、文书。

伊藤博文还对省、寮、司、科的官员设置及其权限提出了具体建议。提出大藏卿是大藏省的最高官员,负责管理全国财政,主管全国租税收入、政府经

费开支、金谷出纳,监督货币铸造,劝奖农工,增加国家财富。在财政方面对中央政府及人民负责。大藏卿具体行使以下权力:

1. 大藏卿负责统计租税年收入额,对各官厅经费作出限定,并向政府提出建议,经政府审议、批准后,将其作为已批准之定额经费。

2. 大藏卿负责已批准之定额经费的拨付,有权将定额经费之累积余额充作已获批准之临时经费。

3. 除经政府许可者以外,大藏卿有权拒付计划外的所有经费支出。

4. 政府在审议、批准临时性支出之前,须先向大藏卿咨询财政状况,只有大藏卿认为金谷储备尚可的情况下,政府才能有权批准临时性支出,否则不得审批。每项批准命令必须当即通报给大藏省;即使政府已经批准,若大藏卿未在支出传票上签章,亦不得支付金谷。

5. 大藏卿负责管理全国会计,无论定额经费还是临时经费,大藏卿有权要求各官厅提交详细的经费开支计划,经费发放由大藏卿提前通知。

6. 大藏卿负责计算经常性经费和临时性经费,可根据具体情况向政府建议增减租税,并提交具体方案。

7. 大藏卿必须及时将各种经费额及支付情况上报政府,并向人民公布,按每年、每季度、每月报告,报告的内容、体例应各有不同。

8. 大藏卿回答政府咨询,若现有额与支出额相比出现不足,不得不募集公债加以弥补时,大藏卿应建议政府募集公债。

9. 大藏卿负责制定每年支付公债本息及回收纸币的方法,计算利率,上报政府,批准后实施;凡各官、省、府、县或人民向政府提出有关会计方面的建议必须转给大藏卿。

10. 若变更货币品位及度量衡,须由大藏卿向政府提出建议。

11. 大藏省下属各寮司正职人选由大藏卿向政府推荐,由政府任命,其他官员由各寮司正职推荐,大藏卿任命。各寮司正职按照大藏省规章履行职责,规章未尽事宜按大藏卿的指令办理;有关租税征收事宜,因地方官员亦归大藏卿管辖,所以,大藏卿有权根据具体情况向地方官下达命令。

12. 大藏卿制定政府金谷出纳规则,并有权要求其他官省主管会计官员认真遵守。若有违反者,大藏卿可直接建议该省长官罢免之。

13. 大藏卿经政府批准有权向国外派遣领事,负责处理税收事宜。

14. 大藏卿有权检查统计报表,并就报表事宜向其他官厅发布指令。

15. 大藏卿可根据省内事务繁忙程度增减官员人数,但各寮司正职更替必须报经政府批准。

16. 大藏大辅、大藏少辅作为大藏卿的助手,可接受大藏卿委托,或代替大藏卿负责全面工作,或主管某一领域的工作。

伊藤博文在《大藏省事务章程》中对责任的界定、官员任免、财政年度起止日期、征税审批、经常性经费和临时性经费的批准、金谷出纳等都作出明确规定:

1. 关于责任界定,明确规定大藏卿对大藏省工作失误负责,各寮司正职对本寮司失误负责。大藏省官员不得凭职务便利谋取私利。

2. 关于官员任免,明确各寮司正职由大藏卿初选推荐,上报政府确定并予以任命。若被批准,政府须向大藏卿解释理由。各寮司正职的罢免亦由大藏卿向政府申明理由,若政府欲罢免须向大藏卿做出解释,并征得大藏卿同意方可罢免,但违法者不在此列。其他官员任免由各寮司正职向大藏卿提出理由。

3. 关于财政年度起止日期,规定从某年7月至次年6月。

4. 关于征税审批程序,规定租税头制定租税征收章程,确定正租、杂税、商业税等科目,经由大藏卿上报政府,政府对税率高低、可否征税等问题进行论证,然后决定是否批准。只有政府批准后方能在全国实施。若需修改税种、增征新税,或者修改征税章程,须由租税头初步审定法案,由大藏卿上报政府批准后才能实施。

5. 关于经常性经费和临时性经费的审批程序,规定大藏卿根据租税寮、正算司、检查寮、记录寮、出纳寮正职的报告估算出年收入额和年支出额,制定拨给各官厅年度经费预算,于财政年度末上报政府,政府以此为据审批各官厅经常性经费。大藏卿无权额外拨付各官厅经费,若各官厅不得不需要额外经费时,可向政府申明理由,由政府审核,征得大藏卿同意后政府方可批准拨付经费。

6. 关于批准传票、出纳传票、金谷出纳的事项,规定年初由政府命令大藏卿审批各官厅经常性经费和临时性经费。大藏卿接到政府命令以后,发出批准传票,该传票分正本和副本两种,经大藏大丞呈报大藏卿,大藏卿亲自署名、签章,由传票科送达检查头,检查头检查后,登记造册,在正副本上签上检查印,再送达记录头,记录头记录后盖章,留下正本,将副本返还给检查头,登记造册后,再将其送达正算正,正算正核算后登记造册,再送达已获批准的官厅长官,该长官将批准传票誊抄之后,再将副本返还给检查头,检查头将副本放入仓库保存。

经正算正、检查寮、记录头批准可以支付的金谷中发给各官厅的经常性费用先由大藏省保管,再根据其需要发放;若各官厅申请发放金谷须提交金谷支出传票,但仅限于政府批准之费用。

该传票由传票科制作,大藏大丞汇总并审查有关收支报表后加章,上报大藏卿,大藏卿审查后签名、盖章,然后由传票科送达正算司,正算司核算、审查传票上记载的金谷数额,将其记录在册并盖章,送达检查头,检查头再次查验其数额,检查收支文件及传票上的时间无误,收支符合规定后,检查头签名、盖章,登记造册,然后再将传票送达记录头,记录头登记造册后将原件返还给传票科,传票科将相关文件装订成册以备查验。传票副本记录头签名、盖章后,收入金谷传票送达出纳头,出纳头签名、盖章,作为收领的凭证,同时,由各官厅领取金谷,负责缴纳金谷的官厅将传票作为完成缴纳金谷的凭证。

支出金谷传票由记录头送达出纳头,出纳头制作传票上所记载的金谷支出券,回复给记录头,传票作为金谷支出的凭证保存、备查。

记录头收到支出券后,将支出券上记载的金谷数按顺序编号登记,再将支出券回复给出纳头,出纳头凭此券发放金谷。

收入的金谷除东京地区直接交纳给出纳寮以外,其他地区均由租税权头或其他官厅派出的出纳权头暂时将其交纳到出纳寮分支机构,再把收条上交出纳寮。

此外,章程还对各寮司的办事规则、报告的印制与公布、账册文书证书使用与管理等作出了明确规定。

大藏省采纳了伊藤博文的建议,着手健全财政制度。1871年相继对北海道开拓使、各府县的经费进行核定,1872年对文部省、正院、外务、陆军、海军、工部、宫内等省的年度经费进行了核定。

第二节　处理封建财政负担

通过废藩置县,明治政府加强了中央集权,但也背上了藩札、幕藩债务、封建统治阶级的秩禄问题等幕藩体制解体所带来的沉重财政负担,这些是明治政府必须尽快加以解决的。

一　处理藩札

幕末以来,各藩财政出现危机。为解决财政困难,各藩大量发行藩铸币和藩札。到废藩置县前夕,先后有 244 个藩、14 个县、9 个旗本领地发行纸币,纸币种类千差万别,有金札、银札、米札、永札、伞札、丝札、辘轳札等 1694 种之多,流通额换算成新货币高达 38551132 日元 31 钱①,绝大部分为戊辰战争时期所发。藩札过多、过滥加剧了货币流通领域的混乱,严重影响了人们日常生活。

(一)废藩置县前的藩札处理

奉还版籍以后,明治政府加强了对藩财政的干预,对藩札采取了严厉的限制政策。

1869 年 12 月 5 日,政府发布《禁止藩札流通法令》,规定德川幕府时代经许可流通的藩札可继续流通,但"严禁增发",维新以来发行的藩札一律禁止流通。② 据统计,禁止流通的藩札总额有 3047886 日元。③ 根据这道法令,各藩着手回收藩札。但是,各藩财政也相当困难,藩札回收工作进行得并不是很顺利。为确保藩札回收工作顺利进行,明治政府加强了对藩札回收的监控。

12 月 27 日,明治政府命令各藩按类别分别上缴 2 枚过去藩札样品。

1871 年 4 月 4 日,明治政府封存制造藩札的纸材、机械等,同时禁止印制并发行新的金银米札及存单等类似于货币的票据。④

1871 年 5 月,政府出台新货币条例,规定新货币以日元为单位,采用十进位法,分为 20 日元、10 日元、5 日元、2 日元、1 日元、50 钱、20 钱、10 钱、5 钱、1 钱、半钱、1 厘等 12 种,以金为本位。要求原有货币与新货币进行兑换,兑换比例为 1 日元相当于 1 两或永 1 贯文。⑤ 新货币条例的颁布标志着日本新货币制度的确立。新货币成为藩札回收的基础。

(二)废藩置县后的藩札处理

废藩置县以后,全国需要有统一的货币,明治政府决定回收藩札。

首先,通过与新货币兑换回收藩札。

1871 年 7 月 14 日,明治政府发布藩札处理令,规定按 7 月 14 日当日时

---

① 《纸币整理始末》,见〔日〕大内兵卫、土屋乔雄:《明治前期财政经济史料集成》,第 11 卷,改造社,1932 年版,第 187 页。
② 同上书,第 186 页。
③ 大藏省《明治财政史》编纂委员会编:《明治财政史》,第 11 卷,吉川弘文馆,1971 年版,第 30 页。
④ 内阁官报局编:《法令全书》1871 年 4 月 4 日,太政官,第 168 号。
⑤ 内阁官报局编:《法令全书》1871 年 5 月,太政官,第 267 号。

价进行回收。① 因时价涉及藩札持有者的切身利益,7月15日,大藏省专门就时价计算发布通告。宣布:

1. 藩札一律按1871年7月14日的时价分批兑换回收;
2. 各府县对藩札估价时一律按1871年7月14日当日当地的时价估算;
3. 辖地大的府县时价有差别时,按3～5个地区的平均时价作为标准时价计算;
4. 辖地小的府县取一个地区的时价作为标准时价计算;
5. 无法确定标准时价地区的府县,取民间时价作为标准时价计算;
6. 各府县必须上报被确定为标准时价的地区名称和商人的姓名;
7. 各府县必须发布时价公告;
8. 各府县必须上报藩札兑换准备金的数额。②

8月18日,政府命令各藩将已封存的藩札制造机械和纸材上缴大藏省。③

9月19日,政府要求将藩札区分为维新前和维新后两大部分,上报各种藩札发行总额、已回收额、不同面值藩札的发行额、7月14日当日的平均时价。展示金札、银札、钱札、米札、永钱札原样。大藏省命令各府县上报用于兑换藩札的准备金数额、准备金中正币、金札、银札的数额。④

11月8日,大藏省再次命令各地迅速上报,不得拖延,为防止地方官员随意定价,再次就平均时价的确定发布命令。⑤

12月,大藏省命令上报银札流通地区7月14日当日钱札的时价,并要求各地上报藩札回收计划。⑥

12月8日,明治政府命令各地将藩札兑换准备金上缴政府,准备金总额合计3455048日元⑦,明治政府再将等额新纸币拨给各藩充作兑换准备金。此举目的是回收充作兑换准备金的正币、金札、银札,用等额新纸币代替,再用新纸币回收藩札。这样,既达到回收藩札的目的,又回收了其他旧币,促进

---

① 内阁官报局编:《法令全书》1871年7月14日,太政官,第355号。
② 《货政考要》,见〔日〕大内兵卫、土屋乔雄编:《明治前期财政经济史料集成》,第13卷,改造社,1932年版,第208～209页。
③ 内阁官报局编:《法令全书》1871年8月18日,太政官,第114号。
④ 内阁官报局编:《法令全书》1871年9月19日,大藏省,第53号。
⑤ 内阁官报局编:《法令全书》1871年11月8日,大藏省,第95号。
⑥ 内阁官报局编:《法令全书》1871年12月,大藏省,第143号。
⑦ 《纸币整理始末》,见〔日〕大内兵卫、土屋乔雄:《明治前期财政经济史料集成》,第11卷,改造社,1932年版,第187页。

新纸币的流通,加速币制的统一。

12月19日,确定新货币与太政官札、铜钱的比价。规定新货币1日元相当于太政官札1两,新货币50钱相当于太政官札2分,新货币25钱相当于太政官札1分,新货币12钱半相当于太政官札2朱,新货币6钱2厘5相当于太政官札1朱,天保通宝20枚相当于新货币1钱8厘,宽永通宝10枚相当于新货币1钱2厘,明确了新币与旧币的折算标准。①

12月27日,通告发行新货币,宣布自1872年2月15日始发行1日元、50钱、20钱、10钱4种新货币,同时宣布按当时的兑换比率再次进行折算。这样,经过新货币与正币、太政官札等旧币按比价折算,然后再按藩札与正币、太政官札等旧币的兑换时价折算以后,折算后的比率即为藩札兑换新货币的比率。经两次折算,藩札持有者实际损失37%。这样,明治政府大大降低了藩札回收成本。

1872年6月9日,大藏省公布了各藩藩札与新货币的比价,编制了《新货币旧藩纸币价格比较表》。② 表中列出158个藩藩札与新货币的比价。据初步统计,有48个藩只发行钱札,54个藩只发行银札,28个藩银札、钱札并用,5个藩只发行金札,6个藩金札和钱札并用。从统计数据来看,多数藩札使用银和钱。

因各藩为交易方便发行有小额钱札,多数是面额不足5钱的小额札,而用于回收藩札的新纸币均在10钱以上,不适宜小额交易。7月23日,太政官发布布告,规定5钱以上的藩札必须兑换,5钱以下的藩札经大藏省签章后继续流通,待政府铸造新币后再行兑换。

其次,以缴纳租税等方式进行回收。

1872年2月13日,大藏省发布通告,各府县可允许人民用藩札缴纳租税,亦可允许人民用藩札偿还藩时代的借款。通告同时要求各府县必须将回收的藩札上缴中央政府,并规定各府县向中央政府上缴藩札时,必须标明"藩札金额和枚数及1871年7月14日当日的时价",而且,要按金札、银札、钱札等分门别类标明金额和枚数。中央政府扣除各府县应向中央政府缴纳的租税部分以后,再返还等额新纸币。③

8月28日,明治政府发布藩札回收细则,命令府县开始着手回收。藩札

---

① 内阁官报局编:《法令全书》1871年12月19日,太政官,第658号。
② 内阁官报局编:《法令全书》1872年6月9日,大藏省,第73号。
③ 同上。

回收细则共 13 条①:

1. 根据 1871 年 7 月 14 日布告和 1872 年 7 月 23 日太政官布告中的要求,参照《新货币旧藩纸币价格比较表》,过去各藩发行的藩札凡面额为 5 钱以上者须兑换为新纸币,5 钱以下藩札过多或只发行有 5 钱以下藩札者可保留其发行额 30%作流通用,余者全部兑换。

2. 兑换本金集中于东京、大阪两处。三河、信浓、越后以东各县将兑换本金上缴东京大藏省纸币寮,越中、飞驒、美浓、尾张以西各县上缴纸币寮大阪分所。两处均须向各县提供有参事签字盖章的收据。

3. 兑换时,须考虑到地区大小、人口多少设立若干兑换点,由县厅任命户长或副户长负责,以方便人们兑换,保证兑换工作的顺利进行。各县厅须注意赝伪札,务必选用熟悉札务、能辨别真伪者负责此项工作,不得出现疏漏。

4. 各县将兑换回收的藩札上缴中央政府。上缴时须以每百两为单位贴封条,并详细标明金额、种类、枚数,由参事签章,另外,填写金额、枚数、种类明细表。三河、信浓、越后以东各县将回收的藩札上缴东京大藏省纸币寮,越中、飞驒、美浓、尾张以西各县上缴纸币寮大阪分所。交接时,相关官员现场开封验收,若发现札额不足或夹有赝札,经手的参事要承担责任,接受处罚。

5. 兑换过程中,发现有赝札,经确认后须告知持有人,将赝札种类、金额、枚数等造册,赝札当即撕毁,待藩札全部兑换完毕后,已撕毁的赝札由参事当场烧掉。然后将赝札收缴明细表同藩札回收明细表一起提交纸币寮。

6. 不足 5 钱的小额藩札按照 1872 年 7 月 23 日太政官布告中的要求,日后与新铸的小额银币或铜钱兑换。未兑换之前,为方便交易计,须在小额藩札票面上盖章方可继续流通。

7. 面额不足 1 厘的藩札因面额太小,且新货币的最小单位为厘,此类藩札无法盖章流通,只有跟 5 钱以上的藩札一样兑换成新货币。

8. 在小额藩札盖章的准备工作完成之前,小额藩札亦可与 5 钱以上的大额藩札一样与兑换准备金兑换。面额 5 钱以上者按要求检查封存,面额不足 5 钱者将其中残损部分检查封存,余者盖章后可继续流通。

---

① 大藏省《明治财政史》编纂委员会编:《明治财政史》,第 11 卷,吉川弘文馆,1971 年版,第 32—35 页。

9. 盖章后的藩札可根据村的大小、人民生活水平的高低进行分配，命户长或副户长在规定的期限内用其兑换本辖区5钱以下的小额札并上缴，上缴的小额札盖章后再用于兑换其他小额札，如此反复进行，直至全部兑换完毕。

10. 在兑换并加章时，要注意统计已兑换及盖章的藩札数额，跟原有各藩纸币发行额进行比较。当已兑换及盖章的藩札数额达到原发行额的70%—80%时，本县内流通的藩札已经稀少，要求兑换的人也不多。此时，各县须提前三个月发布通告：于某月某日停止流通藩札。

11. 小额藩札盖章工作结束后，各种印章全部上缴纸币寮。

12. 各县须向大藏省提交从事兑换、盖章工作的人员名单及详细的经费结算表，所需经费由大藏省支付。

13. 中央政府可委任地方官员办理兑换及盖章事宜，亦可根据具体情况特派纸币寮官员办理该项事宜，该县官员必须听从指挥。

藩札回收细则出台以后，明治政府按照上述细则着手兑换藩札。至1872年11月，明治政府已回收藩札1365万日元；1872年11月至1873年12月，回收藩札1567万日元；1874年1月，基本上完成了小额藩札加章工作。加章之后再发行的1厘以上、5钱以下的藩札有3218092日元9钱5厘。小额铸币制造出来以后，明治政府出台了5钱以下小额藩札兑换细则，并于1874年9月27日命令各府县着手兑换。1873年12月至1874年12月，回收藩札1458万日元。1879年12月，藩札回收完毕。①

藩札回收的结果，扣除藩札兑换准备金3455048日元，明治政府借助新纸币共回收藩札2493万日元。②

回收藩札消除了日本在货币流通领域的封建残余，打破了地区性壁垒，扩大了政府纸币的流通范围，有利于商品在全国范围内流通，提高了政府纸币的信用，有利于加强中央集权。

二　处理内外债务

废藩置县瓦解了幕藩体制，也给明治政府带来了沉重的幕藩债务。

---

① 《货政考要》，见〔日〕大内兵卫、土屋乔雄：《明治前期财政经济史料集成》，第13卷，改造社，1932年版，第156、227～228页。

② 《纸币整理始末》，见〔日〕大内兵卫、土屋乔雄：《明治前期财政经济史料集成》，第11卷，改造社，1932年版，第191页。

(一) 处理外债

新政府继承了幕府、各藩的对外债务。最典型的就是幕府时期遗留下来的下关赔偿金问题。幕府末期,因为下关事件,幕府被迫承诺赔偿英、法、荷、美200万元①,协议约定赔偿分6次支付,但是,第四次以后的150万元赔款未来得及支付,幕府就瓦解了。② 明治政府在岩仓大使出访欧美之际,曾就该问题进行交涉,请求英、法、荷等国放弃索赔要求,但上述国家却提出了更为苛刻的条件,即完全许可外国人在日本内地自由旅行。这一条件明治政府拒绝接受,但最终还是向四国支付了赔款的剩余部分,1873年偿还完毕。

外债中除幕债以外,更多的是藩债。各藩为填补藩财政,购买武器加强本藩防务,向外国人举借大量债务,但自身又无力支付本息,遭到外国债主起诉,要求偿还,引发债务纠纷。明治政府为此专门在大藏省内设立判理局,负责调查举债缘由、基本状况并着手加以解决。

各藩外债多数是在戊辰战争前后举借的。新政府征讨幕府残余势力之际,荷兰商人斯耐尔不顾新政府的反对,公然出售武器给反对新政府的会津、米泽等藩,最终因新政府胜利而遭受损失。1872年斯耐尔通过荷兰代办向新政府提出56000元的赔偿要求。双方经过交涉,明治政府最终付给斯耐尔白银4万两。③

到废藩置县时为止,计有37个藩共欠外债400多万日元。其中,1854145日元为进口军舰、轮船、武器、粮食、机械等物资所欠;316365日元为茶、生丝、铜、樟脑等出口物资抵押借款;749798日元为解决藩厅经费所借;369352日元为商业资金借款;另有其他用途借款472700日元,剩余部分为所欠利息。④ 实际上,多数债务是个人所欠,只不过加盖了藩章而已。是各藩"一时为商法所惑,猾吏奸商攀援其间,怂恿藩厅,大肆挥霍,假公济私"所致⑤。

1872年2月,大藏省向太政官提出处理办法,获太政官批准。处理办法将各藩所欠外债分为因公所欠和因私所欠两类。查明因公所欠者可定为公债,最终确认为公债者2801000日元。因私所欠且手续完备的定为私债,经

---

① 墨西哥银元,通用于美洲。
② 〔日〕安冈昭男著,林和生、李心纯译:《日本近代史》,中国社会科学出版社,1996年版,第137页。
③ 同上。
④ 〔日〕大内兵卫、土屋乔雄:《明治前期财政经济史料集成》,第9卷,改造社,1932年版,《解题》,第3页。
⑤ 《旧藩外债处分录》,见〔日〕大内兵卫、土屋乔雄:《明治前期财政经济史料集成》,第9卷,改造社,1932年版,第219页。

确认私债为 887000 日元。其余手续不完备的,明治政府直接同外国债主进行交涉予以解除,金额有 314000 日元。①

明治政府将原来各藩充作外债抵押的物资收归国有,将其处理后获得收入 887000 多日元。扣除这部分收入,明治政府将所承担外债减少到 280 多万日元。②

1875 年,外债处理完毕。

(二) 处理内债

1870 年 9 月 10 日,明治政府发布藩政改革布告,对藩知事征收家禄税,对士卒开征俸禄税,要求各藩制定出具体的债务处理办法,并从藩厅收入中划拨专项费用用于偿还本藩所欠债务。这一时期各藩财政极为困难,根本无力实施。真正着手藩债处理是在废藩置县后。

1871 年 7 月 24 日,也就是废藩置县后的第十天,大藏省命令各府县调查各藩所欠债务并限 15 日内上报大藏省。③ 所欠债务有的是实物,有的是金钱。尤其是所欠实物种类繁多,借期又长短不一,欠债数额多少及偿还方法各不相同。各府县调查起来难度特别大,上报起来也非常困难。上报的受理期限不得不一再延长。

9 月,大藏省总务课内设新县挂,专门负责旧藩债及家禄调查,派官吏到地方进行实地调查。尽管如此,调查仍迟迟没有进展。

10 月 7 日,太政官采纳大藏卿大久保利通、大藏大辅井上馨的建议,发布布告,称废藩置县之际,县治尚未完备,各地情况不一,原有各藩负债金额巨大,难以短期内偿还。各县可先调查本地过去办理相关债务事宜的程序与做法,上报中央政府。

11 月 19 日和 22 日,明治政府连发两道命令,要求各县在 30 日内将原有各藩举债日期、约定的偿还日期及利息等情况造表上报大藏省,否则,中央政府不予承认。

12 月 10 日,要求各县制定藩债处理办法上报中央政府。各藩厅所借债务经调查核实上报中央政府批准后可着手处理,上报截止日期定为 1872 年 2 月底,逾期一概不予承认。后迫于各县压力,明治政府将上报截止期限推迟到 1872 年 5 月 15 日。

1872 年,明治政府在大藏省内设立专门负责债务事宜的负债取调挂,以

---

① 〔日〕安藤良雄:《近代日本经济史要览》,东京大学出版会,1989 年版,第 47 页。
② 〔日〕大内兵卫、土屋乔雄:《明治前期财政经济史料集成》,第 9 卷,改造社,1932 年版,《解题》,第 3 页。
③ 大藏省《明治财政史》编纂会编:《明治财政史》,第 8 卷,吉川弘文馆,1972 年版,第 29 页。

大藏大丞乡纯造为主任,专门负责调查任务。

2月24日,大藏省就调查过程中遇到的几种情况向太政官提出处理意见,2月30日,该意见得到太政官批准。主要内容包括:

1. 原幕府和敌对各藩所欠债务政府不予承认;
2. 准许申请改藩债为公债。

3月27日,大藏大辅井上馨汇总藩债调查结果,并就调查结果向太政官提交报告。井上馨认为,"处理藩债时,按时间区分藩债最为重要",就在报告中建议中央政府根据各藩举债时间将藩债区分为陈债、旧债、新债三部分。他建议应把"天保十四年(1843)以前的藩债确定为陈债全部废除。弘化元年(1844)至庆应三年(1867)止24年间的藩债确定为旧债,50年内可与应纳赋税相抵。明治元年(1868)以后的藩债确定为新债,3年后开始偿还,年息4分,25年内偿还完毕"。

井上馨主张政府应进一步细化藩债处理原则,出台偿还方法,确定债务折算比例、计算利息方法和标准。所欠债务为稻米的,一律以债务上报当年8月当地平均米价为准进行折算;债务为银两的,一律以银目废止时大阪银价为准;债务为旧藩札的,一律按当地1871年7月14日平均行市折算。藩债中被认定为公债的不得用现金偿还,一律由政府发给公债证书。①

明治政府采纳了井上馨的建议,于1873年3月3日制定并公布了债务处理办法②:

1. 1843年以前的旧藩债为陈债,全部废除。
2. 1844年至1867年间的藩债为旧债,为解决藩内事务费用而借的命谷视为公债,不计息,从1872年开始50年内可与应纳赋税相抵。
3. 1868年至1871年5月止5年间的债务为新债,可视为公债,从明治五年起,按3年期4分利,25年内偿还完毕。③

根据这一标准开始对藩债进行调查,3月底调查结束。1873年3月25

---

① 大藏省《明治财政史》编纂会编:《明治财政史》,第8卷,吉川弘文馆,1972年版,第28~37页。
② 内阁官报局编:《法令全书》明治六年3月3日,太政官,第82号。
③ 〔日〕大内兵卫、土屋乔雄:《明治前期财政经济史料集成》,第9卷,改造社,1932年版;〔日〕中村尚美:《大隈重信》,吉川弘文馆,1961年版,第72页。

日,公布《新旧公债证书发行条例》①:

1. 将公债区分为新旧公债。
2. 新旧公债确定为 500 日元、300 日元、100 日元、50 日元、25 日元等 5 种面值。
3. 旧债发旧公债证书,新债发新公债证书。证书由大藏省登记在册,证书背面填入债主姓名,公债证书可典当、买卖、抵押、馈赠。
4. 规定公债编号、证书发放手续、本息支付、证书转让买卖手续、罚则等。
5. 旧公债是新政府继承的 1844 年到 1868 年 24 年间旧藩所欠债务②,政府发给债权者无息公债,发行额为 1097.2 万日元。
6. 新公债指新政府继承的 1868 年到 1872 年 5 年间旧藩所借债务,政府发给债权人 4 分利公债,发行额为 1242.2 万日元。
7. 天保十四年以前的债务全部作废。

条例出台以后,明治政府依据该条例着手处理藩债。经大藏省调查,277 个藩藩债总额(内债)高达 7413 万日元。③ 因欠债太多,明治政府就对 1844 年以前的债务以超过有效期为由大加削减,削减了 3926 万日元,剩下的 3487 万日元作为政府债务。在政府认可的这部分欠债中,368 万日元可与债主应纳赋税相抵,70 多万日元用现金偿还,643 万日元改为政府贷款。扣除这三部分之后,政府承担的债务只剩下 2404 万日元,其中,旧公债 1122 万日元,新公债 1282 万日元。内债 1875 年之前全部还清。④

旧藩债经过这样处理,作为债权者的商人、金融业者进一步巩固了自己的债权,还可以将其作为资本加以利用。⑤

三 处理秩禄

明治政府为解决为数众多的旧武士集团的禄米支付问题,进行秩禄处

---

① 内阁官报局编:《法令全书》明治六年 3 月 25 日,太政官,第 115 号。
② 〔日〕大岛英二:《明治初期的财政》,庆应义塾经济史学会纪要第一册,《明治初期经济史研究》,岩松堂书店,1937 年版,第 285 页。
③ 《藩债辑录》,见〔日〕大内兵卫、土屋乔雄:《明治前期财政经济史料集成》,第 9 卷,改造社,1932 年版,第 139 页。
④ 〔日〕守屋典郎著,周锡卿译:《日本经济史》,生活·读书·新知三联书店,1963 年版,第 59 页。
⑤ 〔日〕山口和雄:《日本经济史讲义》,东京大学出版会,1964 年版,第 123 页。

分。尽早、妥善处理武士秩禄也能大幅度减轻明治政府的财政压力,有利于政府建立近代财政基础,加速日本向近代资本主义转化。为进行秩禄处分,明治政府先有针对性地做了前期准备性工作,对禄制进行改革。

(一) 改革禄制

新政府没有能力一举全部废除武士的禄米,就采取了渐进措施,对禄制进行改革,削减武士禄米的支给数额。武士人数大约占全国总人口的6%,总户数约40万。政府每年支付给他们的俸禄约占经常性年度收入的30%,对新政府来说是极为沉重的财政负担。明治政府实施的第一步措施,是以版籍奉还为契机削减俸禄。1869年6月,奉还版籍后不久,明治政府就限定藩主的俸禄为本藩实有石数的1/10。12月,封建身份制度被废除,一般武士已不存在。明治政府借机改革禄制,废除知行制,俸禄全部改用库存米支付,同时削减禄额。明治政府为此规定了大致标准,总体上遵循上损下益的方针,根据禄额由高到低划分21个等级,俸禄额越高者,其削减额就越大;原禄额9000石至10000石者削减250石,30石至40石者削减8石,30石以下者不予削减。在这一前提下,俸禄削减幅度由各藩自行决定。通过这次改革,士族俸禄总额由幕末时期的1300万石减少为900万石,减少了400万石。①

从上述数据不难看出,虽然进行了改革,有所削减,但所剩禄额仍是明治政府一大财政负担。应支付的家禄,加上戊辰战争、箱馆战争功臣和复古功臣的赏典禄,再加上永世禄、终身禄、年限禄等三禄,俸禄总额仍占政府财政年度收入的1/3。

家禄本质上是封建残余,从四民平等的原则来看也不应继续存在,很有必要重新清理整顿。

(二) 秩禄处分过程

1. 井上计划受阻

1872年2月,大藏大辅井上馨等人提出了家禄处理方案并得到明治政府批准。该方案规定将现有华、士、卒家禄削减1/3,剩下的家禄发给6年期俸禄债券,政府花6年买断该债券,届时全额偿还。费用为1000万日元,再加上矿山、铁路事业费2000万日元,这3000万日元通过募集外债筹措。政府为募集这笔外债,派遣大藏少辅吉田清成专程前往美国。该计划遭到政府

---

① 〔日〕大内兵卫、土屋乔雄:《明治前期财政经济史料集成》,第8卷,改造社,1932年版,《解题》第3页。

内部反对,在美国募集外债的计划也困难重重没有达到预期目标,最终搁浅。① 之后井上馨辞职,大隈重信兼大藏事务总裁,主持大藏省工作。

2. 家禄奉还与家禄课税

禄制改革成效有限,井上计划又受阻,明治政府的财政压力并没有减轻。1871年10月至1872年12月,仅支付给"士族"的俸禄就多达1607万日元,消耗了同期地税收入2005万日元的80%。②

1872年11月,明治政府公布了征兵令,士族越来越多余。1873年7月,明治政府实行地税改革,确立了土地私有制,禄制完全失去了存在的基础,处理家禄势在必行。

1873年12月,根据大隈的建议,明治政府开始让禄额低者献出俸禄,政府发给一定数量的补偿金,该措施被称为家禄奉还,对禄额高者按累计税率征收家禄税,这一措施被称为家禄课税。

实际上,那些生活贫困的士族也希望一次性得到补偿金,以便自己经营农业或商业。1870年,政府就对东京府的卒族作出决定,凡禄额低微、生计难以为继、愿意献出俸禄的,政府一次性发给相当于3年俸禄的补偿金,愿意从事农业经营的,政府一次性发给相当于5年俸禄的补偿金。1871年1月,政府又对士族作出决定,只要有人提出申请愿意经营农业或商业,政府把5年的俸禄一次性地支付给本人作为生产资金;申请奉还秩禄的,政府一次性发给相当于3年俸禄的补偿金;申请移居库页岛、北海道的,政府一次性发给7年的俸禄。其后又把这一政策实施范围扩大到各个府县。政策出台以后,申请支付从业资金的并不多。到1871年12月,仅有4500人提出申请,政府此项支出仅有106万元,这部分士族的从业成绩也不理想。奉还秩禄额的也不多,奉还额仅有33000石。③ 1871年12月20日,明治政府宣布允许华、士族自由选择职业,停止发放补偿金,这就让士族失去了经济来源,生活贫困加剧,以致对明治政府产生了强烈不满。迫于压力,明治政府又于1873年3月恢复了发放补偿金制度。

1872年1月至2月,参议大隈重信、大藏大辅井上馨、大藏少辅吉田清成等人决定,发行外债,引进外资,用于秩禄处分。1873年1月,明治政府在

---

① 〔日〕西川博史、田中修、长冈新吉:《近代日本经济史》,日本经济评论社,1980年版,第17页。

② 〔日〕小西四郎:《日本全史·第8卷·近代Ⅰ》,东京大学出版会,1962年版,第243~244页;又据〔日〕高桥龟吉《日本近代经济形成史》第2卷(东洋经济新报社,1968年版,第93页)表,同期所支付的"士族平民禄"为1670万日元。

③ 〔日〕大内兵卫、土屋乔雄:《明治前期财政经济史料集成》,第8卷,改造社,1932年版,《解题》,第4页。

英国成功募集到7分利公债240万英镑,折合18712000日元。①

秩禄处分所需资金筹措到位以后,1873年12月,明治政府制定并发布家禄奉还规则。该规则"特许家禄、赏典禄不满100石者奉还家禄"②,凡奉还家禄者,明治政府一次性发给数倍于家禄的现金和公债证书。现金和公债证书各半,享有世袭禄者,政府一次性发给相当于6年俸禄的补偿金;享有终身禄者,政府一次性发给相当于4年俸禄的补偿金。③

1873年12月,明治政府以补充陆海军军费为由,宣布从1874年开始,向华族、士族征收家禄税。征收对象限定为家禄在5石至6.5万石之间者。将家禄由低到高划分为335个级差,按累进税率征收。④

1874年3月,明治政府颁布《家禄兑换公债证书条例》。条例规定政府发给秩禄享有者3年期8分利秩禄公债,7年内偿还。11月,明治政府宣布秩禄在百石以上的也可以奉还,50石发给现金,剩余部分发给可兑换公债。人们往往把这种面额为20元至25元可兑换家禄公债称为秩禄公债,发放第3年开始抽签偿还。实际上,真正奉还的并没有政府所期望的那么多。⑤ 1873年12月至1875年7月,仅有135883人奉还家禄⑥,奉还家禄者仅占士族总数的1/3⑦,而且多数是一些小藩和佐幕派的士族,奉还的家禄111万石,只占家禄总额的1/4。相比之下,明治政府发给士族的公债却高达1656万日元,发放的补偿金高达1932万日元,其中有1171.2万日元还是明治政府用在伦敦募集到的7分利英镑公债(240万英镑)偿还的。公债和补偿金合计达3589万日元。⑧ 由于这一时期地税收入也在减少,因此,对政府财政而言,家禄的负担并没有减轻。这一时期,士族的就业状况也不容乐观,甚至出现了"迅速陷入贫困者十之七八"的情况。1875年3月,大藏省被迫请求

---

① 《七分利公债发行日记》,见〔日〕大内兵卫、土屋乔雄:《明治前期财政经济史料集成》,第10卷,改造社,1932年版,第171页。
② 大藏省:《明治前期财政经济史料集成》,第8卷,明治文献资料刊行会,1963年版,第439页。
③ 大藏省《明治财政史》编纂会编:《明治财政史》,第8卷,吉川弘文馆,1972年版,第78页。
④ 同上书,第77页;《秩禄处分参考书》,大藏省编:《明治前期财政经济史料集成》,第8卷,明治文献资料刊行会,1964年版,第444～445页。
⑤ 〔日〕山口和雄:《日本经济史讲义》,东京大学出版会,1964年版,第110页。
⑥ 大藏省《明治财政史》编纂会编:《明治财政史》,第8卷,吉川弘文馆,1972年版,第429页。
⑦ 〔日〕小西四郎:《日本全史·第8卷·近代Ⅰ》,东京大学出版会,1962年版,第246页。
⑧ 大藏省《明治财政史》编纂会编:《明治财政史》,第8卷,吉川弘文馆,1972年版,第429页;〔日〕吉川秀造:《士族授产的研究》,有斐阁,1935年版,第58页;〔日〕吉西光速等:《日本资本主义的成立Ⅱ》,东京大学出版会,1963年版,第331页。

太政官中止家禄奉还。7月,家禄奉还被迫停止。

3. 发行金禄公债

用米谷支给家禄很不便,1875年9月,明治政府废除米禄制,改用货币支付,支给金额按1872年、1873年和1874年3年上缴米的平均时价计算。应该说这个支给额仍然非常高①,1875~1876年度达到了3462万元,接近该年度财政支出总额的1/3,成为明治政府财政紧张的重要原因之一。大藏卿大隈重信"痛感当务之急,非废除华、士族等家禄、赏典禄断无良策",主张"当此良机,应断行废禄之策"。

1876年3月,大隈重信建议明治政府"发行新的金禄公债证书,把华族、士族乃至平民的家禄、赏典禄变成政府债务,三十年内还清",对永世禄、终身禄限定年限,发给本金、利息,变革数百年来之积习,铲除"以有用之财养无用之人的弊病","且收使无益之人就有益之业"的功效②。主张废除禄制,全部用公债形式支付家禄。大隈重信的建议遭到了木户孝允的反对,但由于没有更好的解决办法,1876年8月,明治政府还是采纳了该建议,全部废除家禄。

1876年8月5日,明治政府发布金禄公债证书条例。取消华、士族家禄,改为带息公债。公债发放遵循"禄额高的给付年限短,禄额低的给付年限长"的原则。公债计息按"金额多的利率低,金额少的利率高"执行,利率为5%至7%。永世禄禄额在1000日元以上的,发给相当于6年至7年禄额的公债证书,利息5分;禄额在100日元以上不满1000日元的,发给相当于7年至10年禄额的公债证书,利息6分;禄额不满100日元的,发给相当于10年至13年禄额的公债证书,利息7分。终身禄给付年限仅为永世禄的1/2,其他条件与永世禄相同。年限禄为1年的给全额,2年以上的给永世禄的15%或40%不等,计算年限时普遍采取了长者短算的手法,利率与其他相同。

条例规定,1892年以后,本金采取抽签方式分30年偿还。③ 该条例的实施让313517位华族、士族摇身一变,成了公债证书持有者——"旧来之禄制全部告终,往年之有禄者变为公债证书所有者"④。明治政府为此支付了

---

① 大藏省编:《明治前期财政经济史料集成》,第8卷,明治文献资料刊行会,1964年版,第430页。
② 早稻田大学社会科学研究所编:《大隈文书》,第3卷,早稻田大学社会科学研究所,1960年版,第168~170页。
③ 〔日〕安冈昭男,林和生、李心纯译:《日本近代史》,中国社会科学出版社,1996年版,第173页。
④ 大藏省《明治财政史》编纂会编:《明治财政史》,第8卷,吉川弘文馆,1972年版,见〔日〕西川博史、田中修、长冈新吉:《近代日本经济史》,日本经济评论社,1980年版,第18页。

174638000日元。

(三) 对秩禄处分的评价

秩禄处分包括家禄奉还、金禄处分两大阶段,它是明治初期较为成功的财政政策。

首先,秩禄处分瓦解了封建武士集团。废除封建身份制度,解散封建武士集团是日本迈向近代资本主义社会不可回避的关键环节。秩禄处分从财政上瓦解了封建武士集团,最终消除了"尾大不掉之弊端",解除了明治政府心头之大患。过去武士们凭借封建身份世袭性地获取一定量的实物,现在则改为领取一定量的公债,并根据面额收取利息,也可以变现成货币。其身份在不知不觉中从封建统治者变成资本主义社会的一员。这些人因其社会地位的差异和原有俸禄多少的不同,政府发给的公债也有数额上的巨大差别。5分利公债占公债支付总额18.0%;6分利公债占公债支付总额14.3%;7分利公债占公债支付总额62.3%;1成利公债占公债支付总额5.4%。① 南强藩及德川家等超级大名平均超过了50万日元,岛津、前田、毛利的公债额更高,超过了100万日元。② 与此相反,由于士卒人数众多,人均只有548日元。③ 7分利公债发放对象为下级武士,多达26万人,人均公债额更少,仅有415日元。

明治政府巧妙地利用发行公债这种赎买方式废除了封建统治阶级的家禄,到1875年彻底瓦解了封建特权阶层的经济关系。④

其次,明治政府通过秩禄处分,发行金禄并将其转化成公债,大大减轻了财政压力。

废藩置县以后,封建家禄全部由明治政府承担下来,成了明治政府的沉重负担。1871年10月至1872年12月,明治政府财政经常性收入为24422742日元,仅用于家禄的财政支出就有16072616日元,明治政府要把经常性收入的65.8%用来支付封建家禄。若再加上同期明治政府继承下来的内外债务等,财政负担之重不言而喻。封建家禄在同期政府经常性支出中所

---

① 〔日〕丹羽邦男:《明治维新的土地变革》,御茶水书房,1962年版,见〔日〕佐佐木宽司:《近代日本经济的步伐》,吉川弘文馆,1996年版,第81页。
② 〔日〕西川博史、田中修、长冈新吉:《近代日本经济史》,日本经济评论社,1980年版,第18~19页。
③ 〔日〕山口和雄:《日本经济史讲义》,东京大学出版会,1964年版,第110页。
④ K. Marx, *Das Kapital Otto Meissners Verlag*, 1919, Bd. I. S. 683. 改造社翻译日文版,第1卷,第2册,第713页。

占比例也相当大,基本在 30% 至 50% 之间,最高时的 1875 年达到了 51.3%。① 秩禄处分以后,尤其是金禄公债条例实施以后,明治政府用于家禄的财政支出明显减少。1876 年 7 月至 1877 年 6 月,明治政府用于家禄的财政支出为 17736906 日元,金禄公债条例实施以后的 1877 年 7 月至 1878 年 6 月,明治政府用于家禄的财政支出迅速减少到 253344 日元;1878 年 7 月至 1879 年 6 月,明治政府用于家禄的财政支出进一步降为零。

第三,促进了日本资本主义经济的发展。秩禄处分为殖产兴业提供了资金。秩禄处分以后,原武士中的上层纷纷以公债为基础投资银行、铁路或者大农场等,发展为近代资本,这部分人上升为近代资本家。武士中的下层绝大多数人难以维持生计,不得不低价出售公债并成为雇佣劳动力,逐渐沦落为无产者,手中的公债转到商人、高利贷者手中。这批资金通过各种渠道逐渐转化为发展资本主义经济的资金,发展为近代资本,同时也推动日本社会阶级结构发生了深刻变化。

金禄公债条例实施以后,明治政府及时修改了国立银行条例,允许将金禄公债用作银行资本,银行可以将相当于资本 80% 的公债证书作抵押,上缴政府,再发行同等数额的银行纸币。明治政府的这一政策有利于银行的成立与经营,华族、士族纷纷用手中的公债投资设立银行。

从 1876 年 8 月明治政府修改国立银行条例到 1878 年为止,日本新设银行 148 家,均为华族、士族所设,资本金为 3695 万日元,其中 80%(2912 万日元)是政府发给华族、士族的公债。② 第十五国立银行是这些银行中规模最大的一家,为岩仓具视于 1877 年 5 月所创。该行创立之初,资本金 1782 万日元,占全国国立银行资本金的大约 40%。③

这些国立银行纷纷投资于工厂、矿山,为殖产兴业提供了较充裕的资金。大阪纺织会社由原大名、豪商共同出资创立④,仅纱锭就有 10500 枚⑤,其周转资金就是由第一国立银行(涩泽荣一时任总经理)提供的。

---

① 大藏省《明治财政史》编纂会编:《明治财政史》,第 3 卷,吉川弘文馆,1971 年版,第165~239 页。
② 〔日〕加藤俊彦:《本邦银行史论》,东京大学出版会,1978 年版,〔日〕中村尚美:《大隈重信》,吉川弘文馆,1961 年版,第 109 页。
③ 〔日〕中村尚美:《大隈重信》,吉川弘文馆,1961 年初版,第 110~111 页。
④ 〔日〕西川俊作、阿部武司:《产业化时代》,上,岩波书店,1990 年版,第 166 页。
⑤ 参阅〔日〕神坂静太郎:《经济上的大阪》,民友社,1902 年版,第 8 页;辽宁大学日本研究所刘天纯:《试论日本近代化的几个问题》,见中国日本史研究会编:《日本史论文集》,生活·读书·新知三联书店,1982 年版,第 345 页。

第三节 明治政府的财政革新

经过废藩置县和太政官制改革,推翻幕藩体制,日本建立起中央集权国家。随之而来的一系列新的问题摆在明治政府面前:除废藩带来的藩债与藩札、武士秩禄与出路问题以外,还有日本向何处发展、如何发展的问题。为此,明治政府决定学习西方。1871 年 11 月,明治政府为学习西方和修订条约,派遣岩仓使团出访欧美,历时 1 年 10 个月。使团出访期间,留守政府主要以三条实美为核心,由西乡隆盛、板垣退助、大隈重信等人组成。大藏省名义上暂由西乡隆盛代替大久保利通,实际上具体事务主要由井上馨、涩泽荣一负责。使团出访后不久,留守政府就果断推行了一系列废除封建制残余、建立近代发展基础的革新政策。

一 创立国立银行

(一)明治政府设立国立银行的目的

1. 解决资金短缺,建立金融体系,发展商业。

明治政府设立国立银行,主要目的就是以东京、京都、大阪特权商人为基础,充分利用地方豪农豪商的经济力量,在全国建立起银行系统,确立信用制度,建立金融秩序。明治政府自成立起,一直最头痛的问题是资金短缺。日本自开港以来对外贸易连年入超,导致金银币大量外流,国内通货严重不足,劣质货币泛滥,金融秩序受到巨大冲击。商品经济的发展以及新政府进行的一系列改革,尤其是改革地税和处分秩禄废除了实物米缴纳制度,薪给支付又改成了用货币支付,导致国内货币需求量迅速增加。与此同时,明治政府要短期内富国强兵,大力发展近代工商业,也急需大量资金。在当时情况下,日本社会主要以农业为主,土地税自然也就成了明治政府的最主要财源。1872 年土地税占政府年度财政收入的 40%,占政府经常性年度财政收入的 80% 以上。1873 年土地税在政府年度财政总收入中的比例提高到了 70%,在政府财政年度经常性收入中的比例增加到了 85%。"对土地课以重税,原非经济之本旨"①,征收额度也达到了极限,已经没有继续增加的可能。动员社会资金,开辟新的财源,在当时比较切实可行。"概算德川氏以来至现今所铸造之金银货币,除外流部分,其现存者犹不下大约一亿元,然其所以绝于市

---

① 〔日〕楫西光速、大岛清等:《日本资本主义的发展》,中译本,商务印书馆,1963 年版,第 24 页。

场流通者无他,以其无聚散中心,一旦支出之,又无收入之便,故人人务埋匿之。"①金银正币当时如此,其他货币的流通状况也大同小异。明治政府认识到,不是没有资金,而是大量社会资金因旧的金融体制的束缚导致闲置,没有发挥出应有的刺激商业发展的功能。

单纯依靠幕藩体制时期旧的金融体制或在旧的金融框架下稍作改良,不可能理顺金融、进而促进商业繁荣与发展。要发展商业就必须设立近代金融机构,建立近代金融体系。建立健全的银行信用制度实乃当务之急。②

2. 处理政府纸币。

明治政府建立初期,因"年度收支相差悬殊,既不能增加租税,又不能发行国债,只有发行金札以填补财政上的亏空。尽管当时金札在民间没有信用,但最终还是发行了"。明治政府发行的太政官札、民部省札到1871年年底流通数额已经增加到了6000万日元。"当时的情况是发行额越大,金札越贬值。政府痛感若要保证维新大业成功必须首先健全财政。若要健全财政,处理金札最紧迫。"③明治政府试图通过建立近代银行来处理政府纸币,解决纸币发行过多、过滥的问题,恢复纸币信用。

废藩置县瓦解了幕藩体制,1871年7月,明治政府果断撤销了通商司,1872年解散了汇兑会社和通商会社。

（二）制定《国立银行条例》

1870年,明治政府派大藏少辅伊藤博文赴美国考察财政金融制度,准备学习西方,实行近代银行制度。伊藤博文经过考察,于1871年致函大藏卿,建议尽快在日本国内采用金本位制,设立国立银行,处理不兑换纸币。伊藤博文强烈主张,以美国国家银行为蓝本,设立国立银行,发行可兑换的公债,将不兑换纸币置换成公债,以此为基础再发放银行券,来处理不兑换纸币。在如何处理政府纸币这个问题上,大藏省御用挂吉田清成坚决反对伊藤博文的建议,主张效仿英格兰银行,设立中央银行。明治政府最终采纳了伊藤博文的方案,于1871年10月责成涩泽荣一起草国立银行条例。涩泽荣一在具体制定并颁布国立银行条例过程中,起的作用非常大。④

---

① 大藏省《明治财政史》编纂会编:《明治财政史》,第13卷,吉川弘文馆,1972年版,第813页。
② 孙承:《日本资本主义国内市场的形成》,东方出版社,1991年版,第124页。
③ 大藏省:《明治三十年币制改革始末概要》,大藏省,1899年版,第45页;〔日〕泷泽直七:《稿本日本金融史论》,有斐阁书房,1920年版,第94～95页。
④ 〔日〕大岛清、加藤俊彦、大内力:《人物日本资本主义·2·殖产兴业》,东京大学出版会,1983年版,第76页。

1872年11月,明治政府借鉴美国国家银行制度制定并颁行了国立银行条例,又于1873年3月公布了金札兑换公债发行条例:

  1. 国立银行为股份公司,由5人以上股东组成,承担有限责任,其股票可转让。

  2. 国立银行可发行银行券,但本金须在5万日元以上,发券银行提前将相当于本金60%的政府纸币上缴中央政府。政府将这些上缴的纸币换成6分利金札兑换公债证书再下发给发券银行,发券银行将该"金札兑换公债证书"存入大藏省作为发行银行券的抵押担保,方可发行同等数额的银行券。

  3. 银行必须以正币作为兑换准备金,兑换准备金数额相当于本金的40%。

  4. 银行兑换准备金始终要保持在银行券实际发行额的2/3以上,保证随时可兑换正币,不得拒绝。

  5. 银行的业务范围包括汇兑、押汇、存款、贷款、证券、金银交易等。3000人以上的城镇均可设立银行,扩大银行的覆盖率。[1]

(三) 设立国立银行

在明治政府计划创办近代金融机构的同时,民间也开始申请开办银行。1871年7月,三井组三野村利左卫门申请,"以300万日元为本金创办三井银行"。东京工商会议所申请创办东京银行,本金为700万日元。小野组、滋贺县、福冈县、鸟取县也陆续提出了类似申请。当时提出申请的比较多,但最终真正获批的只有东京第一国立银行、横滨第二国立银行、新潟第四国立银行、大阪第五国立银行等4家银行。银行本金较少,第一国立银行本金只有244.8万日元,第五国立银行只有50万日元,第二国立银行更少,只有25万日元,第四国立银行最少,仅有20万日元。第一国立银行此前是1872年三井组和小野组联合成立的三井小野组合银行,1873年7月,改称第一国立银行。[2] 该行主要业务为发行银行券和办理官银出纳,国立银行名为国立实为私营。世人对银行券并不信任,银行券很快就被兑换成正币,根本无法在市场上流通,银行存款也很少,因缺少资金来源,4家银行经营业绩都很差。

---

[1] 大藏省《明治财政史》编纂会编:《明治财政史》,第13卷,吉川弘文馆,1972年版,第34~57页;东洋经济新报社编:《金融六十年史》,东洋经济新报社编,1924年版,第94~95页;明石照男:《明治银行史》,改造社,1935年版,第22~23页。
[2] 国立银行是日本最初出现的银行形态,因受国家的保护得名,并非国家经营。

1874年6月,国立银行还有1366000多日元银行券在流通,到了1876年6月,银行券流通额已经急剧减少到62000多日元。

(四)修改国立银行条例与银行兴办热的出现

由于经营陷入困境,1875年3月,国立银行联合起来向政府施压,强烈要求废除金币兑换制度。大隈重信迫于压力不得不考虑修改国立银行条例。当然,促使明治政府迅速作出修改国立银行条例决定的还有另外一层重要因素,即由于秩禄处分,明治政府打算发行1.74亿日元的公债,这笔公债数额过于巨大,一旦发行必将出现价格下跌。公债市价一旦下跌,就会进一步增加士族的贫困,激起他们的不满。如何确保公债市价稳定成为明治政府政策制定者亟待考虑和解决的问题。如果用这一大笔公债开办银行,用它作担保发行银行券,既可维持金禄公债的市价,公债也可"得运转活用之道,其应有价格——民间财货之融通亦得开之"[①]。

1876年8月,明治政府修改国立银行条例,放宽对本金的限制,规定了新的银行券发行比例:

1. 银行券此后不再兑换金币;
2. 银行本金的80%用公债证书的形式上缴政府,然后可发行等额银行券,剩余本金的20%可用政府纸币作为兑换准备。

修改后的国立银行条例允许华族和武士手中的公债证书流通、转让,允许国立银行本金的80%用公债证书存入政府,换句话说,秩禄公债、金禄公债也可以作为银行资本,即使没有正币也可以发行银行券。该措施的实施将多达1.74亿日元的公债中的绝大部分转化成了银行资本。

明治政府规定发券银行必须存入相当于本金80%的公债,才能领取同等数额的银行券,另外必须将相当于本金20%的政府纸币作为银行券的兑换准备。这样一来,华族、士族手中的公债经过银行之手而成了筹措纸币资金的手段。明治政府通过秩禄→公债→资本这一路径在很短的时间内就成功地将原来封建的秩禄改造成了近代资本。该举措在一定程度上保证了士族日后的生计,又有力地促进了资本原始积累。国立银行条例修改颁行以后,华族、士族纷纷将自己手中的公债证书投资于银行。到1879年6月为止,有近3万华族、士族在148家银行投资3000多万日元,华族、士族投资占

---

① 大藏省《明治财政史》编纂会编:《明治财政史》,第13卷,吉川弘文馆,1972年版,第112页。

这148家银行总资本的77%。①

1876年国立银行条例的修改,直接刺激了银行兴办热的出现。到1879年12月末,国立银行已经增加到153家,本金为4060万日元,银行券流通额达到3390万日元。1884年年末,虽然银行数减少为140家,但本金却增加到4450万日元。②

国立银行兴办热刺激了私立银行的发展。这一时期成立了一批私立银行。1876年3月设立的三井银行,是全日本最早的民间普通银行。③继三井之后,1879年成立了安田银行,1880年成立了川崎银行等。到1884年,日本已经有213家私立银行。

不过,多数私立银行规模比较小,安田银行成立时,本金只有20万日元,川崎银行成立时的本金仅有30万日元。像三井银行那样本金超过300万日元的大银行数量极少。与一时期的国立银行相比,私立银行数量虽多,但本金并不多,213家银行总资本只有1900万日元。④私立银行因其多数开设在商品经济发达的丝产区和米产区,有力地促进了这些地区农副产品的生产和流通,有的私立银行甚至发展到了"俨然左右一地之经济"的程度。

在上述国立银行和私立银行之外,这一时期还涌现出一大批未取银行之名但有银行之实的金融机构。这些金融机构是一些由地方工商业者集资兴办的股份公司,主要经营银行业务。它们"名虽由于国立银行条例之检束,未称银行,至于其营业之实,殆与国立银行相伯仲"⑤。至1884年年底,类似的公司已经达到741家,资本1520万日元。⑥

这些为数众多的银行和类似银行的公司发行了为数甚巨的银行券,再加上政府发行的巨额纸币,刺激了通货膨胀。1873年,银行券和政府纸币合计79743000日元,1874年增加到93897000日元,1875年突破1亿大关,达100492000日元,此后,每年流通额均在135992000多日元左右,到1880年进

---

① 〔日〕石井宽治:《日本经济史》,东京大学出版会,1976年版,第98~99页。
② 参考〔日〕朝仓孝吉:《明治前期日本金融构造史》,岩波书店,1961年版;〔日〕大岛清、加藤俊彦、大内力:《人物日本资本主义·2·殖产兴业》,东京大学出版会,1983年版,第79页。
③ 〔日〕安冈昭男著,林和生、李心纯译:《日本近代史》,中国社会科学出版社,1996年版,第178页。
④ 〔日〕寺部铁治:《银行发达史》,森野书房,1953年版;〔日〕大岛清、加藤俊彦、大内力著:《人物日本资本主义·2·殖产兴业》,东京大学出版会,1983年版,第80页,注释26。
⑤ 大藏省《明治财政史》编纂会:《明治财政史》第12卷,吉川弘文馆,1984年版,第492页。
⑥ 〔日〕寺部铁治:《银行发达史》,森野书房,1953年版;〔日〕大岛清、加藤俊彦、大内力著:《人物日本资本主义·2·殖产兴业》,东京大学出版会,1983年版,第80页,注释26。

一步增加到 159367000 日元。①

巨额政府纸币和银行券推进了日本的资本原始积累,解决了"殖产兴业"所急需的资金问题,促进了货币流通,推动了商品经济的迅速发展。

二 改 革 地 税

(一) 改革地税的目的

1. 稳定并扩大政府的财政收入。

明治政府的财政收入分为经常性财政收入和临时性财政收入两大部分。经常性财政收入主要来源是租税,临时性财政收入主要依赖于发行纸币。租税收入中地租又占了绝大部分。但是,明治政府实际控制土地面积很小,收取的地租数额也很少,其在政府年度财政收入中所占比例也很小。1867年12月至1868年12月,财政收入 33089313 日元,地租 2009013 日元,地租在财政总收入中所占比例只有 6.1%,1869 年 1 月至 9 月,财政总收入 34438404 日元,其中地租所占比例只有 9.7%,为 3355963 日元。②

发行纸币又没有足够数量的正币作担保而成了不兑换纸币,且发行数额过大,造成纸币贬值、物价飞涨,政府财政也随之陷入困境。

废藩置县以后,明治政府控制了全国土地,但不同地区租税不统一,必须尽快废除封建的租税,出台一个全国整齐划一的租税制度,即建立近代的租税制度,从财政上真正实现在全国范围内征税,以解决国家急需的费用。

2. 统一税负,实现税负平等。

作为近代国家的必备条件,首先必须确立统一的公权力乃至财政权。③必须全国统一征收租税,不能因地区、身份的不同而出现不平等。废藩置县以后,明治政府可以向全国征收地税。问题是不同地区征收标准不一,收取方法也因地而异。④ 当时,土地单位面积不一,丈量尺度不同,租税比例也千差万别,或七公三民,或六公四民,或五公五民,或四公六民,还有的三公七民,征收名目繁多,竟多达几十种,税负多的有 2 斗,少的有 1 升,税金多的有 30 钱,少的有 3 钱,不同地区在量器大小上也有差别,收获量计算也分多种,

---

① 〔日〕石田兴平:《日本经济的发展》,密涅瓦书房,1975 年版,第 34 页;〔日〕藤村通:《近代日本经济史》,风间书房,1960 年版,第 161 页。
② 大藏省《明治财政史》编纂会编:《明治财政史》,吉川弘文馆,1971 年版,第 3 卷,第 167~175 页。
③ 〔日〕深谷德次郎:《明治政府财政基础的确立》,御茶水书房,1995 年版,第 3 页。
④ 〔日〕大岛英二:《明治初期的财政》,庆应义塾经济史学会纪要第一册,《明治初期经济史研究》,岩松堂书店,1937 年版,第 291 页。

灾年免租方法差别也特别大。总而言之，名目繁多，税法相当混乱。① 租税负担极不公平。大藏大辅井上馨认为："租税为保护人民之要务，其应以上下均一、贫富公平为宗旨。"②因此，必须尽快改革，建立统一的税制。

3. 消除实物地税弊端。

征收实物地税易受年成好坏影响，财政收入不稳定；征收手续繁琐，损耗大，保管成本高。神田孝平一针见血地指出，实物地税"麻烦多，损耗多，猫腻多，对人民不利，在法规上有疏漏，给财政造成损失，有此诸多弊端，必须尽快改革"。

4. 改实物征收为货币征收，满足经济发展需要。

废藩置县以后，明治政府的发展目标是尽快资本主义化，政策重心也随之转移到发展资本主义经济上来。作为一个极为贫穷落后的国家，其发展资本主义经济的资金主要来源于政府财政。当时明治政府财政主要来源就是地税。1868年至1875年，地税收入约占明治政府经常性财政收入累计额的82%。③ 地税沿袭旧制，用实物缴纳，不利于转化为资本，不适应经济发展的需要，明治政府感到有必要将地税形态由实物改为货币。④ 明治政府实施地税改革的根本目的就是试图"与万国对等"，改革封建旧税制，建立适应近代统一国家的新的租税制度，为"富国强兵""殖产兴业"确保财源。

(二) 充分的准备工作

为确保改革的顺利推行并最终取得成功，明治政府早在废藩置县以前就开始着手准备，陆续颁行一系列法令，为地税改革作铺垫：

1870年7月24日，颁布大藏省令，宣布旱田杂粮地租改用货币缴纳。

闰10月29日，宣布旱田地租全部改用货币缴纳。

1871年1月25日，太政官禁止各藩进行租税改革。

5月8日，太政官宣布缴纳实物地租出现困难时，允许改用货币缴纳 (1872年8月12日，宣布用货币缴纳地税不再附加任何条件)。

7月，废藩置县，合并大藏省和民部省，扩大大藏省的管理权限，改租税司为租税寮。由伊藤博文出任租税头，松方正义任租税权头，为地税改革做

---

① 《理财稽迹》，第1卷，地租部，〔日〕大内兵卫、土屋乔雄：《明治前期财政经济史料集成》，第1卷，改造社，1932年版，第11～12页；〔日〕大岛英二：《明治初期的财政》，庆应义塾经济史学会纪要第一册，《明治初期经济史研究》，岩松堂书店，1937年初版，第291～292页。
② 〔日〕小林丑三郎、北崎进：《明治大正财政史》，第5卷，岩松堂，1927年版，第36页。
③ 〔日〕小西四郎：《明治维新》，朝仓书店，1955年版，第198页。
④ 〔日〕守屋典郎著，周锡卿译：《日本经济史》，生活·读书·新知三联书店，1963年版，第47页。

好人事安排。

10月,允许自由耕种水旱田。

12月27日,太政官布告,东京府开始向市街地征税。

1872年1月,大藏省向东京府颁布《地契发放、地税收取规则》,并宣布其他府县也适用此规则。过去一直免税的市街地从此也成了纳税对象。

2月10日,东京府制定《地契申请地税缴纳规则》,规定缴纳税率为地契金额的2%。随后,其他府县也纷纷以此为蓝本制定本地区规则(4月,大藏省将地契纳税税率降低到地契金额的1%)。

2月24日,政府制定了《地契转让规则》。①

2月25日,明治政府颁布法令,允许土地自由买卖。

7月4日,推行地契制度②,开始发放地契,承认土地私有③。

1873年6月8日,废除石高称谓。④

6月15日,大藏省规定租税征收标准,一律按土地面积(反)征收,征税额不变。

(三)地税改革的实施过程

在一系列准备工作停当以后,1873年7月28日,明治政府公布地税改革方案,核心是税制改革。整个改革方案遵循了以下原则:

  1. 确保地税收入不低于旧贡租;
  2. 租税缴纳货币制;
  3. 税负公平原则。⑤

改革方案彻底废除了原来的田地贡纳制,田地一律改称耕地。课税依据由原来的以收获量为标准改为以地价为准。地税税率为地价的3%,地税税率从此就不再受年景好坏影响。地税一律改用货币缴纳,如此一来,地税纳税人就由过去的土地耕作者变成了土地所有者。⑥

所在地的地方官负责推行地税改革,承担发放地契、丈量土地面积、核定

---

① 〔日〕西川博史、田中修、长冈新吉:《近代日本经济史》,日本经济评论社,1980年版,第14页。
② 内阁官报局编:《法令全书》,1872年7月4日,原书房,1974年版。
③ 因为是日本历法壬申年间实行的,所以一般称之为壬申地契。
④ 内阁官报局编:《法令全书》,明治六年6月8日,大藏省,第98号。
⑤ 〔日〕佐佐木宽司:《近代日本经济的步伐》,吉川弘文馆,1996年版,第68页。
⑥ 〔日〕安冈昭男著,林和生、李心纯译:《日本近代史》,中国社会科学出版社,1996年版,第17页。

地价等工作,但要总体上保证地税"不减旧有的年收入"。地方官在实际推行过程中,往往核定的地价要远远高于农民申报的实际数额,改革不但没有减轻农民的压力,反而大大加重了其负担。此外,明治政府借改革之机,将那些没有明确所有者的村民共有的入会地收回,剥夺了农民世世代代打柴和割饲料的土地。农民纷纷奋起抵抗,地税改革初期,政策推行得并不顺利。

有鉴于此,1875年3月,明治政府增设地租改正事物局,由内务卿大久保利通兼任事务局总裁,大隈重信任御用挂,与租税头松方正义(1875年11月任大藏大辅)一起,强力推行改革,计划于1876年年底前完成改革。1875年7月,明治政府出台《地租改革条例细则》,该细则按土地所在位置、肥沃程度、交通便利与否给土地分级定等,再结合产量多少核定地价。大藏省最终统计出全国土地总面积为400万町步,核算出全国年贡米总量为1200万石,折算成总金额为3600万日元。然后以此为基数,估算出全国地价总额为12亿2400万日元,最后再按地价的3%估算出地税总额为3672万日元。

明治政府将通过估算得出的3672万日元的地税从中央逐级强行摊派到地方。由于税负过重,遭到了包括豪农地主在内的农民的激烈抵抗。1876年5月,和歌山县农民掀起了反抗斗争,1876年11~12月。茨城县的真壁、那珂郡等地农民发动了起义。1876年11月19日~12月13日,三重县伊势地区农民掀起了暴动,这场暴动一度波及了爱知、歧阜、堺等地。频繁的起义和暴动迫使明治政府作出让步。1876年12月27日,内务卿大久保利通建议减轻地租。1877年1月4日,明治政府通过天皇发布减租诏书,将地租由地价的3%降低到2.5%。

1877年,西南战争爆发,地税改革进程受到了一点影响,但耕地问题到1880年基本上得到了解决。1878年至1879年间开始的针对山林原野的地税改革除个别府县以外,绝大多数地区已经完成。到了1881年,地税改革全部结束。1881年6月30日,地租改正事务局解散,有关善后事宜也于1885年6月处理完毕。①

明治政府总体思路是既不减轻地税,也不增加地税。1884年2月颁布新的地税法,将地税额固定为地价的2.5%,以后不再修改地价。②

(四)对地税改革的评价

从财政角度看,地税改革是明治政府为稳定和扩大财政收入而推行的一

---

① 〔日〕安冈昭男著,林和生、李心纯译:《日本近代史》,中国社会科学出版社,1996年版,第180页。
② 〔日〕山口和雄:《日本经济史讲义》,东京大学出版会,1964年版,第158页。

次租税改革。明治政府推翻幕藩封建统治,瓦解幕藩体制,废除旧的封建制度,建立新的近代制度,迫切需要巨额经费,其当时手中最主要的财源就是地租,缴纳的绝大部分是实物,征收成本、保管成本都很高,再加上受各藩原有独立财政体系的影响,地租征收标准和方法千差万别。

实行地租征收货币化、统一化,既适应了商品货币经济发展的需要,又有效避免了政府财政收入受年景丰歉的影响,减少了租税征收和保管的成本,降低了各种风险,为日本资本主义的发展提供了稳定的财源。改革以后,在相当长的时间内,地税一直是明治政府的重要税收来源,平均每年达4000万至6000万日元。① 1879年至1880年间的地税收入甚至达到税收总额的80%。②

1. 地税改革实现了税收的统一性和公平性,完成了日本从封建税收向近代税收制度的转变。

明治政府成立初期,丈量土地面积的标准、租税率、检测方法、附加税等有关地租的政策都是从幕藩时代继承下来的。③ 日本名义上是个统一国家,但实际上有税负不公平、征税费用过高等一系列大问题,所以从1870年开始,明治政府就高度关注租税制度的统一性和公平性问题。④ 通过地税,日本在全国范围内实现了征税一体化,改革以后全国税率实现了平衡统一,杜绝了以往负担轻重不均的现象,基本上达到了全国税负"公平统一","赋无厚薄之蔽,民无劳逸之偏"。明确土地拥有者是纳税人,表明地税改革以后的租税已经明显具备了近代租税的性质,日本已经建立起近代租税制度。

2. 地税改革明显改善了政府财政,稳定并扩大了明治政府的财政收入,为明治政府编制预算和计划开支奠定了坚实的基础。一个新生政权要巩固自己的政权,就必须建立强有力的中央集权,要真正实现中央集权,就必须建立强有力的财政基础。明治政府的财政基础就是在奉还版籍到废藩置县期间将最初的不足3万石的天皇御领扩大到全国,并通过1873年7月的地税改革最终得以建立的。它为明治政府利用国家权力直接将地税收入迅速转化为国家资本创造了很重要的前提条件。1873年至1881年间,恰值盛行官办企业,大批官办企业所急需的巨额资金就是通过同一时期政府在全国推行地税改革来筹措的,这一时期正是租税收入在政府财政年度收入中所占比例

---

① 〔日〕山口和雄:《日本经济史讲义》,东京大学出版会,1964年版,第123页。
② 〔英〕G. C. 艾伦著,蔡谦译:《近代日本经济简史》,商务印书馆,1959年版,第35页。
③ 〔日〕佐佐木宽司:《地租改革》,中公新书,1989年版;〔日〕桥本寿朗、大杉由香:《近代日本经济史》,岩波书店,2000年版,第49页。
④ 〔日〕桥本寿朗、大杉由香:《近代日本经济史》,岩波书店,2000年版,第49页。

最高的时期,而地税又在租税收入中占绝大部分。1877年和1882年两个年度租税所占比例年均甚至高达92%,远高于改革前的1872年。①

3. 地税改革促进了日本资本原始积累。通过地税改革持续多年收取的地税,为日本迅速实现工业化提供了资金,成为日本资本原始积累的重要来源。明治政府通过地税改革既解决了资本原始积累过程中所必需的劳动力,又成功地为近代资本主义发展积累了货币资本。地税改革将以往的实物地租改为货币地租,且规定了高税率,确保了明治政府稳定、高额的地税收入,并充分利用这笔收入顺利推行"殖产兴业"政策,建立一大批了官办企业。总而言之,地税收入成为明治政府发展工业、实现资本主义近代化的重要资金来源。② 地税改革有力地促进了日本资本主义的发展,是瓦解幕藩体制、完成日本向近代资本主义国家过渡的重要一环。

地税改革意义重大,某种程度上决定了维新政权的生死,改革成功与否直接左右着新政权的未来。明治政府成立初期,财政极为困难,关税收入毫无指望,唯有通过强行推行地税改革,从传统的农业中获取足够多的财源,才能实现保护、扶植工商业这一最高目标。1878年以后,地税年均收入为4200万至4300万日元,在租税收入中所占比例达70%,这一比例足以表明地税对财源匮乏的新政府所应具有的重大意义。③

地税被集中到政府手中,明治政府利用这笔资金瓦解旧体制,完善新体制,充作殖产兴业政策的资金,有力地推动了日本的近代化——资本主义化。

三 杂 税 改 革

地税改革只是解决了地税不均衡的问题,由于受幕藩体制的影响,在其他杂税上,不同地区间也存在着税负不均衡的问题,而且越来越突出。

为了开辟财源,早在1868年5月,新政府就在会计官内设立了租税司,专门负责解决有关租税问题。8月7日,政府通告延续幕府时期的税收政策。

当然政府也逐步对部分杂税进行了政策调整。1868年5月27日,宣布更换酿酒执照,规定酿酒纳税额为每100石酒缴纳金20两。8月,宣布每100石清酒纳税10两,每100石浊酒纳税12两,每100石酱油纳税7两。1868年11月,对关东各县作出规定,每100石酒缴纳冥加金5两,每100石

---

① 〔日〕大久保利谦编:《近代史史料》,吉川弘文馆,1965年版,第298页,上、下两表。
② 金明善主编:《日本现代化研究——日本现代化过程中的经济、政治、文化、社会问题探讨》,辽宁大学出版社,1993年版,第41页。
③ 〔日〕佐佐木宽司:《近代日本经济的步伐》,吉川弘文馆,1996年版,第77页。

酱油缴纳冥加金3两。

明治政府不仅调整了旧税征收幅度,还陆续开征了部分新的税种,这些新税包括印花税、鸟兽许可费、家禄税、造酒税等。

1869年4月,一度对官员征收俸禄税(12月,禄制改革时该税被废除)。

5月,盐、漆、蜡等税收改实物缴纳为货币缴纳。

12月,颁布清酒、浊酒、酱油酿造税则,宣布在全国统一开征酒税、酱油税。酿酒执照税每100石酒征税10两,每100石浊酒收取冥加金7两,酱油执照税每100石酱油征税5两,每100石酱油收取冥加金3两。

1870年1月,明治政府颁布商船规则,开始对走海路的商船征税。

8月,公布蚕卵纸造纸规则,蚕种生产者纳税办法为每生产25枚蚕种纳税2两2分,造纸者要纳税货款的1/20。

1871年2月,制定新的府县收税办法,小物成等杂税一律不再缴纳实物,全部改为货币缴纳。

4月,宣布府藩县设立新税必须事先报经中央政府审批。

同月,设专利税,规定每年纳税5两(为鼓励发明,1872年2月又将其废除)。

7月,废藩置县以后,全国政令统一,租税制度也迫切需要统一。7月24日,明治政府着手对各项税收进行调查。

同月,明治政府颁布了酒税、酱油税相关规则,对清酒、浊酒、酱油执照发放及收税方法作出详细规定,规定清酒等酒类酿造者需纳税10两,浊酒类酿造者需纳税5两,酱油酿造者需缴纳1两1分特许费,经销上述产品者每人分别缴纳5两、1两2分、2分特许费;清酒酿造税按货款的5%征收,浊酒酿造税按货款的3%征收,酱油酿造税按货款的0.5%征收。

8月,制定了新的船税规则,规定统一按船的吨位收税。

10月,明治政府制定了榨油税则,规定新营业者要缴纳特许费1两2分,榨油税要以榨油器械大小为标准,按每斗1两的比例交纳。

从废藩置县时开始,明治政府采用渐进的方式逐步统一了税法。税法统一以后,大藏省着手税制改革,1871年10月向太政官提出方案。

1872年2月,公布地契转让规则,开始发放地契并开征地契税。

6月,颁布蚕种制造规则,将过去的制造税改为印花税。

11月,制定牛马买卖特许税则,规定此后按牛马数量发放执照,再以执照为据,每年征收特许税。

1873年1月,增设仆婢税、马车税、人力车税、驾笼税、乘马税、游船税等新的税种,仆婢税由仆婢的主人缴纳,马车税、人力车税、驾笼是、乘马税、游船税等由其所有者缴纳。

2月17日,太政官规定在土地买卖和金钱借贷时,必须在相应的票据及证书上粘贴印花,交易额不同,所贴印花也不同。① 这一规定将印花税正式纳入政府财政收入,同时也将商业交易纳入到国家的控制之下。证券印花税属于一种对商业行为的课税,是间接税。② 征收证券印花税是幕藩时代所没有的,很明显是借鉴了西方资本主义国家的经验,它后来成为明治政府非常重要的财源,1874年仅印花税一项的收入就几乎与酒油酿造税、榨油税相当。1874年,酒油酿造税、榨油税总计966900日元,而印花税一项就有847700日元。③

同月,明治政府制定了狩猎规则,规定职业狩猎纳税1日元,消遣性狩猎纳税10日元。

1872年7月,政府出台矿山法,增设矿山租赁税、矿产税,矿山租赁税按开采矿物的种类及矿区面积计算征税额,矿产税按产品总额的3%~20%征收。

12月,重新开征家禄税和官员俸禄税。家禄税是对华族、士族的家禄按一定税率征收的一种税收,官员俸禄税是对敕任、奏任官员的俸禄征收的一种税收。规定敕任官俸禄在350日元以上的按俸禄的1/10征税,奏任官俸禄在100日元以上的按俸禄的1/20征税。

1872年,太政官第8号布告规定,制定新的港口管理规则,开征泊位税。

1874年2月,颁布渔船及近海小型船只税则,规定按船只大小征税。

7月,修订证券印花税规则,将证书区分为三类,按种类及证书上标明的金谷物品的数额粘贴印花,账簿也相应地分为三种,按种类和金额贴上印花。

同月,明治政府公布漕运规则,修订泊位税,规定按船舶载荷对港内停泊的商船征收泊位税。

明治政府对租税改革非常谨慎,有关租税的修改与废立更是慎之又慎。除上述修订、新增税种以外,基本上沿袭了旧例,继承了旧幕府和各藩时期的税收。正因为如此,税收名目才多达数千种,纷繁复杂,很难归类。扣除改革、废除的税种,仅小物成、课役金、运上金、冥加金等各项杂税就多达1500余种。征收的实物五花八门,税率高低不同,征收方法千差万别。从旧幕府

---

① 内阁官报局编:《法令全书》,1873年2月17日,太政官,第56号。
② 〔日〕长野进:《明治国家初期财政政策与地区社会》,九州大学出版会,1992年版,第46页。
③ 内阁官报局编:《法令全书》,1874年5月13日,太政官,第62号;〔日〕长野进:《明治国家初期财政政策与地区社会》,九州大学出版会,1992年版,第47页。

时期就已开征的国役金是专门用于修缮河川堤防的税收,到明治政府时期有的地方缴纳,有的地方不缴纳,缴纳的地方还存在着数额多少的差别,普遍存在税收不统一、不公平的问题。维新以后政府新设税收项目又与从旧幕府时期继承下来的税收项目有相矛盾的地方,也急需从根本上加以解决。

总而言之,明治政府所征收的传统税收再加上征收的新税异常繁杂,数量却极为有限,所占比重也不大。1875年2月7日,左院在税制改革的议案中指出:"过去称为杂税的均为各封建藩所征收,名实不符,畸轻畸重,加上征收印花税,重复收取者较多。""税额达70万日元,税收过重,人民不堪其苦,官府不堪其繁。"①

地税改革开始以后,各地强烈要求废除各项杂税,解决地区间税负不均衡问题。迫于压力,1874年5月,租税头松方正义建议政府推行税法改革。他估计地税改革会使地税收入减少600万日元,认为要消除农业工商业者税负不均衡现象,就必须废除封建杂税,为弥补杂税减少的部分,可增设工商业税等新税。②

明治政府采纳了松方正义的建议,决定由大藏省就税制整理问题进行调查。1874年12月,大藏省在调查的基础上,提出了税制改革方案。该方案主要包括六方面内容:

  1. 废除封建时代的全部杂税,确需继续征收的必须重新向全国公布,而且只能在特定地区征收的必须依照特殊规定仅限定在该府县征收;

  2. 停征榨油税;

  3. 废除国役金;

  4. 增设烟草税;

  5. 改革酒类税,停征酱油税、浊酒税、麹税及清酒类中的特许费,提高清酒、白酒等酿造税的税率;

  6. 废除仆婢、骑马、驾笼、马车、人力车、游船税等,增设车税,游船按船税规则征税。

1875年2月,太政官批准了该方案,责成大隈重信具体领导实施税制改

---

① 内阁记录局:《法规分类大全》,杂税一,原书房,1978年版,第57页。
② 〔日〕松方正义:《松方伯财政论策集》,见〔日〕大内兵卫、土屋乔雄:《明治前期财政经济史料集成》,第1卷,改造社,1931年版,第361~363页;〔日〕小林丑三郎、北崎进:《明治大正财政史》,第5卷,岩松堂,1927年版,第51~53页。

革。这次税制改革主要是清理杂税,均衡税负,在全国建立统一税制。

明治政府为保证税制改革成功,在还没有采取废藩置县举措以前就作了充分的准备。1871年1月,明治政府发布通告:各府、藩、县必须报经中央政府批准才能对税收进行改革。1871年7月,政府宣布废藩置县,但税收政策不变,命令各地对辖区内所征杂税展开调查。①

1875年2月20日,太政官着手改革税制,废除了水车特许、绳税等1553种杂税。②

1875年2月,太政官废除了榨油税、国役金,出台了造酒管理及税则,废止酱油税、麴税和浊酒税,把清酒等酿造特许费和特许税统一合并为营业税,并开始对售酒者征收营业税,调整酿造税税率,宣布均按已售货款的1/10征收。废除仆婢税、驾笼税、乘马税等税种,游船税依照船税规则征收,新制定了车税规则,开始对马车、人力车、牛马载货车等征税。增设北海道产品出港税。宣布开征烟草税。

1875年5月,太政官确定了米谷交易会社税税额。1875年7月,太政官对证券印花税税则部分条款作了修订。1875年10月,太政官制定了烟草税则,增设烟草营业税和烟草生产印花税。

税制改革涉及税种繁多,但所涉及的税额并不是很大。通过税制改革,明治政府把征税权集中到了中央政府,并统一了税种和征税标准,消除了不同地区间税负不均的现象。废除实物税,改征货币税,既简化了征税手续,又降低了征税成本,顺应了近代税收货币化的潮流,满足了近代资本主义发展的需要。为填补废除旧税而出现的财政收入减少,明治政府继增设酒税、烟草税等新税之后,又分别在1877年增设了米商会所税,在1879年增设了国立银行税,在1881年增设了股票交易所税。

四 编制财政预算

(一)财政预算出台的原因

明治政府成立之初,既没有自己的经济基础,又没有较为完善的统治机构,更没有稳定的财政来源,相反,巨额临时性开支却如影随形地随时会出现。这让新政府在相当长的时期内疲于应付这些临时性经费需求,根本顾不上在预算方面建章立制。财政收支只能因循过去的的惯例或者取决于负责人的主观决定。戊辰战争胜利以后,明治政府确立了对全国的统治,初步具

---

① 〔日〕小林丑三郎、北崎进:《明治大正财政史》,第5卷,岩松堂,1927年版,第36页。
② 废除的杂税名目参见上书,第54~68页。

备了编制政府预算的政治前提。1869年7月,伊藤博文建议政府尽快编制预算,之后,大藏省责成出纳寮负责预算编制事务。由于尚未废藩置县,明治政府还没有掌握全国的租税征收权,一直到地税改革以前,明治政府始终缺乏稳定的财源,加上各地税负不均、各种问题成堆,截至1873年,明治政府根本无法编制国家预算。虽然预算没有编制,但明治政府一直在做着相应的准备。1871年核定了地方机构的财政经费开支额度,1872年初步核定了文部省、正院、外务、陆军、海军、工部、宫内省等部分中央政府机关的年度财政经费。通过地税改革,明治政府终于获得了稳定的财政收入,也就具备了编制预算和计划开支的基础。

这一时期,政府机构急剧膨胀,财政开支越来越大,冗费问题越来越严重,政府财政压力空前加大,迫切需要编制预算以便减少冗费,压缩开支。

(二) 井上馨辞职

明治政府在通过废藩置县从而收财权于中央的同时,也对政府机构进行了改组。经过这次改组,井上馨等开明派纷纷进入大藏省。当时,大藏省权力相当大。1871年6月25日,大久保利通任大藏卿。两周以后,井上馨出任大藏大辅。大久保利通启用一批保守派官僚试图制约以井上馨、涩泽荣一为首的开明派。大久保利通随岩仓使团出访欧美,萨摩、长州两派迅速控制了大藏省。长州派属于开明派,萨摩派多数是保守派。这样一来,废藩置县之后的明治政府内部既存在萨、长藩阀之间的权力斗争,又围绕着政府改革问题存在开明派与保守派之间的矛盾,还面临因秩禄处分而出现的中央政府与原封建统治阶级之间的深刻矛盾。上述一系列矛盾突出反映在财政问题上,以中央各省与大藏省之间矛盾尖锐化的形式表现出来。

长州出身的井上馨担任大藏大辅,掌握着政府财政实权,具体负责财政经费申请的审批。各省纷纷提出巨额经费申请,但中央财力有限,根本无力满足各省要求。为确保财政正常运转,井上馨一方面大力改革税制,清理藩札、藩债,实行秩禄处分,另一方面大幅削减各省经费,紧缩财政。这使他成了各派攻击的目标。

当时刚刚废藩置县,财政权名义上已收归中央政府,但实际上财政收入并没有完全收归中央,与此同时财政支出却迅速膨胀。1871年10月~1872年12月,财政收入为50445172日元,其中经常性收入为24422742日元,临时性收入为26022430日元,而同期财政支出高达57730024日元,其中经常性财政支出42474918日元,临时性财政支出15255105日元。财政赤字多达7284852日元。为消除财政赤字,井上馨决定大幅削减各省经费。因经费削减幅度过大,再加上各省削减幅度大小不一,导致经费削减幅度大的省对大藏省特别是井上馨产生强烈不满,甚至发展成了个人感情上的对立。

明治政府对1873年经常性财政收入作出预估,结果仅有4000万日元,但仅士卒的俸禄、米谷运输和救济地方就至少需要2900万日元,扣除这一部分,经常性收入就只剩下1000多万日元。时任陆军大辅的山县有朋就向大藏省提出了高达1000万日元的军费申请,因山县有朋与井上馨同属长州派,井上馨特批经费800万日元,该批准额远远高于其他各省。当时文部省正忙于推行学区制,专门申请经费200万日元,结果井上馨只批准了100万日元,相当于申请数额的一半。时任司法卿江藤新平申请经费905744日元,井上馨借口财政困难,仅批准了45万日元,批准额不足申请的半数,而且还要求把司法省单独收取的费用全部上缴国库。① 江藤新平想动用1600万日元的金札发行准备金,也被井上馨否绝。江藤新平对此表示强烈不满,提出辞呈。1873年2月5日,正院出面干预,一方面挽留江藤新平,另一方面要求大藏省重新审核经费申请。1873年5月2日,进行太政官制改革,这次改革加强了太政大臣的权力和地位,限制和削弱了各省特别是大藏省的权力和地位,财政权被正院控制。正院掌控了财政权以后,开始重新审批各省经费申请。太政大臣三条实美亲自做井上馨的思想工作,建议增加文部省的经费,将其提高到130万日元,将司法省的经费追加到53万日元。参议大隈重信对井上馨的财政收入预估持怀疑态度,认为井上馨对政府财政收入估计得过少,大藏省完全有能力满足各省的经费申请,并亲自对财政收支情况进行重新调查。井上馨则认为凭目前的财政状况,大藏省根本无法做到。两者在这一问题形成尖锐对立。导致双方得出截然相反的结论的原因在于对当时米价的估算。当时的地租主要是实物米,对每石米的价格估算值不同,得出的结果也就大相径庭。一方估价3日元,另一方估价4日元,再加上对米在运输途中损耗的估算和对米的保管费用的计算存在差异,最终落实到政府财政收入的多少上就会有天壤之别,自然一个认为完全有能力解决,另一个认为根本无法满足。

1873年5月3日,井上馨向明治政府提出建议书,建议政府改革财政。井上馨先强调了财政的重要性,认为"今日之际须以理财为第一要义",若理财不得法,费用就难以保证,事业就难以发展。

然后井上馨指出了目前的财政困难。"概算全国年度收入总额不过4000万日元,预计本年度经费达5000万日元,一年收支相比就已出现1000

---

① 〔日〕的野半助编修:《江藤南白》,下卷,松书店,2006年版,第2页;大藏省100年史编辑室:《大藏省百年史》,上卷,大藏财务协会,1969年版,第25页。

万日元的亏空。若加上维新以来因国用急需每年亏空1000万日元以上,再加上(太政)官(民部)省各藩遗留下来的纸币以及内外债务累计已经高达1亿4000万日元。一旦有意外变故,后果将不堪设想。"①

最后井上馨表明了自己的观点,指出目前的收入状况决定了政府在财政上还不能照搬西方发达国家,目前摆脱困境的最好办法就是政府根据实际情况量入为出,必须大力压缩开支,先预算年度收入,再以收入为依据确定年度支出。根据开支的轻重缓急,确定经费数额多少,预算一旦确定就坚决执行,决不能突破。必须下大力气削减冗费。

井上馨把自己的建议书提交给正院,同时也提交了辞职申请。1873年5月9日,正院并没有采纳井上馨等人的建议,但批准了井上馨等人辞职,宣布大隈重信出任大藏省事务总裁。井上馨极为愤慨,一怒之下就把自己的辞职改革建议书送交《新闻杂志》《日要新闻》等国内外报刊发表,把政府财政运转困难和权力斗争的内幕公之于世。

(三) 公开预算

既然井上馨等人已经将政府的困难公之于众,明治政府就不得不向全国作出必要的解释和说明。为避免混乱,明治政府对1873年度的财政收支状况展开调查,1873年6月9日,太政官发布特别令,向全国公布了《1873年年度收支会计预算表》。

《1873年年度收支会计预算表》②将政府财政划分为年度收入和年度支出两大类。年度收入包括七大项。表中列出经常性年度收入总额47006800日元78钱3厘,列出临时性年度收入1730072日元50钱,两者合计为年度总收入,计48736883日元28钱3厘。地租是经常性年度收入中最主要的一项,数额为40263588日元60钱,在年度收入总额中占据绝大部分。

预算表中的证件印花税和生丝印花税是该年度新设税种,预估数额130万日元,酒类税213万日元,海关税180万日元。预算表中还列举了一些已经改革或新设的税种,譬如港湾停泊税、奴仆税、车马税、驾笼税、游船税、猎枪税、游船税、牛马税、许可证税等。③ 预算表的临时性年度收入计有122万日元,主要是贷款及其利息,这些收入全部是劝业贷款的返还部分和按收获量的多少所出借的贷款的返还部分。

财政年度支出包括经常性年度支出和临时性年度支出两大部分。具体

---

① 〔日〕中村尚美:《大隈重信》,吉川弘文馆,1961年版,第79~81页。
② 内阁官报局编:《法令全书》,明治六年6月9日,太政官编外布告,原书房,1974年版。
③ 大藏省《明治财政史》编纂会编辑:《明治财政史》,吉川弘文馆,1971年版,第187页。

用于偿还国债、发放家禄赏赐米、营建修缮堤防、外交所需、各省使府县经费、府县追捕逃犯费用以及巡警费、英法美奥公使馆费用、领事馆费用和一些临时性年度支出等。

1873年经常性年度支出总额为42038588日元46钱4厘,临时性年度支出总额为4557030日元,两者相加即为年度总支出,总计46595688日元46钱4厘。经常性年度支出中用于偿还国债的为267万日元,家禄赏赐12613816日元35钱5厘,维修堤防400万日元,各省使府县经费21355672日元10钱。其中,家禄赏赐和各省使府县经费占到了年度总支出的72%。[①]家禄赏赐增加主要是米价上涨所致,废藩置县以后全国许多道路桥梁急需修筑,导致维修费数额庞大,陆军添置大量设备,致使各省经费总额增加。临时性支出主要包括大藏省改革邮政、兑换旧藩纸币和印制国债证书等所需费用,合计164万日元。[②]

若按该表预算,财政收支不仅不会出现赤字,还会有一定盈余,年度总收入超出了年度总支出2140264日元81钱9厘。明治政府公布此表的目的无外乎向国内外表明日本政府财政状况稳定,以便消除普遍存在的疑虑。预算表编制完成后迅速传达给各官厅,各官厅再依照该表编制本部门预算,并形成定制。那么,财政实际运营结果又如何呢?第六期年度收支决算报告显示,1873年政府年度总收入85507244日元,而年度总支出62678600日元,最终财政盈余高达22828244日元。

《1873年年度收支会计预算表》从出台过程来看,并不是在明治政府经过税制改革、建立起坚实的财政基础、具备了充分的预算编制条件之后才有的。1873年7月,预算编制出台后一个月,地税改革才开始,也就是说,编制预算时,地税改革尚未进行,明治政府并没有自己真正的财政基础和稳定的财政来源。预算的编制与公开完全是政府内部围绕经费问题的矛盾激化所导致的结果。与后来的预算相比,该预算过于简单,仅仅是一个粗略的年度收支状况表,并不是真正意义上的预算。不过,《1873年年度收支会计预算表》终究是日本历史上第一个国家预算表,也是日本历史上最早公开发表的预算。从这个意义上来说,它是日本预算公开的开端,从此以后便形成了惯例,明治政府每年都要公开中央财政预算并按照预算运营财政。1873年年度预算的编制与公开是日本国家财政形成制度并逐步走向完备的开端。在日本财政史上,它也具有划时代的意义。

---

① 家禄赏赐占年度支出总额的27%,各省使府县费用占年度支出总额的45%。参考〔日〕长野进:《明治国家初期财政政策与地区社会》,九州大学出版会,1992年版,第48页。
② 大藏省《明治财政史》编纂会编辑:《明治财政史》,吉川弘文馆,1971年版,第188页。

1875年2月,明治政府重新确定财政年度起止时间,规定每年7月为财政年度起始时间,第二年6月为财政年度终止时间。同一年,对财政制度作出修改,对调整收入金额概算表和经费概算表作出专门规定。1875年12月,大藏省出纳寮内增设纳金局。1876年9月,颁布《大藏省出纳条例》,条例要求各官厅必须于每年2月2日向大藏卿提交经费概算表,大藏卿在此基础上编制年度收支预算表,上报正院并予以公布。

　　1877年,明治政府正式建立了统一的预算制度。

　　明治政府出于加强中央集权、建立近代资本主义国家的目的,在财政上采取了一系列破立并举的政策。在较短的时间内将财权收归中央,消除了地方各藩在财政上的独立,有力地加强了中央集权,迈出了政治、经济统一所必需的最关键的一步,有力地推动了日本向近代转化。通过赎买方式成功瓦解了旧的封建统治阶级——武士及其赖以存在的经济基础,加速了他们的分化,解决了封建财政负担。税收货币化、创立国立银行、编制并公开财政预算又将日本在向近代转型的道路上向前大大推进了一步。国立银行将封建秩禄通过公债方式转化成日本资本主义发展所急需的资本。税收货币化、制度化及实现全国范围内的税收统一既是近代财政得以建立的必备要件,又是衡量财政是否实现向近代转变的重要标尺。编制和公开财政预算本身就是近代资本主义的产物,近代国家预算最重要的原则之一是公开性原则,预算及其执行情况必须通过一定方式公布;近代国家预算必须具备的第二个重要原则是可靠性原则,每项收支的指标数字必须是运用科学的方法,根据充分翔实的资料统计所得,不能假设、大致估算,更不能随意编造;近代国家预算同时具备的第三个重要原则是完整性原则,所有财政收支都必须列入国家预算,不能打埋伏、作假账或在预算之外另追加预算,国家特批的预算外收支也必须在预算中反映出来;近代国家预算还要具备的第四个重要原则是统一性原则,预算必须设立统一的预算科目,每个科目都必须严格按照统一的口径、程序计算和填列;近代国家预算还有必不可少的第五个原则,即年度性原则,国家预算的编制和实现必须有严格的时间界定,也就是预算年度,预算计划有效起止期限通常都是一年。与上述几大标准相比照,应该说1873年年度财政预算只初步具备了公开性原则和年度性原则,还没有体现出近代财政预算所应具备的可靠性原则、完整性原则及统一性原则,本身又是政府内部围绕财政问题矛盾激化的产物。尽管如此,它仍然是日本财政在预算这一重要领域向近代过渡的开端,日本财政预算从此开始日臻完善。

第四章 资本主义制度确立时期的财政政策

明治政府通过1877年西南战争清除了日本近代化道路上的最后障碍，真正加强了中央集权，实现了政令统一。从1877年西南战争结束到1889年《大日本帝国宪法》颁布，是日本近代资本主义制度最终得以确立的时期。这一时期，明治政府在政治上先后建立并完善了内阁制，开设了国会，制定并颁布了宪法，在日本建立起近代天皇制；在财政领域，明治政府致力于建立、完善近代财政金融制度，开始从积极的财政政策向财政紧缩政策转变。

第一节 西南战争前后明治政府的财政状况

西南战争前后，明治政府财政再次陷入困境。

一 明治政府的财政困境

从1875年开始，政府财政出现了问题，实际收入大幅减少，财政支出急剧增加，财政陷入困境。

（一）财政收入急剧减少及其原因

1875年，明治政府预算收入6858万日元，年终决算实际收入6948万日元，决算超出预算90万日元，两者大体上持平。

1876年，政府税收大幅减少，政府在编制预算时，考虑到地税收入减少等因素，将政府财政年度收入预算定为62990500日元，预算收入额同1875年相比，少了550多万日元。在实际运营过程中，由于政局动荡、经济低迷，特别是政府被迫将地税税率从3%降到2.5%，导致地税、烟酒税等税收大幅减少，其中仅地税收入一项就减少了495万日元。上述因素导致明治政府实际财政收入远低于1875年，甚至也远低于年初的预算。至于年终决算，1876年政府财政收入59481000日元，比1875年的6948万日元少了近1000万日元，即使同1876年预算收入62990500日元相比，也减少了350.95万日元。

1877年，受经济危机和政局不稳等因素影响，预算编制者估计财政收入要减少1170万日元以上，在具体编制年度收入预算时，将收入预算规模核定为51256000日元。最终决算的结果与预算额大体相当，政府财政实际年度收入为 5233 万日元,这一数额虽略高于预算额,但若同上一年度相比,无论是预算还是决算,都要低得多。

1878 年的财政预算是在西南战争刚结束以后编制的,预算收入为 53275000 日元。年终决算时,实际年度收入大大超出预期,达到了 62443000 日元,超过预算 917 万日元。表面上,财政收入明显增加,如果把纸币贬值的因素考虑进来,明治政府的实际财政收入并没有明显增长。这一时期,纸币与银币的兑换率已经从上一年年初的 1.013∶1 贬值到这一年年初的 1.049∶1,收入预算大体上与上一年持平。到了 1878 年年底,纸币与银币的兑换率已经从上年年末的 1.030∶1 贬值到这一年年末的 1.217∶1,扣除货币贬值部分,政府实际收入同 1877 年相比,不但没有增长,反而减少了。

1879 年以后,政府实际财政收入减少幅度更大。1879 年,预算收入为 55651000 日元,从表面上看,比 1878 年增加了 237 万日元,但扣除纸币贬值部分以后,比 1878 年减少了 5306000 多日元,比 1877 年减少了 4933516 日元。至于决算情况,1879 年年度财政决算收入为 62151700 日元,扣除纸币贬值部分,实际收入比 1878 年度减少了 5827268 日元,同 1877 年相比,减少了 4413645 日元。

1880 年,受通货膨胀因素影响,财政预算收入表面上有了大幅增加,年度财政收入为 59933000 日元,比 1879 年增加了 428 万日元。如果扣除纸币贬值部分,年度预算收入比照上一年度不但没有增加,反而减少了 2216230 日元,同 1878 年相比,减少幅度更大,高达 7216599 日元,与 1877 年相比,也减少了 6778250 日元以上。1880 年年度决算的结果,财政收入名义上比预算增加了 343 万日元,但一扣除纸币贬值部分,政府实际收入不仅没增加,反而大幅度减少,比同一年预算收入还少 7798887 日元,跟 1879 年年度决算收入相比,减少了 11125197 日元,与 1878 年年度相比,减少幅度更大,居然达到了 15961523 日元,比 1877 年减少了 12990705 日元。

1881 年,明治政府财政预算收入为 68570300 日元,较上一年度增加了 864 万日元,扣除纸币贬值部分,反而比上一年减少了 5767225 日元,比 1879 年减少了 7358144 日元,与 1878 年度相比,减少了 11648701 日元,比照 1877 年,减少了 11058249 日元。1881 年的实际收入情况又如何呢?从收入决算结果来看,政府实际收入 71489000 日元,按 1881 年 4 月纸币与银币 1.795∶1 的比价扣除纸币贬值部分的话,明治政府实际收入要比 1879 年度收入减少 8943174 日元,与 1878 年相比,减少额更高,竟高达 13973856 日元,即使同西南战争爆发的 1877 年相比,仍少了 11308457 日元。通过上述几组数字的比较不难发现,明治政府的财政收入无论是预算还是决算都已经连续多年大幅减少,财政出现严重困难。

(二)财政支出大幅增加和收不抵支。

1875年1月至6月间,日本国内爆发了佐贺之乱,对外发动了对台湾的侵略战争,为此增加了巨额临时军费支出,数额高达1474504日元。

1876年7月至1877年6月,国内又爆发了将近一年的西南战争,战争虽然最终以政府获胜告终,但为此付出的战争费用即所谓的西南战费却高达41567726日元68钱5厘,由于数额太大,明治政府根本无法将其纳入常规预算,不得不进行单独核算。

1877年,编制新的一年财政预算时,西南战争刚刚结束,明治政府不得不在年度财政支出中增加因功赏赐年金和军人年金以及警察费等项支出,而且按政府最初的承诺,从本年度开始要偿还公债,每年至少要偿还2000万日元,仅仅以上四项开支就高达2119万日元。不止这些,明治政府为稳定华族、士族,维持和改善他们的生活,还要推行士族授产和殖产兴业,也需要一定数量的资金,这些都必须纳入政府预算。

从1878年7月到1879年6月,年度支出中陆军军费又增加了144万日元,给从军者发放一次性赐金50万日元,各省所需经费又增加了237万日元。

1879年7月到1880年6月,在政府财政支出中,军费、司法费用、开拓使费用、外国公使馆费用、驿递费用出现大幅增加。陆军军费达到了7766919日元,海军军费增加到3079859日元,司法费用为1345042日元,开拓使费用达1912188日元,用于外国公使馆的费用有587333日元,驿递费为1088392日元。

1880年7月到1881年6月,年度支出增加了1568万日元,主要内容为发放地税改革实物补助,增加农商务费和天皇巡幸费,追加宫殿营造费和军费,以及秩禄公债、创业公债偿还额的增加。

政府财政支出的连年增加与财政收入的持续多年迅速减少形成了强烈反差,导致明治政府财政上收支不能相抵的情况非常严重。

1875年7月到1876年6月,经常性财政收入为63786586日元,经常性财政支出为56613037日元,经常性收入超出经常性支出7173549日元,不过,一加上该年度临时性支出12590204日元,就出现了巨额财政亏空,亏空额高达5416655日元,亏空部分只能借助于临时性收入来填补。1876年7月到1877年6月,经常性财政收入为55684996日元,经常性财政支出为56815325日元,仅经常性收支方面就出现了1130329日元的亏空。这一年在西南战费这笔巨额临时性支出以外,还有2493629日元的临时性支出。①

西南战争费用具体数额是多少呢？明治政府对西南战争战费所做的预算是42010000日元,据1879年12月25日明治政府所做的决算,实际战费数额为41567726日元68钱5厘。②

1878年7月到1879年6月,政府经常性收入为53558117日元,经常性支出为55986709日元,相互冲抵之后,亏空了2428592日元,同期临时性支出为4954626日元,两者相加财政亏空额达7383218日元。

连年巨大亏空给明治政府带来了巨大压力。

二　财政困难原因分析

（一）发行大量不兑换纸币诱发通货膨胀

明治政府急于瓦解封建制度,实现近代化,建立起新的近代国家,这需要巨额资金,政府又没有税收来源,迫不得已借助大量增发不兑换纸币的手段筹措所需经费,特别是为筹措西南战费发行了巨额不兑换纸币,这直接导致了通货膨胀的出现,进一步加重了明治政府的财政困难。

西南战争初期,明治政府的财政相当困难。战争爆发的前一年,财政上尚处于亏空状态,亏空额为5416655日元。战争爆发的当年,不算西南战费,尚有财政亏空3623958日元。③

西南战争爆发以后,明治政府设法筹措西南战争费用。大藏卿大隈重信、大藏大辅松方正义出面向第十五国立银行借款1500万日元。战争规模扩大以后,1877年12月,明治政府又向全国公开发行了2700万日元纸币,这些纸币本来是用作兑换残损新纸币的准备货币的。

以上战费都是依赖于增发不兑换纸币。1876年,也就是西南战争爆发前一年,政府纸币流通额就已经达到105147582日元,银行纸币流通额已经达到1744000日元,全国纸币流通总额已经高达106891582日元。1877年,西南战争爆发以后,为筹措战费,政府又增发为数甚巨的政府新纸币和国立银行纸币,到1878年,纸币流通额已经增加到了165697598日元,政府纸币流通额为139418592日元,银行纸币为26279006日元。④

---

① 〔日〕大内兵卫、土屋乔雄:《明治前期财政经济史料集成》,第4卷,改造社,1932年版,第46页,附表。
② 同上书,第372～373页。
③ 同上书,第46页,附表。
④ 大藏省:《纸币整理始末》,见〔日〕大内兵卫、土屋乔雄:《明治前期财政经济史料集成》,第11卷,改造社,1932年版,第2049页。

屋漏偏遭连夜雨,从1877年开始,长达5年时间里日本对外贸易持续入超①,导致硬通货大量外流。1878年外流正币726.8万日元,1879年外流正币6140万日元,1880年外流正币9644万日元,1881年外流正币9585万日元。② 国内纸币与正币数量的一增一减导致物价飞涨,纸币大幅贬值。1878年年初纸币与正币的市价为1日元银币兑换纸币1日元7钱至1日元8钱,到了1878年年末,纸币贬值到1日元21钱兑换1日元银币,到了1879年年末,纸币贬值到1日元33钱兑换1日元银币,到了1880年11月份,纸币进一步贬值到1日元68钱兑换1日元银币,到了1881年4月份,纸币竟贬值到1日元79钱才能兑换1日元银币。③

通货膨胀使"政府财政收入实值殆减其半"④,但与此同时,政府财政支出却迅猛增加。1881年财政年度,决算收入为71489000多日元,如果按1881年4月份纸币与银币1.795∶1的比价扣除纸币贬值部分的话,政府实际收入仅相当于1877年年初的40344489日元。而这一时期,物价和利息却一路飞涨。1877年1石米的价格是5.336日元,1881年上涨到了10.593日元,价格上翻了近1倍。这也就意味着1881年明治政府的财政支出同等条件下要比1877年多支出一半以上。

(二)巨额债务

明治政府成立后,由于没有稳定的财源,主要依靠举借内债和外债维持运转。明治政府举借外债用于修建东京—横滨间的铁路,为废除封建制度先后发行了旧公债、新公债,为瓦解封建武士集团发行了秩禄公债,为兑换维新初期发行的太政官札、民部省札专门发行了金札兑换公债。到1875年年末,国债累积额已经达到5581万日元,其中,内债累计额为4091万日元,占国债总数的73.3%,外债余额为1489万日元,占国债总数的26.7%。1876年,明治政府财政状况稍有好转,将内债余额降低到3977万日元,外债余额减少到1415万日元。但是,好景不长,1877年西南战争突然爆发,急需巨额战费。明治政府为筹措战费不得不又举借新的债务,导致1877年内债累积额又迅速增加到21345万日元,使内债在国债总额中所占比例提高到94.1%。1878

---

① 大藏省:《纸币整理始末》,见〔日〕大内兵卫、土屋乔雄:《明治前期财政经济史料集成》,第11卷,改造社,1932年版,第2049页,附表。
② 〔日〕大道弘雄:《日本经济统计总观》,朝日新闻社,1966年版,转引自〔日〕大岛清等:《殖产兴业》,东京大学出版会,1983年版,第84页。
③ 大藏省:《纸币整理始末》,见〔日〕大内兵卫、土屋乔雄:《明治前期财政经济史料集成》,第11卷,改造社,1932年版,第205页。
④ 大藏省《明治财政史》编纂委员会:《明治财政史》,吉川弘文馆,1971年版,第11卷,第81页。

年为了救助贫困华族、士族,政府实施士族授产,为筹措资金又发行了募集创业公债,导致内债累积余额进一步增加,余额高达 22474 万日元,在国债总额中所占比例竟然达到了 94.7%。巨额债务进一步加重了政府的财政负担。明治政府每年用于国债支付方面的费用迅速增加。1875 年政府支付国债利息 464 万日元,占当年财政支出的 6.7%;1876 年用于支付国债利息的财政开支为 495 万日元,占当年财政支出的 8.4%;1877 年由于必须支付金禄公债和借款的利息,明治政府用在国债利息方面的财政支出迅速增加到了 1677 万日元,在当年财政总支出中所占比例居然增加到了 34.6%;到 1878 年,由于国债累积额过高,再加上财政状况有所好转,明治政府开始着手偿还。1878 年财政预算偿还国债 2119 万日元,实际上支出了 2660 万日元,占该年度财政总支出的 43.7%,1879 年虽略有减少,但仍高达 2174 万日元,占当年财政总支出的 36.1%,1880 年的相关财政支出为 2242 万日元,在同一年财政总支出中的比例为 35.5%,1881 年度增加到 2774 万日元,所占比例提高到 38.8%。巨额债务和借款的本息支付无疑给本已十分困难的明治政府财政增加了巨大压力。

(三)官办企业的巨额亏损

明治政府为实现富国强兵的目标,推行殖产兴业政策,下大力气移植近代工业,试图在尽可能短的时间内实现近代化。为此,政府先后投入 110563000 多日元兴办各类官营示范工厂。① 多数官营示范企业由于缺乏管理经验,出现了亏损。② 到了 19 世纪 70 年代末期,直属于内务省的农牧企业和隶属于工部省的冶铁、机械制造企业甚至到了几近瘫痪的地步。③ 这些官办企业不但没有给政府带来财政收益,反而成为明治政府的沉重负担,给政府财政造成巨大压力。

日本财政上的困境,已经妨碍了日本资本主义的正常发展,甚至到了威胁日本能否保持住维新以来已经取得的成果的地步。政府决策者们对此深为忧虑,担心财政"一朝崩溃之机成熟,其祸患所及实不可测"④。

---

① 〔日〕石塚裕道:《日本资本主义成立史研究》,吉川弘文馆,1973 年版,第 130~131 页;〔日〕石井宽治:《日本经济史》,东京大学出版会,1976 年版,第 73 页
② 孙承:《日本资本主义国内市场的形成》,东方出版社,1991 年版,第 110~111 页。
③ 〔日〕朝尾直弘:《岩波讲座日本历史近代 3》,岩波书店,1976 年版,第 44 页。
④ 大藏省《明治财政史》编纂委员会:《明治财政史》,第 11 卷,吉川弘文馆,1971 年版,第 81 页。

第二节 政府内部有关财政政策的争论

围绕着如何摆脱财政困境问题,政府内部渐渐形成了三大派别:一派是以大隈重信为首的积极财政政策主张,一派是岩仓具视等人的缴纳实物米的观点,另一派是松方正义所代表的紧缩财政政策论。

一 大隈重信的财政政策

(一)大隈重信的看法

大隈重信认为,导致明治政府财政困难的最主要原因是生产不发达,进出口不平衡,金银币大量外流。国内产业落后,本国工业产品在国际市场上就缺乏竞争力,西方发达国家的廉价商品就会大量涌入国内,西方发达国家廉价商品的大量涌入又进一步导致日本的对外贸易出现入超,贸易入超导致金银正币大量外流,金银正币大量外流就导致国内金银正币出现匮乏,金银正币匮乏导致金银币大幅升值,纸币急剧贬值,大量增发不兑换纸币,发行巨额公债进一步加剧了金银币与纸币间的这种不平衡,致使通货膨胀不可避免。通货膨胀又造成政府财政收入急剧减少、财政支出大幅增加,财政负担迅速加重。大隈重信认为,目前"医救的方法唯有不断努力,修筑、改良道路、海港等,以兴交通运输之便利,振兴农工商各业,增殖物产,或发展出口,或减少外国商品需求数额,乃至修改于我不利的海关税则等"[1]。也就是说,最有效的解决途径就是追加投资,大力发展交通运输业,加强港口建设,振兴工商业,全力发展生产,扩大出口,减少进口,即推行殖产兴业的财政政策。

(二)大隈重信的建议与举措

为解决财政困难,1878年6月,大藏省起草了《国债偿还法公告初稿》,这是一个回收国债纸币的初步方案。大藏卿大隈重信在该方案的基础上适当加以修改,将其更名为《公债及纸币回收概算书》,于1878年8月提交给正院。该方案提出应制订出计划,尽快回收不兑换纸币,偿还国债,消除通货膨胀产生的弊端[2],计划从1878年到1905年用28年的时间回收纸币、公债3

---

[1] 〔日〕大隈重信:《大隈文书》,第3卷,早稻田大学社会科学研究所,1958年版,第344~345页。

[2] 大藏省《明治财政史》编纂委员会:《明治财政史》,吉川弘文馆,1971年版,第12卷,第203页。

亿 7517 万日元,其中纸币 1 亿 2092 万日元。①

为解决纸币贬值问题,1879 年 2 月,大隈重信提出了《设立洋银交易所的建议》,主张中央政府在横滨设立洋银交易所,取缔横滨的民间交易,并在 1880 年 4 月和 5 月分两次把政府手中的银币投放到市场,来平抑洋银价格。

1878 年 8 月,1 日元 7 钱 8 厘纸币兑换 1 日元银币,到 1879 年 5 月,不到一年时间,纸币贬值到 1 日元 16 钱 1 厘才能兑换 1 日元银币。为阻止纸币进一步贬值,1879 年 6 月,大藏卿大隈重信提出重新核定地税、储蓄备荒、回收纸币和节约开支,这就是所谓的"财政四议"。同月,大隈重信又提出了《国债纸币回收方法》,人们一般称之为"减债方案"。"减债方案"对原来的《公债及纸币回收概算书》加以修改,把纸币回收期限从原计划的 28 年缩短到 7 年,计划在 1885 年以前回收所有纸币。1879 年 9 月,正院批准了该方案,方案在实际执行过程中并没有想象的那么顺利,实行的第一年只回收了 500 万日元纸币,而且该方案是个长期计划,远水解不了近渴,根本不能解决明治政府迫在眉睫的通货膨胀问题。鉴于此,大隈重信于 1879 年 12 月提出了《设立横滨正金银行的建议》,建议设立横滨正金银行,准许该行经营正币兑换业务,贯彻政府平抑洋银价格的宗旨,达到抑制洋银价格的目的。大隈重信的建议得到政府批准,1880 年 2 月,明治政府成立了横滨正金银行。

但是,大隈重信的上述举措并没有取得明显效果,危机进一步加剧,米价飞涨,直接影响了人们的正常生活,民众对此强烈不满。这一时期,新闻报纸也纷纷发表文章批评政府的财政经济政策。② 焦头烂额的大隈重信便于 1880 年 5 月提出了新的建议,这就是所谓的"三议一件"和"改革货币制度"建议。③

大隈重信的新建议包括以下五方面内容:

1. 截至 1880 年 3 月 31 日,全国纸币流通额为 1 亿 1265 万日元,再扣除年内应回收的 732 万日元纸币,到 1880 年年末纸币流通额是 1 亿零 533 万日元,将该数额确定为与正币的兑换数额。

2. 再发行 7 分利外债 5000 万日元,每 100 英镑按 95 英镑出售,折算之后,实际发行了 1000 万英镑,用这笔钱回收纸币。

---

① 〔日〕大隈重信:《设置减债基金的建议》,见〔日〕大内兵卫、土屋乔雄:《准备金始末参考书》,《明治前期财政经济史料集成》,第 11 卷,改造社,1932 年版,第 81 页。
② 《东京日日新闻》,1880 年 7 月 27 日。
③ 〔日〕大隈重信:《大隈文书》,第 3 卷,早稻田大学社会科学研究所,1958 年版,第 344~445 页。

3. 具体回收办法是用5000万日元外债和政府准备金中存在国库的金银币、铜币等1401万日元,再加上国内贷款年内返还的349万日元,一共6750万日元,来回收7800万日元纸币。当时正币与纸币的兑换比率是正币1日元兑换纸币1日元15钱,按该比率折算,6750万日元正币完全可以回收7800万日元纸币。

4. 修订银行条例,回收国立银行的纸币。将过去以秩禄、金禄公债作抵押发行银行券,改为以金札兑换公债作抵押发行银行券。通过将各国立银行用于发行银行券抵押的3442万日元公债变更为金札兑换公债这一过程,将其发行的纸币予以回收。当时正在流通的1亿零533万日元纸币,借助正币兑换回收7800万日元,通过将当年备荒储备金余额改成金札兑换公债再回收90万日元,最后剩下的2643万日元正是将银行抵押变更为金札兑换公债的数额,这样一来,1亿零533万日元纸币就全部得以回收。纸币回收以后,货币流通量就保持在9446万日元左右,这笔数字包括政府发行的正币6750万日元,国立银行发行的纸币2696万日元。再加上藏于民间的6158万日元金银币,全国总的货币流通量为2亿零875万日元。该货币流通量是较为合适的货币量。

5. 外债和金札兑换公债的利息又为政府财政增加了新的负担,5000万日元外债每年的利息为368万日元,2733万日元金札兑换公债每年的利息有164万日元,两者加起来为532万日元。鉴于目前政府的财政状况根本没有能力支付,建议增加酒类税予以解决。

上述五条内容的核心就是募集5000万日元外债回收纸币,建立正币通用制度,因此,人们往往称它为"正币通用方案"。

1880年5月14日,明治政府召集会议审核该方案,围绕该方案在政府内部出现三种意见。一种意见表示赞成,持该意见者主要以黑田清隆为代表。一种意见表示有条件地表示赞成,持该意见者主要是寺岛宗则等人,他们认为可以募集外债,但是方案中的外债太高,应将募债额降低到2000万日元。第三种意见表示坚决反对,代表人物有伊藤博文、井上馨、山县有朋、大木乔任。[①] 大隈重信的方案最终由于政府内部的反对而宣告流产。

(三) 改组政府

大隈重信的财政举措没能遏制通货膨胀,他在政府中的地位也因此开始动摇,伊藤博文乘机掌握了政府实权。1880年2月,明治政府在伊藤博文的

---

① 〔日〕中村尚美:《大隈财政研究》,校仓书房,1968年版,第222页。

建议下进行了新的一轮官制改革:太政官制下设法制部、会计部、军事部、内务部、司法部、外务部,每个部设置多名参议,并实行参议合议制度;宣布参议和卿分离,以后参议不得兼任各部的卿。新的官制改革以后,大隈重信就专任参议,原来兼任的大藏卿一职由佐野常民担任,原大藏大辅松方正义改任内务卿,大隈重信的权力受到极大削弱。

二 岩仓具视和大木乔任的财政政策观

大隈重信方案流产以后,地税缴纳实物米的论调一度盛行,该方案的首倡者是参议大木乔任。这个方案本来是为了否决大隈重信的举借外债方案而提出来的一个替代方案,一经提出就得到了黑田清隆等政界实力派的大力支持。该方案的核心人物是岩仓具视。

1880年8月,岩仓具视提出了《关于财政的建议书》,核心观点就是地税缴纳实物米。岩仓具视提出,贸易的盛衰直接关系着国家的兴亡,眼下当务之急是尽快解决贸易不平衡的问题。贸易不平衡的原因表面上是进口超过出口,而深层原因则在于地税货币化。地税货币化使得农民控制了米价调节权,导致米价飞涨,农民虽然富裕了,却引起物价暴涨和贸易入超。只要部分恢复地税缴纳实物米制度,降低米价,削弱农民购买力,就能够解决通货膨胀和贸易入超问题。当然,岩仓具视在建议中也强调了要解决贸易入超就必须振兴出口,要振兴出口就必须鼓励工商业发展。不过,建议的核心内容还是缴纳实物米。

岩仓具视在建议中列举了自己的论据:日本全国米谷总产量每年至少在3200万石左右,每年造酒用掉500万石,还有2700万石可用于一般消费。"地税货币化以来,农户生活日益富足,连偏僻山区的农户都已转为以食米为主,讨厌杂粮,导致工商业者等其他从业者生活用粮不足,米价飞涨,甚至于到了依赖进口的地步。"① 目前全国农业人口1600万,按人均每年消费1石计算的话,剩下的1100万石根本无法满足包括华族、士族、工商业者在内的其他1900万人口的用粮需要,不可避免地要进口大量粮食。另外,近几年棉布、砂糖等物品进口量激增,农民由于米价上涨更加富有,会争相购买这些进口的奢侈品。总而言之,是地税货币化引起了米价上涨,进而导致粮食和奢侈品进口急剧增加,成为贸易收支出现赤字的最主要原因。岩仓具视还认为地税货币化给政府财政和华士族、工商业者带来了巨大损失。为了证明自己的观点,岩仓具视还作了一番推算:现有地税额除去宅地、山林部分的300万

---

① 〔日〕大塚武松:《岩仓具视关系文书》,第1卷,日本史籍协会,1935年版,第432~439页。

日元,大约还有3700万日元,地税改革以前实物地税额为米1150万石,按目前全国的平均米价1石8日元换算,在地税改革以前,地税尚有9200万日元,改革之后的今天仅3700万日元,两相比较,地税收入猛然减少了5500万日元,农民却从中获得了巨大利益;华族、士族的家禄改革前是490万石,按现在全国平均米价1石8日元计算,家禄总额有3920万日元,而目前的金禄公债利息只有1250万日元,华族、士族每年居然损失了2700万日元。地税改革最终使农民阶层独得巨利,政府财政与华族、士族却蒙受了巨大损失。

为此,岩仓具视主张恢复地税缴纳实物制度,他认为,只要地税的四分之一缴纳实物米就能立即带来三点益处:"一、可以使占全国人口大多数的士族、工商业者摆脱米价上涨之苦;二、可以遏制近年来进口增加的势头;三、可以杜绝进口粮食的弊端。"①

如何恢复地税缴纳实物制度,岩仓具视也给出了具体的建议。他建议政府将应收入国库的稻米217万石中的150万石存放在东京、大阪等地的中央市场择机出售,政府就能从农民手中夺回米价调节权,降低米价。米价一下跌,农民就会急于销售自己手中的存米,农民收入自然就会随着米价下跌而减少,奢侈品的进口也就随之减少。农民重新唤回节俭意识,米的消费量也将随之减少,米的消费量减少,也就不用再从国外进口大批粮食,甚至还有可能出口国库中的余米用来换取正币,政府的财政收入也会随之增加。岩仓具视初步估算,如果按地税改革前夕的平均米价1石米4日元32钱计算,计划出售的150万石米可收入650万日元,即便实施了缴纳实物米制度,使米价从目前的1石米8日元下跌到1石米6日元50钱,跟地税改革前夕相比,政府仍可以增收434万日元,扣除一部分运输、保管、损耗等费用,政府还能增加384万日元纯收益,政府财政就可以借此得到重建。

地税缴纳实物米建议一提出,井上馨、大隈重信等人就表示强烈反对。1880年8月,井上馨提出了长篇财政意见书。他认为,地税货币化、农民生活水平提高只是米价上涨的原因之一,绝不是主要原因,农民对进口物品的消费增加也不是进口增加的主要原因。他分析国内米价上涨主要是海外市场影响的结果,目前最切实有效的办法是设法增加正币收入,再用正币兑换、回收市场上流通的纸币,以此来降低物价。② 1880年9月17日,明治政府就是否恢复地税缴纳实物制度召开会议,讨论的结果是多数与会者认为该举措不符合近代财政的发展大趋势而否决了该方案。1880年9月18日,天皇专

---

① 〔日〕大塚武松:《岩仓具视关系文书》,第1卷,日本史籍协会,1935年版,第440页。
② 井上馨传记编纂会:《世外井上公传》,第3卷,内外书籍,1934年版,第160~166页。

门发布诏令,宣布地税缴纳实物制度行不通,应该遵循勤俭节约的原则重建财政。于是,松方正义的观点受到人们的关注。

三 松方正义的财政观

1880年5月,在政府对大隈重信的方案进行讨论的过程中,三条实美曾征询过松方正义的意见。为表明自己的观点,1880年6月,松方正义发表了《财政管窥概略》,明确反对大隈重信的方案。他指出目前的财政困难并非大隈所说的生产落后、进出口不平衡所致,实际上是滥发纸币造成的。物质生产严重滞后,纸币发行过多,造成纸币急剧贬值、金银币腾贵。金银币腾贵不是原因,而应该是结果。1875年9月,松方正义曾向明治政府提出过《关于防止通货流出的建议》,建议政府尽快整理纸币,实现财政统一。提出解决财政困难的最好办法,就是控制纸币发行量,回收不兑换纸币,直至银币、纸币差价消失,然后换成兑换券,调整并确立货币信用制度。① 也就是说采取兑换制、增加准备金等措施。② 提议具体采取措施时,必须将整理公债与整理纸币区分开来,设立中央银行将整理纸币与通货、信用制度的完善结合起来,最终建立起近代的通货、信用制度,实现财政统一。③

松方正义的建议深得政府首脑欣赏,他本人也得到了反对大隈政策的木户孝允的信任。木户孝允担忧大隈财政会带来消极后果,为此专门造访了松方正义。"予为文部当局者,关乎本省之岁计预算,屡屡与大隈相议论,然其所说暧昧模棱,一者不得其要领。昨所言今反之,其主义方针丝毫未定常动摇,到底其言不可信。而今关于财政问题无一如足下所谈。请谅之。"对松方正义非常欣赏。1875年11月,经木户孝允推荐,松方正义从租税头升任大藏大辅,而如此重要的人事变动,当时身为大藏卿的大隈重信竟然事先一点也不知情。④

1880年5月,在围绕大隈重信方案展开的争论中,松方正义明确反对大量举借外债,主张紧缩财政,通过节约开支来解决财政困难。他明确指出,举借5000万日元外债回收纸币是个危险方案,认为"财政之事,变化无常,必须

---

① 〔日〕长幸男、住谷一产:《近代日本经济思想史》,第1卷,有斐阁,1975年版,第60页。
② 〔日〕大内兵卫、土屋乔雄:《明治前期财政经济史料集成》,第1卷,改造社,1931年版,第282~288页。
③ 〔日〕德富猪一郎:《公爵松方正义传》,公爵松方正义传记编纂会,1935年版,见〔日〕中村尚美:《大隈重信》,吉川弘文馆,1961年版,第95页。
④ 同上书,第121页。

参考过去、洞察未来、了解现状方能施行"①。

松方正义提出,当务之急应马上采取以下措施:

1. 回收纸币,保证金银币原材料的供应,扩大对中国的出口贸易,对重要出口物资如茶、生丝等实行汇兑交易,以此扩大正币积累;
2. 禁止粮食出口,购入粮食作为储备,防止米价上涨;
3. 奖励国产,实行士族授产,设立正金银行开展海外汇兑业务,直接出口,创办生丝会社、贸易会社,节约正币,处理官营企业。

1880年9月6日,松方正义向太政大臣三条实美提交了《财政议》②,强调"财政不整,百业不举",指出纸币下跌、银价上涨引发了通货膨胀,但是纸币下跌"并非完全是增发所致,还在于政府准备匮乏",政府准备匮乏又是因为贸易赤字,而贸易赤字的根源又在于物产不丰富,物产不丰富是因为货币运用不得法、资本流通不畅。他认为,"目前最紧迫的任务是找到运用货币的方法,积累正币,充实回收纸币的资金,振兴产业,实现限制进口的目的",这实际上还是重申了自己以前的观点:要增加正币准备,建立纸币兑换制度,就必须实现产业近代化,实现贸易平衡。他提出整理财政应确定"运用货币的方法",积累正币,回收纸币。在他的设想中,"运用货币的方法"应包括设立日本帝国中央银行、储蓄银行、劝业银行。由大藏省管理中央银行,中央银行下设政府资金出纳部、普通营业部、外国兑换部。储蓄银行主要使命是集中各地闲散资金,负责资金的回笼与供应,同时方便居民储蓄。劝业银行主要是为资本运用提供方便,振兴物产,促进农、工、商、交通运输业的发展,确立近代货币、信用制度。

松方正义在《财政议》中再次表明了反对举借外债的观点。他指出,目前"上则政府目标未定,下则人心浮动,上下均为时势潮流左右,不知何处能苟息偷安。他日,财政愈加陷入危殆,必生依赖外国资本之说"。"今试观我国之现状,税权、法权无一归我,不得不居于贫困屡弱地位,而资本依赖知识、财力俱富饶之外人,其资本散布内地,虽暂时可得正金的流通,但其祸患百出,

---

① 〔日〕松方正义:《松方伯财政论策集·财政管窥概略》,见〔日〕大内兵卫、土屋乔雄:《明治前期财政经济史料集成》,第1卷,改造社,1931年版,第531页。
② 〔日〕松方正义:《松方伯财政论策集·财政议》,见〔日〕大内兵卫、土屋乔雄:《明治前期财政经济史料集成》,第1卷,改造社,1931年版,第433页。

此不言自明"①。主张与其依赖外国资本,让本国陷入半殖民地状态,不如自己果断整理国内财政,通过正币积累,确立纸币兑换制度。

从大隈重信和松方正义主张的实质来看,大隈重信是典型的通货膨胀主义者,松方正义则是一个地道的通货紧缩主义者。相比之下,松方正义找准了问题所在,了解了货币的本质②,发现了日本货币制度的不完善,试图通过一系列改革,健全财政。

第三节　实行财政紧缩政策

一　整理纸币与确立银行制

1881年10月,主张推行英国式宪政的大隈重信在明治十四年政变中被赶出政府,松方正义接替大隈出任大藏卿,开始主持财政运营。日本开始进入松方财政时代。松方正义为解决财政困难,实施了一系列新的财政政策,这些财政政策一般被称为"松方财政"。松方正义接任大藏卿以后,采取的第一项举措就是着手整理纸币。

(一)松方正义的整理纸币措施

纸币是代替金属货币执行流通手段职能的货币符号,其流通规律决定了"货币的发行限于它象征地代表的金(或银)的实际流通的数量"③。如果肆意发行纸币,远远超出流通所需要的金属货币量,纸币与金属货币的实际购买力出现背离,就会导致纸币贬值也就是通货膨胀。松方正义也明白这个道理,任内务卿时,就向太政官提交了《财政管窥概略》,指出大隈财政的弊端,建议政府整理纸币。1881年10月,松方正义就任大藏卿后,立即着手整理纸币,下大力气回收纸币,增加正币准备金。④

当时的总体思路是回收1亿5480万日元不兑换纸币,消除纸币流通量与银币相背离的现象,同时充实正币储备,巩固兑换基础。松方正义果断采取了以下措施。

---

① 〔日〕松方正义:《松方伯财政论策集·财政议》,〔日〕大内兵卫、土屋乔雄:《明治前期财政经济史料集成》,第1卷,改造社,1931年版,第437页。
② 〔日〕大岛清、加藤俊彦、大内力:《人物·日本资本主义·2·殖产兴业》,东京大学出版会,1983年版,第90页。
③ 中共中央马克思恩格斯列宁斯大林著作编译局编译:《资本论》第1卷,人民出版社,2016年版,第147页。
④ 〔日〕安冈昭男:《日本近代史》,林和生、李心纯译,中国社会科学出版社,1996年版,第271页。

首先是设法积累储备金,每年从经常性财政收入中挤出700万日元,一部分直接回收纸币,另一部分买入正币,充实正币储备。计划动用现有的5579万日元的储备金,尽量积累正币,用作将来的正币储备。①

实际上,明治政府早就实施过类似措施,1869年10月,为了回收纸币、公债以及用于国库储备,政府开始逐步积累岁计剩余金和杂项收入。到1872年6月,累积额已经达到了1亿1330万日元,明治政府就给这笔资金起名为"储备金"。1873年12月,明治政府专门出台了储备金计算规则,计划出借这笔储备金,收取利息让其增值,到1881年6月,这笔储备金已经增加到各种贷款1935.5万日元,金银币867.4万日元,公债证书2561.7万日元,银行股票100万日元,地契、房屋、米谷4.3万日元,纸币、铜币110.2万日元等。②

要从一般会计中挤出700万日元,就必须严格控制年度支出。明治政府决定,1882～1884年三年的年度支出规模维持原有水平不变。不过,挤出700万日元的计划实际操作起来仍旧困难重重。特别是整理纸币措施实施以后,经济出现萧条、租税收入急剧减少,加上流行霍乱、水灾风灾、侵略朝鲜等问题又接踵而至,出现了巨额临时支出,挤出700万日元的计划很难落实。为保证按计划筹措到700万日元,明治政府在1882年新增设了卖药印花税、米商会所和股份交易所中间人税,修改了造酒税则及烟草税则。1885年,又增设了酱油税和果品税。通过采取上述补救措施,1881～1885年,五年时间用年度收入结余回收纸币或者转入储备金的数额,累计竟超过了4000万日元。1881～1883年,三年时间用年度收入结余回收了1364万日元的纸币,加上1878年回收的716.6万日元、1879年回收的200万日元和1880年回收的200万日元,总额高达2480.6万日元。1880～1888年,政府通过发行金札兑换公债证书回收了纸币1212.6万日元,先后回收了3700万日元纸币。经过努力,到1884年以后,纸币开始大幅升值,1884年7月银币与纸币的价差只有4钱7厘。③

经过整理,纸币基本稳定。明治政府决定不再用年度收入结余回收纸

---

① 〔日〕大岛清、加藤俊彦、大内力:《人物日本资本主义·2·殖产兴业》,东京大学出版会1983年版,第89～90页。
② 参见〔日〕高桥诚《明治财政史研究》,青木书店,1964年版,第2章;〔日〕大岛清、加藤俊彦、大内力:《人物日本资本主义·2·殖产兴业》,东京大学出版会,1983年版,第90页,注28。
③ 大藏省《明治财政史》编纂会:《明治财政史》,第12卷,吉川弘文馆,1972年版,第243页;〔日〕大岛清、加藤俊彦、大内力:《人物日本资本主义·2·殖产兴业》,东京大学出版会,1983年版,第92页。

币,以后的年度收入结余全部用来买入正币。

处理不兑换纸币初见成效后,松方正义着手回收第二种政府纸币,该纸币本来是政府为弥补国库出纳上的不足而发行的预备纸币。到松方正义出任大藏卿时,预备纸币还有 1450 万日元尚未回收。为尽快回收这部分纸币,松方正义果断决定,从 1882 年开始,变更出纳办理程序,取消以前针对各省的先付制,用回收储备金中的贷款取代之,出售其持有的公债证书,换取通货,用来填补国库一时之不足。尚未支付的工程费,利用 1883 年募集的中山铁路公债资金的周转临时加以弥补。通过这一举措,到 1883 年 1 月,政府成功回收了全部预备纸币。松方正义建议将出售短期国债弥补国库金一时不足这一方法制度化,1883 年 9 月 20 日,在松方正义的努力下,政府出台了大藏省证券发行规则。

其次是运用储备金扩充正币储备。采取的具体措施包括:用储备金作基金,借助横滨正金银行,提供直接出口押汇资金,在国外领取货款,把正币带回国内。具体说来,日本当时的主要出口物资是蚕丝、制茶、稻米等,在出口上述物资时,横滨正金银行贷给出口商现款,在出口目的地领取货款时,再用出口目的地的货币偿还。这一举措大大增加了储备金中的正币。1881 年 12 月,明治政府修订储备金规则,将储备金划分为"储备本部"和"减债部"两部分。减债部仅保留补充经常性国债偿还资金的功能,储备本部则专门用于纸币兑换储备。增设周转资金,以便让储备本部资金实现增值。1882 年 8 月,明治政府又将储存在减债部的公债证书与储备本部的正币兑换,再通过储备本部将这笔公债向民间出售,换取正币。这样一来,到 1885 年,减债部就只剩下正币了。1886 年 2 月,明治政府就将减债部的正币全部归并到储备本部。借助上述办法,储备金中的正币大大增加。在尚未采取这一举措的 1881 年 6 月,明治政府约 5579 万日元储备金中,正币只有约 867 万日元,采取上述措施以后,到了 1885 年度末,约 4878 万日元的储备金中,正币竟多达约 4226 万日元,纸币仅剩下约 652 万日元。①

纸币整理工作取得了明显成效,纸币与银币的差价也随之接近消失。1880 年 1 日元银币兑换 1.477 日元纸币,1881 年进一步增加到 1 日元银币兑换 1.696 日元纸币,经过纸币整理以后,纸币与银币之间的差价迅速缩小,1884 年 1 日元银币兑换 1.089 日元纸币,1885 年缩小到 1 日元银币兑换 1.055 日元纸币,到 1886 年以后,两者间差价消失。② 同一时期,国内的经济

---

① 〔日〕大岛清、加藤俊彦、大内力:《人物·日本资本主义·2·殖产兴业》,东京大学出版会,1983 年版,第 94 页。
② 东洋经济新报社:《明治大正国势总览》,东洋经济新报社,1927 年,第 45 页。

萧条加上明治政府大力扶植产业发展,国内生产走上了正轨,大大抑制了进口,促进了出口。这一时期进口大幅减少,出口迅速增加,对外贸易持续多年入超。其中1880年进口2839.5万日元,出口3亿6627万日元,入超高达823.1万日元。① 从1882年开始转为出超,1882年出口3772.2万日元,进口2944.7万日元,出超827.5万日元,此后连续六年出超,其中1886年出口4887.6万日元,进口3216.8万日元,出超竟高达1670.8万日元。②

1882年日本设立中央银行,1885年开始实施兑换制度,在此基础上日本基本上实现了币制的统一,表明纸币整理最终取得成功。

明治政府通过整理纸币,从1882年开始逐年减少其流通额,当年年末收回了全部可兑换纸币,到1885年年末,不兑换纸币流通量减少到8834万日元,银行纸币流通量减少到3015万日元,处在流通中的各种纸币一共有1亿1850万日元,与1881年年末相比,减少了3480万日元。国家准备金中的正币储备同一时间内却增加了5倍多。纸币减少,国家正币储备大幅增加,纸币开始升值,纸币与银币之间的差额逐渐缩小,纸币与银币的比值由1881年4月的最低点1.795∶1上升到1.001∶1,两者的差别几乎消失。③ 1885年6月,明治政府宣布从1886年1月1日开始,由日本银行逐步将纸币兑换成正币,兑换收回的纸币立即销毁。不过,由于纸币的信用已经恢复,可以与银币等价流通,人们反倒觉得纸币更为便利,到真正开始兑换时,将纸币兑换成银币的人并不多。维新以来日趋严重的币制紊乱和通货膨胀的危机最终成功得到了克服。④

这一时期,利率开始降低,物价开始回落,贸易也开始转为出超,通货膨胀逐渐得到抑制。松方正义的措施也产生了一定的负面影响,导致全面不景气出现,农民陷入穷困,中小商人、士族、农民走向没落,在农村确立了寄生地主制。⑤ 不过,总体上看,松方正义实行纸币整理,在终结通货膨胀上还是起了决定性作用。

(二) 日本银行的设立与银行制度的确立

松方正义在整理纸币的同时,致力于建立并完善近代货币制度和信用体

---

① 东洋经济新报社:《明治大正国势总览》,东洋经济新报社,1927年,第45页以及第445页;[日]大岛清、加藤俊彦、大内力:《人物日本资本主义·2·殖产兴业》,东京大学出版会,1983年版,第94页。
② 同上。
③ 大藏省《明治财政史》编纂委员会:《明治财政史》,吉川弘文馆,1971年版,第11卷,第116页。
④ 孙承:《日本资本主义国内市场的形成》,东方出版社,1991年版,第132页。
⑤ 中国日本史研究会编:《日本史论文集》,生活·读书·新知三联书店,1982年版,第315页。

系。他整理纸币的一个很重要的目的就是建立中央发券银行,确立正币兑换制度。通过整理纸币稳定了币值以后,松方正义着手确立兑换制度。

关于在日本建立什么样的银行制度,早在明治政府成立初期就曾讨论过。最早提议建立中央银行的是吉田清成,他是幕府末期萨摩藩派遣出国的留学生,曾在英美等国留学七年之久,后学成回国,1871年他建议仿效英国的英格兰银行模式设立中央银行。此时,伊藤博文却提议照搬美国模式,以美国的银行制度为蓝本设立国立银行。明治政府最终采纳了伊藤博文的建议,这是日本银行制度的开端。大隈重信提出举借5000万元外债的方案,主要目的也是想设立中央银行,建立正币兑换制度。该计划由于明治十四年政变,大隈重信黯然下台而宣告流产。

松方正义在1870年代末的那场财政政策争论中也提出过设立中央银行的构想。1882年3月1日,松方正义再次建议创立日本银行,他一针见血地指出了当时金融制度中的突出问题:"曰金融梗塞,曰利息昂腾,曰兑换纸币之未行国内,曰会社银行等资力无由扩张,曰无图国库出纳之便益机关,曰票据贴现之未普行全国。"强调解决这些问题的唯一方法就是"设立中央银行,名称日本银行,以执全国理财之枢机"。明确中央银行"受政府之监护,立财政之要冲,开民间金融之壅塞,助国库出纳之便益"①。在松方正义看来,要从根本上解决财政危机,就必须建立新的银行制度,要建立新的银行制度,最关键的措施就是建立中央银行,构建起以中央银行为中心的银行体系,统一纸币的发行权。消除金融领域中的封建割据,建立起全国性财政体系。他向政府提交了《设立日本银行宗旨书》,指出"现今国立银行大者四五十万日元,小者不过五六万日元,以小资本在各地割据一方,形成群雄相互对峙的状态",根本无法发挥资本的作用。"我国封建时代大小诸侯林立,国内实际上形成了数百个小政府,现在上有中央政府,下有地方政厅,相互联系密切,治理全国政务。观我国银行依如封建状态,一百五十多家银行相互对立有如秦越。""如今虽然政治上郡县已初具规模,但财政上的封建残余尚未绝迹。此为我国财政与政治不能同步的原因所在。若欲消除此弊端,最好设立中央银行,由其充当财政之核心,推动全国银行的融合,改变现在财政上的封建状态。"②

明治政府采纳了松方正义的议案,于1882年6月27日颁布了《日本银行条例》,宣布设立日本银行。1882年10月日本银行开业,本金1000万日

---

① 大藏省《明治财政史》编纂委员会:《明治财政史》,第14卷,吉川弘文馆,1971年版,第13页。
② 〔日〕松方正义:《松方伯财政论策集·设立日本银行宗旨书》,见〔日〕大内兵卫、土屋乔雄:《明治前期财政经济史料集成》,第1卷,改造社,1931年版,第440页。

元,一半本金由政府出资,另一半本金由三井、川崎等政商出资。大藏少辅吉原重俊出任第一任总裁,大藏省书记官富田铁之助担任副总裁。

1883年10月,明治政府修订《国立银行条例》,对过多过滥的国立银行进行整顿,规定各银行自成立时起,20年后全部取消发行银行券的特权,一律转为普通银行,各银行必须根据已发行的银行券数量,向日本银行提供资金,再由日本银行统一兑换和销毁纸币。该条例从根本上纠正了滥发纸币的状况,把纸币发行权统一收归中央政府。

1884年5月,明治政府公布了《兑换银行券条例》,明确规定日本银行垄断银行券发行权,实行银本位制,纸币可与银币兑换。

日本银行身为国家中央银行具有统一发行纸币的特权,按照政府需要经办国库出纳,监督其他银行。这样一来,明治政府就可以借助日本银行有效控制货币发行数量,让市场上的货币流通量与经济发展相适应。

日本银行许可以借助于调整官方利率的办法调节货币流通量,利用商业活动为产业融资,向政府贷款。日本银行对产业界的融资主要集中在铁路、矿山、纺织、缫丝等具有战略意义的产业特别是出口产业,主要融资渠道是向普通银行提供股份担保贷款和期票再贴现。1887年日本银行在国内融资2200万日元,其中票据贴现550万日元。到了1907年,日本银行在国内融资近7000万日元,票据贴现5800万日元。① 日本银行还为政府募集公债用于军费开支,向政府提供贷款。1887年,日本银行向政府贷款2800万日元,其中有公债近1800万日元,到了1907年,日本银行对政府的贷款增加到1亿3000万日元,其中,公债增加到8000万日元。②

正币增加以后,日本银行从1885年5月开始发行兑换银行券。兑换银行券有了充足的正币作保证,信用非常高,发行额随之迅速增加,通货制度至此就完全稳定了下来。③ 1886年,明治政府准许纸币兑换银币。于是,以日本银行为中心的金融体系最终形成,从此以后,明治政府的殖产兴业政策主要依靠金融领域的支持。④

1890年日本爆发经济危机,日本银行向国立银行和普通银行提供产业贷款,从而成为"银行中的银行"。日本银行的创立,标志着日本近代银行制

---

① 〔日〕大石嘉一郎:《日本产业革命研究》,上,东京大学出版会,1986年版,第106页,表10。
② 《银行百年史》编纂室:《银行百年史》,新现论社出版局,1981年版,第158页,见孙承:《日本资本主义国内市场的形成》,东方出版社,1991年版,第213页。
③ 〔日〕西川博史、田中修、长冈新吉:《近代日本经济史》,日本经济评论社,1980年版,第35页。
④ 〔日〕佐佐木宽司:《近代日本经济的步伐》,吉川弘文馆,1996年版,第105页。

度正式确立,对最终确立近代兑换制度也具有划时代的意义。1885年政府宣布注销不兑换纸币,标志着兑换制度在日本正式确立。

日本银行的设立,大大增强了国立银行和其他私立银行的资金实力,它与国库现金管理的实行,一起促进了日本财政制度的近代化。

日本银行作为国家中央银行成立以后,明治政府的货币政策从此就由日本银行来执行。在金融市场上,银行占据主导地位,日本的银行制度逐步完善,这对日本金融市场的形成起了巨大作用。

日本银行的成立、国立银行条例的修改和银行制度的完善,让银行在日本资本原始积累过程中起了越来越重要的作用。国立银行渐渐转为普通银行,其营业方针也随之发生改变,各国立银行努力吸收民间存款,巩固和加强作为普通银行的基础,随着吸收存款的增多,贷款额也随之增加。1885年到1889年,国立银行贷款额激增117%。[1] 该数据表明银行制度的改革也加速了日本资本的积聚与集中,成为日本资本原始积累的重要杠杆之一。

二 整理国债与公债制度的形成

明治政府成立伊始就承受着双重财政压力,一是封建财政负担,二是资本主义近代化所需经费。明治政府为筹措财政经费,从1867年开始到1886年《整理公债条例》颁布为止,先后发行了多种为数甚巨的公债。具体包括:

1. 为解决封建财政负担发行的财政公债;
2. 用于回收纸币发行的财政公债;
3. 筹措西南战争军费举借的战债;
4. 出于兴办官营企业、扶植产业发展目的发行的企业公债。

1885年以前的公债利率明显太高,年息达6%~10%,导致公债累计额相当庞大。到1885年年末,公债余额达到了2亿6082万日元[2],明治政府当年预算支出为6111万日元,仅公债费用支出一项就达1410万日元[3],占当年年度支出的23%,成为明治政府必须尽快加以解决的财政负担。明治政府打算通过引入近代公债制度,对公债加以整理来减轻这一财政负担。

---

[1] 〔日〕守屋典郎:《日本经济史》,周锡卿译,生活·读书·新知三联书店,1963年版,第99页。
[2] 〔日〕松方正义:《松方伯财政论策集·制定整理公债条例的建议》,见〔日〕大内兵卫、土屋乔雄:《明治前期财政经济史料集成》,第1卷,改造社,1931年版,第321页。
[3] 〔日〕阿部兴人:《大日本帝国二十五期间财政始末》,博闻社,1891年刊,第8,271页。

大隈重信建议借助外债整理国债,松方正义则主张将高息国债转换为低息国债,从而整理国债。

1886年9月,松方正义向伊藤博文提交了《制定〈整理公债条例〉的建议》。松方正义提议:

1. 把高息公债变换为低息公债,减轻财政压力。他认为现在"市场利息逐渐下降,银行存款利息在3分至4分之间,政府发行的各种公债年息却在6分以上,且价格均高于票面额,中山铁路公债证书竟在110日元以上……现在是募集低息新债偿还高息旧债最佳时机"。他建议"新发行5分利公债证书用来偿还以往政府发行的各种6分利以上的公债"。

到1886年年初,国债累计余额2亿6082万日元,其中5分利以下的公债和不能变更偿还期限的公债总计有8561万日元。扣除这部分,剩下的1亿7520万日元从1886年开始到1891年全部转换成低息公债。该方案如能得以实施,到1906年,明治政府就能减少财政负担9680万日元。

松方正义建议将整理公债的利息定为5分,公债票面为100日元,实际售价96日元,公开募集,期限5年,50年内采取抽签方式偿还。

2. 对过去发行的各种公债加以统一整理,让其接近近代的公债制度。
3. 高息转低息节省下来的资金作为加强军备的财源。①

明治政府采纳了松方正义的建议。1886年10月,明治政府发布《整理公债条例》,正式开始整理公债。这次公债整理明显具有以下四个特点:

1. 起债数额大,利息低,年息5分;
2. 偿还期长,整理公债自发行后第六年开始偿还,50年内偿还完毕;
3. 采用了无记名方式,可以自由买卖;
4. 采取了高价申报者优先的原则。

整理公债的发行采用了一般募集、临时特别发行、证券兑换发行三种方式。一般募集和临时特别发行方式主要用来筹措偿还高息公债资金,证券兑换发行方式主要是用整理公债与旧公债兑换。一般募集是从1886年10月发布第一次公告开始的,到1892年7月一共公开募集了5次,募集公债3020万日元,占起债总额17%。临时特别发行是由日本银行担保,将公债券出售给国库、存款部,从1888年开始到1897年为止,一共发行了8次,募集公债

---

① 〔日〕松方正义:《松方伯财政论策集·制定整理公债条例的建议》,见〔日〕大内兵卫、土屋乔雄:《明治前期财政经济史料集成》,第1卷,改造社,1931年版,第321页;大藏省《明治财政史》编纂会:《明治财政史》,第8卷,吉川弘文馆,1972年版,第145页。

1908万日元,占起债总额10.9%。证券兑换发行则是整理公债的主体部分,先后募集公债1亿2596万日元,占起债总额73%。明治政府通过上述三种方式先后发行整理公债1亿7500万日元,从而把最初带有明显殖民地和封建色彩的公债转换成了近代公债。

三 处理官营示范企业

明治政府为解决财政困难,压缩财政开支,减轻财政负担,在改革税制的同时,着手处理官营示范企业。

官营示范企业的创办培植了日本近代产业,但是由于经营管理方面存在诸多问题,许多企业普遍长期亏损。最典型的是长崎、兵库造船厂、品川火药、赤羽和深川工作局等"示范"部门"其会计之法,系以工厂建筑、机械器皿安装之费用为资本,不付利息、不计减损,职工工资和材料价值,皆以制造品之销售充之,名曰营业费。产品不能销售之物,则自行标价,尽藏库中。其价值虽计入营业费之收入一方,但无现金收入,故穷于支付工资与购入材料,只能以补贴营业金之名义从大藏省申报领取,即使是矿山、造船等需用几十万元的官营事业也皆如此弊病,不只中央政府,包括地方官厅,满天下无不尽然,以致白白耗费资财,不知几许"①。

迫于财政压力,明治政府决定改变以往以官营企业为中心的经济政策,实施扶植和保护资本家经营的政策。

1880年大隈重信先后提出的"三议一件"和"改革财政的建议",都提到了必须尽快处理官营企业。当时的官营企业中,铁路、电信、矿山方面除佐野、生野、三池、小坂等极少数官营企业有些许收益外,釜石、阿仁、院内、中小坂等矿山,赤羽、深川、品川等工作局以及纺织业全部处于亏损状态。

大多数官营企业的亏损给明治政府带来了沉重的财政负担。1880年5月,大隈重信提出《处理为劝奖设置之工厂的建议》,建议把当时的官营工厂划分为"国家统治……不能放任人民营业"的军事、造币部门,"其兴起要大量资财和高尚之学识"或者"要事之秘密"的金属精炼、印刷、通信部门和"政治上不必要的""为劝奖工业止于示范"的纺织、机械造船、陶瓷工业部门等三大类别。建议政府保留前两类企业继续官营,把第三类企业处理给民间,这样一来,政府就能减少债务400万日元。

1880年11月,明治政府根据大隈重信的建议,制定并公布了《工厂处理

---

① 〔日〕高桥龟吉:《日本近代经济形成史》,第2卷,东洋经济新报社,1968年版,第281～282页,转引自米庆余:《明治维新——日本资本主义的起步与形成》,求实出版社,1988年版,第113页。

概则》。最初出售的都是一些亏损严重、资不抵债的企业,出售价格又非常高,导致出资购买的人极为有限。

1881年10月,明治十四年政变,松方正义取代大隈重信,出任大藏卿。在整理纸币初见成效以后,松方正义于1884年7月7日着手处理矿山。1884年10月3日,松方正义废除了大隈时期的《工厂处理概则》,加大了官营企业的处理力度,从此以后,官营企业均按极低价格和无息长期分期付款的办法予以出售。1887年3月出售的纹鳖制糖所,售价只有994日元,1884年7月处理的梨本村耐火砖厂,价格竟低到了101日元。付款年限普遍比较长,1884年8月出售的小坂银矿,允许25年付清款项,1884年12月处理的院内银矿,付款时间长达29年,1885年5月出售的品川玻璃厂支付年限更长,居然达到了55年。① 1885年年末,官营企业基本处理完毕,工部省也随之撤销。

处理官营企业大大减轻了明治政府的财政负担。1867年12月到1873年12月,明治政府用于官办企业的财政开支为50192000日元,平均每年支出8365333.3日元;1874年1月到1880年6月,明治政府用于官办企业的财政开支为48715000日元,平均每年支出8119166.7日元;1880年7月到1886年3月,明治政府用于官办企业的财政开支为36169000日元,平均每年支出6028166.7日元。处理官营企业不但让明治政府省去了上述巨额财政支出,还带来了9363791日元的巨额财政收入。②

附表1 官营企业出售情况

出售年月	企业	估价(日元)	承购人	售价(日元)及支付办法
1874.12	高岛煤矿	——	后藤象二郎	550000;200000现款,年利6分,7年内支付350000
1884.1	油户煤矿	17192	白势成熙	27943;3000现款,2年内支付6493,13年内支付18000
1884.7	中小板铁矿	24300	坂本弥八等	28575
1884.8	小坂银矿	192003	久原庄三郎	273659;25年内支付

---

① 〔日〕安藤良雄:《近代日本经济史要览》,东京大学出版会,1989年版,第57页;〔日〕坂入长太郎:《明治前期财政史》,酒井书店,1989年版,第360页。
② 参见〔日〕石塚裕道:《日本资本主义成立史研究》,吉川弘文馆,1973年版,第130~131页;〔日〕石井宽治:《日本经济史》,东京大学出版会,1976年版,第73页;〔日〕安藤良雄:《近代日本经济史要览》,东京大学出版会,1989年版,第57页;〔日〕坂入长太郎:《明治前期财政史》,酒井书店,1989年版,第360页。

续表

1884.12	院内银矿	72990	古河市兵卫	108977；2500 现款，10 年内支付 34000，第 6 年始 29 年内支付 72000
1885.4	阿仁铜矿	240772	古河市兵卫	250000；10000 现款，第 6 年始 24 年内支付 240000
1885.6	大葛金矿	98902	阿部潜	117142；3 年内支付 14000，15 年内支付余 103000
1887.12	釜石铁矿	733122	田中长兵卫	12600；1 年内支付
1888.8	三池煤矿	448549	佐佐木八郎	4590439；1000000 现款，15 年内支付剩余款项
1889.12	幌内煤矿、铁路	——	北海道煤矿铁路公司	352318
1896.9	佐渡金矿	445250	三菱	1730000
1896.9	生野银矿	966752	三菱	
1887.6	长崎造船所	459000	三菱	536000；其中用产品折价支付 120000，现款支付 527000
1887.7	兵库造船所	320196	川崎正藏	188029
1884.7	深川水泥厂	67965	浅野总一郎	61741；25 年内支付
1884.7	梨本村耐火砖厂		稻叶来藏	101；
1884.7	深川耐火砖厂		西村胜三	12121；25 年内支付
1885.5	品川玻璃厂	66305	西村胜三 矶部荣一	79950；第 6 年始 55 年内支付
1882.6	广岛纺纱所	——	广岛棉纺公司	12570；
1886.11	爱知纺纱所		条田直方	——
1887.6	新町纺纱所		三井	150000
1893.9	富冈制丝所	——	三井	121460
1887.3	纹鳖制糖所		伊达邦成	994
1888.1	三田农具制作所		岩崎由次郎等	33795
1888.3	播州葡萄园	——	前田正名	5377

(参见〔日〕安藤良雄：《近代日本经济史要览》，东京大学出版会，1989 年版，第 57 页；〔日〕坂入长太郎：《明治前期财政史》，酒井书店，1989 年版，第 360 页。)

第四节 对税收进行结构性调整

明治政府一方面大力压缩财政支出,另一方面改革税制,增设新税,稳定和扩大财政收入。

制定地税条例

1880年,明治政府宣布,从当年起地价5年内不变,到1885年再重新确定。随着1885年的临近,人们强烈要求重新核查地价,减轻地税,取消按地价课税,征收土地所得税。那些强烈要求减轻地税的人便以明治政府所颁布的《地税改革条例》第6章、第8章为依据,不断向政府施压。

《地税改革条例》第6章申明暂时将地税确定为地价的3%,将来"逐渐征收茶、烟草、木材等产品税,等收入达到200万日元以上时,地税可逐渐减少至1%"①。很显然,明治政府在颁布《地税改革条例》时作出的承诺,就是产品税达到200万日元时把地税降至地价的1%。西南战争前夕,明治政府把地税从3%降到了2.5%,松方正义实施紧缩财政以后,开始增征间接税、地方税,农民负担过重,强烈要求减少地税。松方正义则认为,税收的增与减应取决于整个国家的财政状况,该增时则增,当减时则减。"地税改革以来,茶、烟草、木材等产品税虽尚未达到百万日元,但是,酒税一项就已增至一千万日元以上",即便如此,地税仍不能减少,理由是目前国家发展日新月异,各项事业还需要大量经费,特别是"宇内各国激烈角逐,远东形势为之大变,加强海防迫在眉睫",为扩充海军增加税收亦在情理之中。松方正义认为《地税改革条例》第6章已经过时,应予以废除。②

第8章主要是规定了从1874年开始5年内地价不变,并以该地价为依据征收地税,内容明显含有每五年重新修定地价的意思。正因为这样,到了1880年,明治政府专门发布布告,宣布地价修定延期。1881年以后,由于财政紧缩,经济不景气,米价大幅下跌。在第二个地价修定期即将到来之际,人们自然非常关注地价的修定问题,原因是它直接影响到地税的增减。面对人们的关注,大藏卿松方正义作了如下回答:"修定地价,地税不稳定,人们常常担忧税收轻重,无恒产则不能安其业,更何况耗费财力,无暇进行土地改良。"

---

① 〔日〕松方正义:《松方伯财政论策集·制定地税条例的建议》,见〔日〕大内兵卫、土屋乔雄:《明治前期财政经济史料集成》,第1卷,改造社,1931年版,第396页。
② 同上。

明确反对修定地价,但同时指出,政府将在适当时候修定地价。①

明治政府出于上述目的,宣布废除《地税改革条例》及其他与地税相关的法规,1885年颁布了《地税条例》,共29条,核心内容是修定地价将提前通告,地税税率仍为2.5%。1888年、1890年政府两次修定了地价,适度减轻了地税。随着间接税收入的增加,地税收入此后在税收中所占比重逐步下降。《地税条例》从1885年颁布一直到1931年制定《地税法》,始终未作修改,成为征收地税所依据的基本法规。

二 增征烟酒税

为扩大财源,松方正义打算增加烟酒税收。1883年10月,松方正义向太政大臣提交《改革造酒税则的建议》②,建议对售酒者征税,对造酒者征收特许税。1883年12月,明治政府发布《改革造酒税则》,并于1884年10月付诸实施。新的税则规定征收酒类酿造税,并将酒类划分为酿酒、蒸馏酒、勾兑酒三类,进行分类征收。酿酒类税收每石2~4日元,蒸馏酒类税收每石3~5日元,勾兑酒类税收每石4~6日元。同原造酒税则相比,只有向每处造酒场所征收造酒特许税30日元这一条没有改动。酒类酿造税每石平均上调了2日元,并且开始对自酿酒征收自用酒许可证费,征收标准为每个许可证收费80钱。松方正义估计增征酒类税将使政府的财政收入从1883年的10447000日元增加到1884年的16721000日元,也就是说酒类税会给政府带来627万日元的财政收入。它将会与税则修改后的烟草税、新设的卖药印花税、米商会所股票交易所中间人税一起成为明治政府的重要财源。但是,1884年酒类税收入的实际净增额还不足600万日元,比预期收入少了20%。1885年的酒类税收入仍未达到预期,实际收入比预期目标仍少了20%。③其中的主要原因是财政紧缩政策导致经济萧条,酒税提高造成许多人改行,产酒量减少。1886年7月,大藏省出台政策严格限制自酿酒,修改酒税税则,禁止贩酒者、旅馆、饮食店向顾客销售自酿酒。采取这一措施之后,酒税收入逐步恢复并有所增加。酒税征收体系基本形成,到1895年以前一直没有进行修改。

1883年,明治政府修改了烟草税则,该烟草税则制定于1875年,规定只

---

① 〔日〕松方正义:《松方伯财政论策集·制定地税条例的建议》,见〔日〕大内兵卫、土屋乔雄:《明治前期财政经济史料集成》,第1卷,改造社,1931年版,第398页。
② 同上书,第393页。
③ 〔日〕林健久:《日本租税国家的成立》,东京大学出版会,1965年版,第283页;《大藏省百年史》编辑室:《大藏省百年史》,上卷,大藏财务协会,1969年版,第98~99页。

征收烟草营业税和烟草生产印花税两种税。烟草营业税的征税对象是烟草批发商和零售商,每个批发商每年纳税10日元,每个零售商每年纳税5日元。1883年的烟草税则把征税对象分为生产商、中间商、零售商三个类别,税则规定烟草生产商营业税和中间商营业税每年15日元,零售商营业税每年5日元。烟草生产印花税由1875年的4级制改为1883年12月的2级制。明治政府对税则修改后的烟草税收入作了初步估计,预测1883年的烟草税收入将增加2倍。实际情况远远超出了政策制定者的预料。1882年,明治政府的烟草税收入不到30万日元,1883年度居然超过了215万日元,是1882年的7倍多。1884年虽然出现大幅度减少,但税收额仍高达130万日元。1888年再次修改了烟草税则,政府决定向生产场所征收烟草生产营业税15日元,印花税确定为烟草定价的20%。

烟酒税制改革大大增加了政府的财政收入,对筹措军费、扩充军备起了非常重要的作用。尤其是扩大间接税比重,对构筑以间接税为基础的税收体系具有深远意义。

三 设立所得税

明治政府为扩大财政收入,在增征烟酒税之外,又设立了新的税种——所得税。1887年明治政府创设所得税。关于究竟谁是所得税的首倡者,目前有三种说法。一说是松方正义,1884年12月他曾提出了《所得税草案》;二说是鲁道夫,1874年11月他曾提出过《收入税法案》;三说为东京府,因为1881年东京府提出了《关于征收实际收入税的建议书》。①

所得税是资本主义发展到成熟阶段才产生的,特别是进入到帝国主义阶段以后,为消除收入分配严重不均而创设的。所得税是典型的资本主义性质的税收制度,它是为了消除税负不公主要向资本家征收的一个税种。松方正义指出,"凡现行税法乃封建余风未完全消除之时为适合民情所定,对今日之国情已极不适应","且税率轻重亦有失公平,因之存在富者负担甚轻,贫者有时负担几倍于富者重税之事实",现行税法税负极不公平。建议立即修改税法,"制定所得税法,一以增加国库收入,补充经费,一以实现税法改良之目的"②。

为此,身为大藏大臣的松方正义提出了《就1886年度预算调查的实际状况开年度收入财源的建议》,强调财政上严重收不抵支,财政经费开支将会大

---

① 〔日〕林健久:《日本租税国家的成立》,东京大学出版会,1965年版,第301页。
② 〔日〕松方正义:《松方伯财政论策集·所得税法的建议》,见〔日〕大内兵卫、土屋乔雄:《明治前期财政经济史料集成》,第1卷,改造社,1931年版,第420页。

幅增加,建议开征登记税和所得税,修改烟草印花税,增加政府财政收入。登记税可以堵住直接税、间接税的漏洞,建议在1886年内实施,收入增加部分可用来补充国库储备金。所得税调查起来相当困难,可从1887年开始实施。烟草印花税建议参考法国、澳大利亚的相关制度,由政府对烟草实行专卖,应在1886年内发布公告,这样到1889年,政府财政收入就会得到增加。松方正义认为,烟草税是向"有害无益的消费品征税",登记税、所得税则是根据财产多寡征收的税收,是出于税负公平设立的税种。一直以来,财政收入完全依赖租税,导致收入始终赶不上支出的增长,只有开征新税才有可能增加政府的财政收入。根据松方正义的建议,明治政府于1887年开征所得税,但因为种种缘故,登记税、烟草专卖制一直推迟到1895年以后才实施。

大藏省以松方正义的建议为基础,起草了所得税法案。法案将所得税划分为法人所得税和个人所得税两大类。其中个人所得征税实行五级累进税制,以300日元为所得税起征点,凡年收入达到300日元的有义务缴纳个人所得税,现役军人所得、政府发给伤残病弱者的抚恤金不在征收范围之内。个人按不同等级的收入定额缴纳相应数额的所得税。法案几经元老院讨论和修改,于1887年3月颁布,1887年7月施行。正式颁布实施的法案共29条,删除了原草案中法人所得税一条,把累进定额税制改为累进税率制,把年收入划分为5个级差,规定年收入300日元者缴纳相当于年收入1%的所得税,年收入超过3万日元的缴纳相当于年收入3%的所得税,法案对纳税时间、纳税方法也作出了详细规定。

所得税法案实施以后,在法案实施的当年即1887年,实际收入仅有527724日元。1888年所得税虽然增加到106万日元,但在当年税收总额中也仅占1.6%。[1] 尽管所得税收入在明治政府税收中所占比重不大,但它在降低地税等传统税收、改善税收结构方面具有非常重要的意义。

第五节 确立近代财政制度

一 改革财政制度

明治政府为顺利完成从封建体制向近代体制的过渡,实行奉还版籍,废藩置县,把财权收归中央,但在加强中央集权的过程中,由于财政与金融尚未分离,出现了一系列财政问题,为解决这些问题,明治政府试图建立和完善财

---

[1] 东洋经济新报社编:《明治大正财政详览》,东洋经济新报社,1985年版。

政制度。1873年6月,明治政府公布了《1873年年度收支预算会计表》,这次预算公开实质上并非依据资本主义议会制下的公开原则,而是明治政府内部对立的产物,是为恢复政府财政信用而采取的应急举措,政治色彩相当浓厚,但从此以后,公开预算便成为惯例。

1874年12月,大藏省出台《金谷出纳办理程序》,规定自1875年开始,从当年7月到第二年6月为一个会计年度,要求大藏省各寮科在本会计年度内完成收支结算,制定预算编制程序。

1875年6月,明治政府颁布了《新货币条例》,开始统一货币。1875年9月,家禄、赏典禄实行货币化。

1875年12月,政府宣布废除实物地租,政府年度收支停止收支实物米。明治政府通过上述措施,清除了编制预算方面的障碍,大大推进了财政货币化。

1876年9月,明治政府颁布《大藏省出纳条例》。出纳条例把收入和支出分为常用金和准备金两大部分;把常用金中的年度收入细分为租税收入、官营工厂收入、处理官有物资所得款项等非租税收入和转借、延迟交纳等非现金收入三部分;把常用金中的年度支出划分为经常性支出和临时性支出两部分,把经常性年度支出又进一步细分为定额经费和非定额经常性费用两种。定额经费的有无与多少由大藏省从每年年度收入中确定,年度内不得增减。非定额经常性费用虽然也是必需经费,但是其数额多少可根据收入情况予以适当压缩;常用金收支原则上当年结清;把准备金收支划分为三类(金币、银币、铜币、纸币、外国货币等划归第一类,主要用作发行新纸币的准备。贷款返还、官营企业处理收入、包括造币寮的收支等划归第二类,主要用于偿还内外公债、印制新纸币所需费用。第三类是指把准备金投资于金银、公债、股票、外国兑换基金等,实现增值,其收益用来补充第一类准备金)。

《大藏省出纳条例》作为预算会计法规是对明治政府预算会计制度化的一个总结。

1879年2月,明治政府正式向外界公布了《1875年年度决算报告》,这是日本历史上第一个决算报告。1880年3月,明治政府撤销大藏省检察局,新设会计检察院。1881年4月,制定颁行《会计法》。1882年1月,对《会计法》进行修改,修改后的《会计法》共5章49条。

《会计法》第一章总则中的第一条就开宗明义,规定会计必须根据预算执行。第二条确定每年7月1日到次年6月30日为一个会计年度。这一条后来按松方正义的建议作了修改,从1886年开始把会计年度改为从每年4月1日到第二年3月31日。第三条把会计分为常用和准备两种。第四条把常用会计分为年度收入和年度支出,把年度收支分为经常性收支和临时性收支。第五条和第六条将年度收入科目分为大科目、小科目,年度支出科目分为大科目、中科目和小科目等。第七条明确了准备会计规则另定,归大藏卿管理。第八条禁止各厅直接将年度收入挪用为年度支出,禁止将甲年收支金额用于乙年收支。

《会计法》第二章共13条,内容涉及年度收支预算,对预算调查书的编制、预算的确定作出一系列规定:大藏省负责编制年度收入中的租税预算调查书,各省负责编制本省其他各项收入调查书。各厅负责编制记载有各科目金额的年度收支预算调查书,须附上上一年度收支实际状况和上一年度预算,于上一年度12月20日以前上报大藏省。大藏省以此为基础,编制统计预算书,大藏卿签署意见,并在5月5日前与各省预算一起上报太政官。经太政官审查后,在6月5日前确定下一年度的预算。预算外临时增加费用必须列明理由,提交给大藏省,大藏省签署意见后提交太政官裁决。太政官批准后再由大藏省及会计检察院通知。各厅在年度收入预算方面出现增减时,必须每隔三个月通知大藏省,大藏省再将其上报给太政官,并通知会计检察院。

为更好地贯彻会计法,1884年2月,松方正义提出了《制定年度收支预算条规的建议》,明治政府根据松方正义的建议,于1884年3月制定了《年度收支预算条规》,于1886年正式实施。① 该条规作为编制预算的基本准则,要求各厅按科目表确定预算款项,编制预算,然后提交给大藏省。大藏省再把各厅款项区分为年度收入和年度支出,编制总预算,上报太政官,太政官予以审议和裁决。

《会计法》第三章内容主要涉及现金出纳,共16条,明确由大藏省负责管理各厅应出纳的现金,大藏省根据需要也可委托各厅自行管理。第三章对现金出纳的方法、期限、出纳账的编制作出了详细规定。

《会计法》颁行以后,明治政府开始依照该法控制各厅经费增长。

1882年4月,太政官宣布1882~1884年三年内各厅经费实行定额,三年内每年经费余额可以跨年度使用。② 此举措受到各厅欢迎。

1884年6月,大藏卿松方正义向太政官提出了《制定经费支出条规的建议》。③

---

① 大藏省《明治财政史》编纂会编:《明治财政史》第1卷,吉川弘文馆,1971年版,第768页。
② 同上书,第761~762页。
③ 〔日〕大内兵卫、土屋乔雄:《明治前期财政经济史料集成》,第6卷,改造社,1931年版,第493页。

1884年7月,明治政府以松方正义的建议为基础,出台了《经费支出条规》,规定现金出纳一律由大藏省统一管理,大藏卿对经费支出实施监督。① 该条规未来得及实施,1885年12月,明治政府就进行了行政机构改革,废除了太政官制,实行责任内阁制度。《经费支出条规》也随之被废除。作为替代,1886年3月出台了《年度收支科目条规》②,规定涉及政府财政年度收入的现金出纳全部由大藏大臣管理,各厅负责收支的官员对现金征收进行监督,现金必须直接上缴金库。涉及支出的现金支付也归大藏大臣管理,各厅的支出由负责收支的官员发布命令,主管会计的官员把支付凭证发给领取人,领取人再从金库领取。1886年3月出台的《年度收支科目条规》废除了1884年7月出台的《经费支出条规》中所规定的经费支出事先须经大藏大臣批准这一条。

1886年3月,松方正义向政府提交了《大藏大臣确定年度收支科目的建议》,建议除个别重要科目须经内阁讨论决定外,多数科目由大藏大臣决定即可,应尽快颁行《年度收支科目条规》。③

《年度收支科目条规》在第一章总则中宣布改变年度收支科目整理方法,废除传统的经常性部分和临时性部分收支分类方法。把年度收入划分为两个部,租税收入为第一部,非租税收入为第二部;把年度支出划分为三个部,把国债本息、年薪、赏赐、各种俸禄等归入第一部,把皇室御用、神社费用等归入第二部,把各厅经费归入第三部。④ 1885年12月,责任内阁制确立以后,设立宫内省,实行宫内与政府分离,宫内大臣独立于内阁之外,负责处理宫内事务。在财政层面,《年度收支科目条规》也明确把皇室御用与各厅经费区分开来,也就是说,把天皇家计与国家财政作了明确区分。

《会计法》第四章是对年度收支决算作出的相关规定。第五章《附则》是对官方资金耗损作出的规定。

《会计法》和《年度收支预算条规》成了日本国家预算的基本法规,它们的制定与实施标志着日本国家财政制度得到了进一步完善。

---

① 大藏省《明治财政史》编纂会编:《明治财政史》第1卷,吉川弘文馆,1971年版,第763~765页。
② 同上书,第773~785页。
③ 〔日〕大内兵卫、土屋乔雄:《明治前期财政经济史料集成》,第6卷,改造社,1931年版,第498页。
④ 大藏省《明治财政史》编纂会编:《明治财政史》第1卷,吉川弘文馆,1971年版,第773~774页。

二 明治宪法的颁布与日本近代财政制度的确立

近代国家财政必须反映全体国民的诉求,必须由议会控制预算。即使财政制度再健全,如果没有颁行国家宪法,没有建立议会制度,那么日本的国家财政制度也还不能算是真正的近代财政制度。随着财政制度日益完善,颁行宪法和开设国会就提上了日程。

从 19 世纪后半期开始,国会开设运动出现高潮,国会开设已经势在必行。1881 年明治政府迫于压力,宣布最迟在 1890 年召开国会。1882 年 3 月,政府派遣伊藤博文赴欧洲专门考察各国宪法。伊藤博文历时一年五个月,考察了德国等国的现行宪法,拜访了当时著名的宪法学家和财政学家,1883 年 8 月回国。

1886 年,明治政府责成伊藤博文牵头起草宪法,历时近两年时间,于 1888 年春形成宪法草案,1888 年 9 月提交给枢密院审议、修改,1889 年 2 月 11 日正式颁布,历史上称之为《明治宪法》。

《明治宪法》专门在第 6 章制定了有关财政的基本原则:

《宪法》第 62 条规定,必须依法征课新税和变更税率,募集国债必须经议会批准;

《宪法》第 63 条规定,未经法律修改的现行租税可继续征收;

《宪法》第 64 条规定,国家年度收支每年必须通过预算的形式经过议会批准,超出预算或预算外支出也必须经过议会认可;

《宪法》第 72 条规定,国家年度收支决算须经会计检察院检查、核定后,政府再将该决算和检查报告一同提交议会审议,会计检察院的组织及职权由法律确定。

为了应对将来国会对预算的审议,1886 年年底,明治政府成立了《会计法》调查委员会。该调查委员会在现行法规基础上,参考鉴欧美相关法规,起草了《新〈会计法〉修改草案》,1888 年 5 月,提出了《制定〈会计法〉的建议》。[①] 建议不能随意变更草案中已经确定的会计原则,以往的《会计法》所规定的实施办法具有法律效力。草案还对修改较为频繁的部分进行了完善并将其固定下来。草案经内阁法制局进一步修改后,于 1888 年 9 月提交给枢密院。新的《会计法草案》经枢密院审议、修改后,于 1889 年 2 月,也就是明治宪法颁布的同月,以宪法附属法规的形式颁布,1890 年 4 月正式实施。新《会计

---

① 〔日〕大内兵卫、土屋乔雄:《明治前期财政经济史料集成》,第 6 卷,改造社,1931 年版,第 498~499 页。

法》的颁布与实施成为日本近代财政制度正式确立的标志。

这一时期正是日本近代政治体制形成的关键时期,政治体制的形成必须有健全而稳定的财政作支撑。为了确立坚实的财政基础、健全财政,明治政府节流与开源并举,实行了财政紧缩政策,着力整理纸币,处理国债,处理官营示范企业,大力压缩财政开支,对税收进行结构性调整,稳定直接税收入,扩大间接税收入,完善财政制度,建立银行制度,实行财政与金融相分离;建立公债制度、预算制度,规范财政运营,让财政政策的制定与实施步入规范化、法制化轨道,顺利完成了封建财政向近代财政的转变。

结语　明治维新与财政政策

明治维新时期正是日本封建社会瓦解并向资本主义社会过渡的关键时期。这一时期，日本经历了封建幕藩体制瓦解、近代资本主义体制确立这一"创造和毁灭并举的过程"。这一时期，在政治上新政权取代了旧政权，中央集权取代了封建割据，最终确立了资本主义君主立宪体制；在经济上商品货币经济代替了自给自足的自然经济，近代资本主义大工业生产最终占据了主导地位。与上述历史过程相适应，日本财政开始了从封建财政向近代资本主义财政的质变。明治新政府的财政政策在日本从封建社会向近代资本主义社会过渡的不同历史阶段，在瓦解幕藩封建统治、清除其残余势力，推动革新力量建立中央集权，确立和巩固明治政府的统治，瓦解自给自足的自然经济，建立近代资本主义的政治经济体制等方面起到了重要作用。

一　财政政策从封建财政向近代资本主义财政的质变

随着日本从封建社会向资本主义社会过渡，财政政策也发生了从封建财政向近代资本主义财政的质变。开始从幕藩割据型财政向中央集权型财政转变，从天皇、幕府将军、藩国大名的家计财政向代表国民意志的议会审核预算、具有完备财政制度的资本主义财政转变，从以实物年贡米为主要收支手段的消费型封建财政向以货币为主要收支手段的产出型近代财政转变。

二　财政政策与幕藩体制的瓦解

财政政策在日本从封建主义向近代资本主义社会转型的过程中，起到了瓦解封建幕藩体制和清除幕藩封建残余的作用。财政政策对旧的封建经济结构自给自足的自然经济和立基于其上的幕藩封建统治起到了瓦解作用，并最终加速其崩溃。

幕藩统治者为了解决财政困难，维护自身统治，采取了一些改善财政的政策措施。这些为适应商品货币经济的发展而采取的措施不但没有从根本上解决财政困难，反而加深了财政危机，进而加深了封建统治危机。德川幕府所采取的最典型措施莫过于大量改铸货币，初衷是通过获取改铸的差额收益解决急剧增加的临时费用，这种"犹如一石米加九石糠而称十石"的政策不但未能解决危机,反而引发了物价飞涨,加剧了局势的动荡,致使幕府财政在不断的恶性循环中走向崩溃,德川幕府也在这种无法自拔的恶性循环中最终走向灭亡。

三 财政政策与日本资本主义体制的确立

明治政府的财政政策有力地保证了新政权统治的确立,推动日本资本主义的发展,最终确立了日本资本主义体制,使日本迅速实现了从旧的封建体制向新的近代体制的转变。

由利公正借助豪商的经济实力,设立会计基金,发行太政官札,从经济上为维新势力推翻德川幕府、夺取政权提供了保证。夺取政权是实现日本向近代资本主义转型的第一步。

大隈重信和井上馨处理藩札、藩债及秩禄,消除封建财政负担,清除封建残余,设立国立银行,改革地税,加强中央集权,建立并强化了明治政府的财政基础。加强中央集权是实现日本向近代资本主义转型的第二步。

松方正义处理官营企业,减轻明治政府的财政负担;整理纸币,健全财政;设立日本银行,确立兑换制度;改革税制,建立资本主义税收制度;整理国债,确立近代公债制度和财政、会计制度,最终建立、健全了一系列资本主义的财政制度。制度建设是实现日本向近代资本主义转型的第三步。到1880年代末,日本在政治上确立了资本主义的君主立宪制,在经济上已经进入资本主义产业革命时期,实现了向近代资本主义的转型,财政政策也随之走上了规范化、法制化轨道。

四 明治维新期财政政策的基本特征以及政治、经济形势的发展变化与财政政策之间的内在联系

整个明治维新期,日本的财政政策经历了因袭与继承、模仿与借鉴、创新与完善三个阶段。

第一,明治新政府在成立伊始基本上因袭旧制,继承了幕末时期幕藩统治者所采取的比较成熟的财政政策。究其原因在于明治政府既缺乏相关专门人才,又无任何财政基础,更是面临着与幕藩几乎一样的财政困境,当然,更主要的原因是幕府末期明治初期政治、经济领域的一系列变化为这一时期的明治政府财政政策的制定与实施提供了不可逾越的外部框架。

财政政策以经济发展为基础,同时始终受着政治的制约。经济是财政的基础,财政政策深深地植根于当时的经济发展过程中。毛泽东曾说过:"财政政策的好坏固然足以影响经济,但是决定财政的却是经济。未有经济无基础

而可以解决财政困难的,未有经济不发展而可以使财政充裕的。"①经济决定着财政,经济发展的规模和水平决定着财政收支的规模和积累水平。财政是经济发展的晴雨表,财政自始至终反映着当时经济领域所发生的变化,财政领域出现的问题实质上就是经济领域发生变化引发的问题。因此,明治维新时期所出现的财政问题以及为解决这些问题所采取的一系列财政政策折射着这一时期日本经济领域所发生的变化。

与此同时,财政政策始终受着政治的制约。财政归根结底是国家财政,它要体现执政者的意志。政治形势的发展、变化和执政者在政治上追求的目标规定了财政政策的方向。执政者的权威性直接影响着财政政策能否得以顺利贯彻和实施。财政政策是否适应了当时的经济发展变化,有没有坚实的经济基础,制定并实施财政政策的执政者权威性即政治信用如何决定着财政政策的成败。

明治维新时期政治、经济形势的变化与同一时期财政经常性收支和临时性收支的变化相互之间具有同步性特征,由此可以看出,政局的稳定程度和经济基础的坚实程度左右着财政经常性收支与临时性收支相互间的比例,反过来说,财政收支变化情况和经常性收支与临时性收支相互之间比例的变化情况直接反映了当时的政治、经济形势。幕末时期的财政政策与明治初期的财政政策相互间有一定的继承性和相同之处,从另一侧面表明实施这些财政政策是大势所趋,是当时的政治、经济大环境使然。处在该环境下刚刚成立的明治新政府不可能设想、更不能制定和实施除此以外的其他财政政策,因为一切财政政策都是基于现实的基础,立足于现实需要制定和实施的。现实性是财政政策的第一要义。

第二,日本国内长期以来商品经济的发展和19世纪中期以来外来资本主义的猛烈冲击既是导致幕末出现财政危机的主要原因,又是初创时期的明治新政府制定和实施财政政策的前提和依据,幕府末期面临的财政课题新政府同样不能回避。

商品经济的发展和外来资本主义的冲击是幕府末期明治初期财政政策制定和实施的根本原因,当时的财政状况是财政政策制定和实施的直接依据。

首先,商品经济的发展以及对封建体制基础的长期侵蚀导致幕藩财政出现危机并逐渐加剧。

(一)商品经济的发展将幕藩财政越来越深地卷入到商品经济之中,动

---

① 参见毛泽东《抗日时期的经济问题和财政问题》一文。

摇了封建的幕藩财政赖以存在的基础。商品经济的发展,不仅促使幕藩财政加深了对货币的依赖,更主要的是,商品经济逐渐侵蚀、瓦解了自然经济结构,致使幕藩财政的主要支柱年贡米收入减少。商品经济的发展一方面导致土地兼并,促使农民阶层分化,另一方面扩大了经济性农作物的种植面积,相应地就减少了粮食种植。由于以幕府将军为首的多数诸侯、武士集中于城市,过着消费生活,随着城市商品货币经济的发展,这些封建统治者的支出增大,但是他们的收入主要依赖于比较固定的年贡米,这样一来,就导致其财政日益困窘。为了摆脱困境,政府采取的主要对策之一就是增征贡租。随着商品经济的发达,货币迅速在全国流通起来,商品货币经济直接渗透进农村,农民的支出因此也明显增加。在这种情况下,多数农民不得不设法扩大经济作物的种植或者兼营他业以尽量增加货币收入,甚至有相当一部分完全从事其他行业。这就直接冲击了幕府财政的基石——实物年贡米的生产。

(二)商品经济的发展迫使幕藩统治者借助于新的途径增加财政收入,特别是越来越依赖于对货币制造、发行权的垄断,从货币发行中增加收益。

商品经济的发展在侵蚀、瓦解幕府原有财政基础、减少了其财政收入的同时,壮大了地方势力,使一些以外样大名为主的地方势力的离心倾向日益明显,幕府作为中央政府的权威日益削弱,无形中又增加了为强化幕府的权威而必须支出的财政开支。这一增一减形成的反差进一步加剧了幕府的财政困难。幕府的实际财政支出迅速膨胀,其中一个很重要的原因就是幕府为了发挥中央政府职能导致财政支出急剧增加。德川幕府在财政状况急剧恶化又找不到其他有效的方法增加财政收入的情况下,不得不选择从货币改铸中取得收益以改善财政。幕府通过改铸货币获得了巨额收益,财政收支也暂时得到了大幅度的改善。这些大量的货币毕竟没有实际的物质财富作支撑,虽然德川幕府凭借国家权力收到了暂时的效果,扩大了幕府的财政来源,但并没有增加社会的财富,相反却使社会经济和货币制度陷入了混乱。这是因为货币的顺利流通,必须要有政治和经济方面的两大前提条件作支撑,一为经济方面的大量物质财富,二为政治方面的政府威信。在幕府末期,前者行将消失,幕府大量改铸货币,实际上主要是依靠幕府的政治信用,但是,这种改铸、滥铸货币就等于幕府在没有其他好的办法的情况下,"透支"自身业已不太稳固的政治信用,等于"饮鸩止渴",这无益于填补幕府财政的亏空,使幕府财政危机进一步加剧。

其次,19世纪中期外来资本主义的猛烈冲击最终导致封建财政随着德川幕府的迅速灭亡而走向崩溃。

（一）外来冲击引发了严重的民族危机，出现了前所未有的许多新的财政支出。

（二）以开国为契机，通货膨胀进一步加剧，使本已处于困境中的幕藩财政雪上加霜。

（三）动荡的局势使原有的财政收入难以得到保证。

外来资本主义的猛烈冲击，使日本处于空前的动荡之中。由于受到外来威胁，各藩的力量纷纷转向警备海防，这样，过去依靠各大名的献金等支付临时费用的做法已经行不通了。幕府试图在直辖领地增征年贡，又遭到了广大农民激烈的反抗。幕府统治的最后几年里，农民起义不仅次数频繁而且规模越来越大，他们明确反对增税，要求改革世道。无奈之下幕府只有尽可能地减少主要由直辖地（天领）的年贡收入支付的直属武士团的俸禄和经常费用，减少武士的俸禄，又使本来因剧烈的通货膨胀经济地位急剧下降的武士生活陷入绝境，导致他们中的相当一部分人由原来的幕府统治的支柱转变为幕府的反对者，成为推翻幕府的重要力量。面对急剧增加的临时费用，幕府只有通过改铸货币，依赖其差额收益来应对，但是这又引发了物价的进一步飞涨，加剧了局势的动荡。幕府财政就在这种恶性循环中走向崩溃，德川幕府同时在这种无法自拔的恶性循环中迅速走向了灭亡。

总之，幕府末期明治初期日本的财政政策，是德川幕府和明治新政权对商品经济的发展和外来资本主义的冲击促动日本社会发生剧烈的转型所引发的一系列危机作出的回应，它对加速封建旧体制及其经济基础的瓦解和封建政权的崩溃，推动新政权统治的确立和资本主义经济的发展以及近代资本主义体制的最终形成，起到了不可忽视的作用，成为日本社会成功实现向近代资本主义转型的重要动因之一。

主要参考文献

原始文献及日本学者的论著：
大藏省《明治财政史》编纂会编：《明治财政史》，吉川弘文馆，1971~1972年版。
第1卷：《序言·财政机构·会计法规》；
第2卷：《会计法规》；
第3卷：《会计法规·预算决算》；
第5卷：《租税（一）》；
第6卷：《租税（二）》；
第8卷：《国债（一）》；
第9卷：《国债（二）》；
第10卷：《存款·赏赐薪俸·救灾》；
第11卷：《通货（一）》。

大内兵卫、土屋乔雄：《明治前期财政经济史料集成》，改造社，1931~1932年版。
第1卷：《理财稽迹》；
第2卷：《大藏省沿革志》（上）；
第4卷：《岁出岁入决算报告书》（上）；
第7卷：《地租改革相关资料》；
第8卷：《有关秩禄处分》；
第9卷：《有关藩债处分》；
第10卷：《外国公债》；
第11卷：《储备金始末、纸币整理始末》；
第13~14卷：《货币考要》；
第18~20卷：《兴业意见》。

阿部谦二：《日本通货经济史研究》，纪伊国屋书店，1972年版。
阿部兴人：《大日本帝国二十五期间财政始末》，博闻社，1891年版。
阿部勇：《日本财政论（租税篇）》，改造社，1932年版。
安冈昭男：《日本近代史》，林和生、李心纯译，中国社会科学出版社，1996年版。
安藤春夫：《封建财政的崩溃过程》，酒井书店，1957年版。
安藤良雄：《近代日本经济史要览》，东京大学出版会，1979年版。
安藤良雄：《日本经济政策史论》，东京大学出版会，1973年版。

八木哲浩:《近世的商品流通》,塙书房,1962年版。
白井规矩雄:《日本的金融机构》,柏书房,1972年版。
坂入长太郎:《明治前期财政史》,酒井书店,1989年修订版。
坂野润治等:《日本近现代史》,岩波书店,1993～1994年版。
本庄荣治郎:《本庄荣治郎著作集·9》,清文堂,1973年版。
本庄荣治郎:《论明治初年御用金的负担》,《经济论丛》第33卷第2号,1932年。
本庄荣治郎:《明治初年大阪的御用金》,《经济论丛》第28卷第1号,1929年。
本庄荣治郎:《明治维新经济史研究》,改造社,1930年版。
本庄荣治郎:《幕末的新政策》,有斐阁,1940年版。
本庄荣治郎:《日本财政史》,改造社,1926年版。
长冈新吉、田修、西川博史:《近代日本经济史》,日本经济评论社,1980年版。
长幸男、住谷一彦:《近代日本经济思想史》,有斐阁,1975年版。
长野进:《明国家初期财政政策与区域社会》,九州大学出版会,1992年版。
朝仓孝吉:《明治前期日本金融构造史》,岩波书店,1985年版。
村上直、大野瑞男:《幕末幕府结算所史料》,《史学杂志》第81编第4号。
大藏省编:《日本财政经济史料》,第1～7卷,财政经济学会,1922～1923年版。
《大藏省百年史》编辑室:《大藏省百年史》,上卷,别卷,大藏财务协会,1969年版。
大阪大学近世物价史研究会编:《近世大阪的物价和利息》,创文社,1963年版。
大阪市史编纂所:《大阪市史》,7卷,大阪市史料调查会,1911年版。
大川一司、南亮进编:《近代日本的经济发展》,东洋经济新报社,1975年版。
大川一司等编:《长期经济统计——物价》,东洋经济新报社,1967年版。
大岛清、加藤俊彦、大内力:《人物·日本资本主义·1·地租改革》,东京大学出版会,1983年版。
大岛清、加藤俊彦、大内力:《人物·日本资本主义·2·殖产兴业》,东京大学出版会,1983年版。
大岛英二:《明治初期的财政》,庆应义塾经济史学会纪要第一册,《明治初期经济史研究》,岩松堂书店,1937年版,第265页。
大江志乃夫:《明治国家的建立》,密涅瓦书房,1959年版。
大久保利谦编:《近代史资料》,吉川弘文馆,1975年版。
大口勇次郎:《宽政——文化时期的幕府财政》,《日本近世史论丛》,下,吉川弘文馆,1984年版。
大口勇次郎:《天保时期的幕府财政》,御茶水女子大学《人文科学纪要》第22卷第2号,1969年版。
大口勇次郎:《文久时期的幕府财政》,《幕末、维新的日本》年报,《近代日本研究·3》,山川出版社,1981年版。
大内兵卫:《日本财政论(公债篇)》,改造社,1932年版。
大山敷太郎:《幕末财政金融史论》,密涅瓦书房,1969年版。
大石嘉一郎:《自由民权与大隈·松方财政》,东京大学出版会,1989年版。

大石嘉一郎编:《日本产业革命研究》,东京大学出版会,1975年版。
大隈侯八十五年史编委会编:《大隈侯八十五年史》,第1卷,原书房,1970年版。
大隈重信:《开国五十年史》,2册,《开国五十年史》发行所,1907年版。
大野瑞男:《享保改革时期幕府结算所史料·大河内家记录(2)》,《史学杂志》第80编第2号,1971年版。
大冢武松著:《幕末外交史研究》,宝文馆,1952年版。
丹羽邦男:《明治维新的土地变革》,御茶水书房,1962年版。
岛恭彦:《财政政策论》,三笠书房,1943年版。
稻田正次:《明治国家形成过程研究》,御茶水书房,1977年版。
稻田正次:《明治宪法成立史》,有斐阁,1960年版。
东京都编:《东京市史稿市街篇第四十七》,东京都,1911年版。
东久世通禧:《竹亭回顾录·维新前后》,博文馆,1911年版。
东洋经济新报社编:《明治财政史纲》,东洋经济新报社,1911年版。
东洋经济新报社编:《明治大正财政详览》,东洋经济新报社,1975年版。
栋居俊一:《关于租税负担的研究》,1951年版。
洞富雄:《幕末维新期的外压和抵抗》,校仓书房,1977年版。
渡边几治郎:《大隈重信》,大隈重信刊行会,1952年版。
渡边几治郎:《陆奥宗光传》,改造社,1934年版。
多田好问编:《岩仓公实记》(上中下),岩仓公遗迹保存会,1926年版。
儿玉幸多、北岛正元监修:《藩史总览》,新人物往来社,1977年版。
饭岛千秋:《文久改革时期幕府财政状况》,德川林政史研究所《研究纪要》,1981年版。
芳贺八弥:《由利公正》,八尾书店,1902年版。
丰田武:《日本商人史》,东京堂,1949年版。
丰田武编:《日本海地区历史的研究》,第1辑,文献出版,1980年版。
风早八十二:《财政史》,岩波书店,1982年版。
风早八十二:《日本财政论》,三笠书房,1936年版。
服部之总、羽仁五郎、野吕荣太郎等:《日本资本主义发达史讲座》,1932～1933年版。
福岛正夫:《地税改革研究》,有斐阁,1962年版。
福田德三:《日本经济史论》,金奎光重译,上海华通书局(原译者序文标注日期为明治四十年3月11日)。
富成博:《维新闲话》,长周新闻,1976年版。
冈田俊平:《明治初期的财政金融政策》,清明会,1964年版。
冈田俊平:《幕末维新的货币政策》,森山书店,1955年版。
高濑保:《加贺藩海运史的研究》,雄山阁,1979年版。
高桥诚:《明治财政史研究》,青木书店,1964年版。
高桥龟吉:《日本近代经济发达史》,东洋经济新报社,1977年版。
高垣寅次郎:《明治初期日本金融制度史研究》(清明会丛书8),早稻田大学出版部,1972年版。

宫地正人:《维新政权论》,岩波书店,1994年版。
宫泽俊义、大河内一男监修:《近代日本思想史大系》,有斐阁,1968年版。
古岛敏雄:《近世经济史的基础过程》,岩波书店,1978年版。
古岛敏雄:《近世日本农业的展开》,东京大学出版会,1963年版。
古岛敏雄、楫西光速等编:《日本经济史大系》,东京大学出版会,1965年版。
谷村贤治:《文政时期广岛藩的浦边、奥筋的非农产物与生产率差异》,《三田商学研究》第23卷第6号,1981年版。
关山直太郎:《日本货币金融史研究》,新经济社,1943年版。
关山直太郎:《原来各藩的外债处分》,《日本货币金融史研究》,新经济社,1943年版。
横井小楠:《国是三论》,花立三郎注释,熊达云、管宁译、汤重南校译,中国物资出版社,2000年版。
后藤靖:《士族叛乱研究》,青木书店,1966年版。
吉川秀造:《明治财政经济史研究》,法律文化社,1969年版。
吉川秀造:《明治维新社会经济史研究》,日本评论社,1943年版。
吉川秀造:《日本财政史》,日本评论社,1940年版。
吉川秀造:《士族授产研究》,有斐阁,1942年修订版。
吉川秀造、关山直太郎、松枝贞夫:《明治大正财政史》,全20卷,财政经济学会,1936～1940年版。
吉野真保编,布施弥平论解题:《嘉永明治年间录》,上、下卷,巌南堂书店,1968年版。
楫西光速:《日本资本主义发达史》,有斐阁,1969年修订版。
楫西光速、大岛清、加藤俊彦、大内力编:《日本资本主义的发达·年表》,东京大学出版会,1973年版。
加藤俊彦:《本邦银行史论》,东京大学出版会,1957年版。
加藤俊彦、大内力编:《国立银行研究》,劲草书房,1963年版。
加田哲二:《维新以来的新旧思想的冲突》,《经济俱乐部演讲》第59辑,1936年版。
家永三郎:《岩波讲座·日本历史10·近世2》,岩波书店,1963年版。
菅野和太郎:《幕末维新经济史研究》,密涅瓦书房,1961年版。
戒田郁夫:《西欧财政学与明治财政》,关西大学出版部,1988年版。
津田秀夫:《幕末社会研究》,柏书房,1977年版。
井上清:《日本历史》,中册,天津市历史研究所译校,天津人民出版社,1975年版。
井上清:《条约改正》,岩波书店,1963年版。
井上馨传记编纂会:《世外井上公传》,第1卷,1933年版。
《近世社会学说大系》,诚文堂,1935～1937年版。
开国百年纪念文化事业会编:《明治文化史》,第11卷,原书房,1979年版。
堀江英一、矢木明夫、平泽清人、尾城太郎丸、柳川昇:《近代产业的产生》,明治史料研究联络会编:《明治史研究丛书》,第2卷,御茶水书房,1958年版。
林健久:《日本租税国家的成立》,东京大学出版会,1964年版。
林玲子:《江户批发股份的研究》,御茶水书房,1967年版。

林茂、大久保利谦、洞富雄、原口清:《明治政权的确立过程》(明治史料研究联络会编《明治史研究丛书》第 1 卷),御茶水书房,1957 年版。
林屋辰三郎等编:《史料大系·日本的历史》,第 6 卷,大阪株式会社,1980 年版。
铃木武雄:《财政史》,东洋经济新报社,1962 年版。
泷本诚一:《日本货币史》,国史讲习会,1923 年版。
泷本诚一编:《日本经济大典》,第 17 卷,明治文献株式会社出版,史志出版社及启明社,1928~1930 年版。
泷川政次郎:《日本社会史》,创元社,1954 年版。
毛里英于菟:《德川明治转折时期的财政政策》,《经济研究》第 2 卷第 4 号,1925 年版。
梅村又次、山本有造:《开港与维新》,岩波书店,1989 年版。
梅村又次、新保博、速水融、西川俊作编:《数量经济史论集·1·日本经济的发展》,日本经济新闻社,1976 年版。
梅村又次、中村隆英编:《松方财政与殖产兴业政策》,国际联合大学、东京大学出版会,1983 年版。
明治史料研究联络会编:《明治政权的确立过程》,御茶水书房,1967 年版。
明治文化研究会编,吉野作造著:《明治文化全集》经济篇,日本评论社,1929 年版。
木沇清矣:《大隈君财政要览》,山中书店,1881 年版,收入古野作造:《明治文化全集(经济篇)》,日本评论社,1939 年版。
牧健二:《明治初年有关岛田家御用金的史料》,《经济史研究》第 4 号,1929 年版。
内田繁隆:《日本社会经济史》,陈敦常译,商务印书馆民国二十五年初版(此书成书于 1934 年)。
内田正弘:《明治时期日本国家财政研究——近代明治国家的本质与初期财政剖析》,多贺出版,1992 年版。
平尾道雄监修:《坂本龙马全集》,光风社,1980 年增补改订版。
平野义太郎:《明治维新的政治上的统治形态》,《日本资本主义发达史讲座》,第 5 回,岩波书店,1982 年版。
千田稔:《维新政权的财政构造》,《土地制度史学》第 81 号,1978 年版。
桥本寿朗、大杉由香:《近代日本经济史》,岩波书店,2000 年版。
青木虹二:《百姓一揆的年次研究》,新生社,1966 年版。
萩野由之:《日本财政史》,博文馆,1890 年版。
日本财政金融研究所编:《日本金融财政史》,日本财政金融研究所,1957 年版。
日本外务省:《日本外交年表及主要文书》,上册,原书房,1972 年版。
日本银行调查局编:《日本金融史资料》,第 4 卷,大藏省印刷局,1955~1961 年版。
《日本史辞典》,角川书店,1983 年第 2 版。
《日本思想大系·44》,岩波书店,1977 年版。
三冈丈夫:《由利公正传》,光融馆,1916 年版。
三谷博:《文久幕政改革的政治过程》,《〈幕末、维新的日本〉年报·近代日本研究·3》,山川出版社,1981 年版。

三井文库编:《近世后期的主要物价动态》,日本学术振兴会,1952年版。
色川大吉、我部政男监修、内田修道、牧原宪夫编:《明治建议书集成》,筑摩书房,1990年版。
森田武:《幕末时期幕府的财政、经济政策与幕藩关系》,《历史学研究》第430号,1976年版。
森喜一:《明治维新的权力与财政——日本近代国家史的一环》,《历史科学》第1卷第4号,1932年。
山本有造:《幕末、维新期通货结构》,见尾高煌之助、山本有造编:《幕末、明治的日本经济》,《数量经济史论集·4》,日本经济新闻社,1988年版。
山本有造:《万延二分金币考》,京都大学人文科学研究所《人文学报》第54号,1983年版。
山口和雄:《明治前期经济分析》,东京大学出版会,1963年版。
山口和雄:《日本经济史》,筑摩书房,1973年版。
山口和雄:《藩札史研究序说》,《经济学论集》第31卷第4号,1966年版。
山口和雄:《日本经济史讲义》,东京大学出版会,1964年版。
山崎隆三:《地主制形成时期的农业结构》,青木书店,1961年。
山崎隆三:《近世物价史研究》,塙书房,1983年版。
山田盛太郎:《日本资本主义分析》,岩波书店,1966版。
上村胜弥编:《大日本思想全集》、《荻生徂徕》;《太宰春台》;《佐藤信渊》;《三浦梅园》;《海保青陵》;《本居宣长》,先进社,1931年版。
深谷博治:《华士族秩禄处分研究》,亚细亚书房,1944年版。
深谷德次郎:《明治政府财政基础的确立》,御茶水书房,1995年版。
神长仓真民:《明治维新财政史考》,东邦社,1943年版。
神木哲男、松浦昭编:《近代过渡期的经济发展》,同文馆出版株式会社,1987年版。
神木哲男、松浦沼编:《近代过渡期及其经济发展》,同文馆,1987年版。
神山恒雄:《明治经济政策史研究》,塙书房,1995年版。
胜海舟:《胜海舟全集》,第9卷,劲草书房,1976年版。
胜田孙弥:《大久保利通传》,同文店,1911年版。
辻达也、松本四郎:《关于〈御取箇辻帐单〉及〈年贡米、年贡金诸项上纳账单〉》,《横滨市立大学论丛》人文科学系列第15卷第3号,1964年版。
石塚裕道:《日本资本主义成立史研究》,吉川弘文馆,1973年版。
室山义正:《近代日本的军事与财政》,东京大学出版会,1984年版。
守屋典郎:《日本经济史》,周锡卿译,生活·读书·新知三联书店,1963年版(根据东洋经济新报社1961年版译出)。
守屋典郎:《日本资本主义发达史》,青木书店,1969年版。
松井清编:《近代日本贸易史》,3卷,有斐阁,1959~1963年版。
松下志朗:《幕藩制国家与石高制》,塙书房,1984年版。
粟田元次:《日本近代史》,中译本,正中书局,1947年版。
藤村通:《明治财政确立过程研究》,中央大学出版部,1973年版。
藤村通、西江锦史郎:《近代日本经济史》,中央大学出版部,1983年版。

藤田武夫:《近代租税制度》,河出书房,1948年版。
藤田武夫:《日本资本主义与财政》,上、下卷,实业之日本社,1948~1949年版。
田谷博吉:《近世银座研究》,吉川弘文馆,1963年版。
田名纲宏:《新日本史研究》,旺文社,1964年版。
田中物五郎:《大久保利通》,千仓书房,1938年版。
田中彰:《幕末政治形势》,家永三郎等编:《岩波讲座·日本历史·近代1》,岩波书店,1962年版。
田中彰:《日本历史·24》,小学馆,1976年版。
土肥鉴高:《米与江户时代》,雄山阁,1981年版。
土屋乔雄:《封建社会崩溃过程研究》,弘文堂,1953年版。
土屋乔雄:《明治初年原会津藩士的移居归农》,《明治前期经济史研究》,1944年版。
土屋乔雄:《日本经济史概要》,岩波书店,1953年版。
土屋乔雄:《原佐贺县的士族授产》,《明治前期经济史研究》,1944年版。
土屋乔雄、小野道雄:《明治初年农民骚扰录》,劲草书房,1953年版。
土屋乔雄编:《日本金融史资料》,日本银行调查局,1955年刊行。
土屋乔雄编:《维新产业建设史资料》,工业资料刊行会,丸善书店,1943~1944年版。
维新史料编纂会编:《概观维新史》,明治书院,1944年版。
维新史料编纂会编修:《维新史》,第4卷,明治书院,1942年版。
维新史料编纂事务局:《维新史》,第1卷,明治书院,1940年版。
维新史料编纂事务局:《维新史》,第5卷,明治书院,1941年版。
尾佐竹猛:《论由利财政》,《社会经济史学》13期-11号、12号,1943年版。
我妻东策:《明治社会政策史——士族授产研究》,三笠书房,1940年版。
我妻东策:《士族授产史》,三笠书房,1942年版。
我妻荣编:《明治初年地租改正基础资料》,上、下卷,有斐阁,1957年版。
武富时敬:《财政便览》,三省堂,1909年版。
《物价余论》(1838年),见土屋乔雄:《日本经济史概说》,东京大学出版会,1980年版。
西川博史、田中修、长冈新吉:《近代日本经济史》,日本经济评论社,1980年版。
西川俊作:《日本经济成长史》,东洋经济新报社,1985年版。
西川俊作、阿部武司:《产业化时代·上》,见《日本经济史·4》,岩波书店,1990年版。
西川俊作、穐本洋哉:《防长一带〈经济表〉序说》,见社会经济史学会编:《寻找将户时代新的历史形象——其社会经济史的考察》,东洋经济新报社,1977年版。
西和夫:《昭和财政史》,教育社,1985年版。
小林丑三郎:《财政的过去及现在》,经济杂志社,1902年版。
小林丑三郎:《国家财政史》,宝文馆,1902年版。
小林丑三郎、北崎进:《明治大正财政史》,岩松堂,1927年版。
小林正彬:《日本工业化与官营企业处理》,东洋经济新闻社,1977年版。
小西四郎:《日本全史·8》,东京大学出版社,1962年版。
小岩信竹:《明治初年关于纸币时价的恢复政策和诸藩领主权的中央统辖过程——以纸

币正币兑换政策为中心》,《土地制度史学》第 54 号,1972 年版。
小叶田淳、丰田武、宝越圭吾、森克己编:《读史综览》,新人物往来社,1966 年版。
新保博:《德川时代后期西摄村的货币流通》,《兵库县史》第 11 号,1974 年版。
新保博:《关于江户后期货币和物价的断想》,《三田学会杂志》第 73 卷第 3 号,1980 年版。
新保博:《近代日本经济史》,创文社,1995 年版。
新保博:《近世的物价与经济发展》,东洋经济新报社,1978 年版。
新保博、斋藤修:《近代成长的胎动》,见《日本经济史·2》,岩波书店,1989 年版。
信夫清三郎:《日本政治史》,第 1 卷,上海译文出版社,1982 年版。
修史馆编:《明治史要》,明治十八年 8 月至 12 月发行。
岩桥胜:《近代日本物价史研究:近代米价的结构与变动》,大原新生社,1981 年版。
野村兼太郎:《明治初期经济史研究》,第 1 部,岩松堂书店,1937 年版。
野吕荣太郎:《日本资本主义发达史》,岩波书店,1954 年版。
伊东多三郎:《日本封建制度史》,吉川弘文馆,1954 年版。
伊藤博文:《秘书类纂财政资料》,上、中、下卷,原书房,1970 年版。
依田熹家著、卞立强译:《日中两国近代化比较研究》,北京大学出版社,1991 年版。
永井秀夫:《明治国家形成期的外政与内政》,北海道大学图书刊行会,1990 年版。
由利正通:《子爵由利公正传》,由利正通发行,1940 年版。
有泽广巳监修:《日本产业百年史》,日经,1967 年版。
宇野弘藏编:《地租改革研究》,东京大学出版会,1957~1958 年版。
宇野弘藏编:《地租改革研究》上、下卷,东京大学出版会,1957~1958 年版。
玉城肇:《日本财阀史》,社会思想社,1976 年版。
原传藏:《关于明治初年的富豪税的评论》,《历史地理》第 34 卷第 2 号,1919 年版。
原口清:《岩波讲座·日本历史 15·近代·2》,岩波书店,1965 年版。
原田敏丸、宫本又郎编:《历史上的物价》,同文馆,1985 年版。
原田三喜雄:《日本的近代化与经济政策》,东洋经济,1972 年版。
圆城寺清:《大隈伯昔日谭》,改进党出版局,1895 年版。
远山茂树等:《日本近现代史》1~3 卷,中文版,商务印书馆,1983 年版。
远藤湘吉:《财政制度(法体制准备期)》,鹈饲信成等编:《日本近代法发达史》,第 4 卷,劲草书房,1958 年版。
早稻田大学社会科学研究所编:《大隈文书》,4 卷,早稻田大学社会科学研究所,1958~1960 年版。
泽田章:《明治财政的基础的研究》,柏书房,1970 年版。
泽田章:《世外侯事历维新财政谈》,3 卷,冈百世,1921 年版。
斋藤坦藏:《德川氏货币志》,斋藤坦藏,1888 年版。
斋藤修:《19 世纪诹访地区的农村经济与人口》,《三田学会杂志》第 75 卷第 3 号,1982 年版。
正田健一郎:《日本资本主义与近代化》,日评,1966 年版。
芝原拓自:《日本历史》,第 23 卷,小学馆,1977 年版。

植村正治:《近世农村市场经济的展开》,同文馆,1986年版。
指原安三:《明治政史》,第1卷,日本评论社,1927年版。
中村丰:《福井与藩札》,银行俱乐部,第84号。
中村菊男:《近代日本政治史的展开》,庆应义塾大学法学研究会,1973年版。
中村隆英:《明治大正时期的经济》,东京大学出版会,1985年版。
中村尚美:《大隈财政研究》,校仓书房,1968年版。
中村哲:《明治维新的基础结构》,未来社,1968年版。
中村哲:《世界资本主义和明治维新》,青木书店,1978年版。
中村正则、石井宽治、春日丰:《经济构想》,岩波书店,1988年版。
中岛信卫:《封建身份制的废除、秩禄公债的发行及武士授产》,《日本资本主义发达史讲座》,第6回,1933年版。
中井信彦:《近世后期的主要物价动态》,日本学术振兴会,1952年版。
中井信彦:《转折时期幕藩制的研究》,墒书房,1971年版。
中西洋:《日本近代化的基础过程》,中,东京大学出版会,1983年版。
竹越与三郎:《日本经济史》,第7卷,日本经济史编纂会,1920年版。
竹中靖一、作道洋太郎:《日本经济史》,学文社,1977年版。
佐藤正作:《欧美人侵略亚洲的历史》,大同馆,1933年版。
佐佐木宽司:《近代日本经济的步伐》,吉川弘文馆,平成七年版。
佐佐木宽司:《日本资本主义与明治维新》,文献出版,1988年版。
佐佐木润之介主编:《日本民众的历史·5》,三省堂,1974年版。
作道洋太郎:《近世日本货币史》,弘文堂,1958年版。

中国学者著作:
陈福生主编:《经济政策学》,中国和平出版社,1990年版。
何盛明、梁尚敏主编:《财政学》,中国财政经济出版社,1987年版。
金明善、徐平:《日本:走向现代化》,辽宁大学出版社,1990年版。
李文:《武士阶级与日本的近代化》,北京大学1997年博士论文。
李玉、汤重南、林振江主编:《中国的日本史研究》,世界知识出版社,2000年版。
刘金才:《日本町人伦理思想研究》,北京大学2000年博士论文。
刘天纯:《日本产业革命史》,吉林人民出版社,1984年版。
刘天纯:《日本改革史纲》,吉林文史出版社,1985年版。
吕万和:《简明日本近代史》,天津人民出版社,1984年版。
罗荣渠:《现代化新论》,北京大学出版社,1993年版。
米庆余:《明治维新——日本资本主义的起步与形成》,求实出版社,1988年版。
上海财经学院财政金融系财政教研室编:《财政基本理论参考读物》,中国财政经济出版社,1982年版。
沈仁安:《德川时代三大改革的比较研究》,《日本学刊》1996年第6期。
沈仁安:《明治维新论》,《外国问题研究》1986年第3期。

沈仁安:《日本史研究序说》,香港社会科学出版社有限公司,2001年初版。
沈仁安:《试论幕藩体制的特点》,《日本学》1996年第6辑。
宋成有:《日本的倒幕维新运动》,《世界之窗》,中国广播出版社,1982年版。
宋成有:《武士道精神与明治时期的现代化创业》,北京大学出版社,1994年版。
孙承:《日本资本主义国内市场的形成》,东方出版社,1991年版。
《世界历史》编辑部编:《明治维新再探讨》,1985年版。
汤重南等主编:《日本帝国的兴亡》,(上),世界知识出版社,1996年版。
万峰:《日本近代史》,中国社会科学出版社,1981年修订版。
万峰:《日本资本主义史研究》,湖南人民出版社,1984年版。
万峰、沈才彬:《日本近现代史讲座》,甘肃人民出版社,1987年版。
王金林:《日本古代史》,天津人民出版社,1984年版。
王晓秋:《近代中日启示录》,北京大学出版社,1987年版。
吴廷璆主编:《日本近代化研究》,商务印书馆,1997年版。
吴廷璆主编:《日本史》,南开大学出版社,1994年版。
严立贤:《中国和日本的早期工业化与国内市场》,北京大学出版社,1999年版。
伊文成、马家骏主编:《明治维新史》,辽宁教育出版社,1987年版。

其他国家学者著作:
〔英〕G.C.艾伦:《近代日本经济简史1867—1937》,蔡谦译,商务印书馆,1959年版。
〔美〕海斯.穆恩.韦兰:《世界史》上册,冰心、吴文藻、费孝通等译,生活·读书·新知三联书店,1975年版。
〔德〕马克思:《资本论》,第3卷,人民出版社,1972年版。
〔德〕马克思:《路易·波拿巴的雾月十八日》,《马克思恩格斯选集》,第1卷,人民出版社,1972年版。
〔德〕马克思:《中国革命与欧洲革命》,《马克思恩格斯选集》,第2卷,人民出版社,1972年版。
〔德〕马克思:《经济学批判》,《马克思恩格斯全集》,第7卷,改造社,1929年版。
〔加拿大〕诺曼:《日本维新史》,姚曾廙译,商务印书馆,1959年版。
〔英〕萨托:《一个外交官所见到的明治维新》,日译本,上册,岩波书店,1965年版。
〔英〕E.M.萨道:《一个外交官在日本》,伦敦,1921年版。
〔美〕萨缪尔·P.亨廷顿:《变化社会中的政治秩序》,王冠华等译,生活·读书·新知三联书店,1989年版。
〔英〕汤因比:《历史研究》,上海人民出版社,1997年版。
〔美〕西里尔·E.布莱克等:《日本和俄国的现代化》,周师铭等译,商务印书馆,1984年版。
〔美〕约翰·惠特尼·霍尔:《日本——从史前到现代》,邓懿、周一良译,商务印书馆,1997年版。